U0567973

国家社科基金一般项目
"学科创新视域下的公共哲学：中日比较研究"
最终成果

谨以此书献给
为"公共哲学"探索做出卓越贡献的两位前辈
【韩】金泰昌　先生
【日】矢崎胜彦　先生

百家廊文丛
BAIJIALANG WENCONG

林美茂 ◎ 著

公共哲学序说

中日关于公私问题的研究

本书受中国人民大学科学研究基金项目暨中央高校基本科研业务费专项资金支持

中国人民大学出版社
· 北京 ·

编委会名单

编委会主任 靳 诺 刘 伟

编委会副主任 贺耀敏 刘元春

编委会委员（以姓氏拼音排序）

冯惠玲 冯仕政 胡百精 刘大椿

孙 郁 王 轶 乌云毕力格 严金明

张 杰 张雷声

序　言

　　中国人民大学建校八十年，也是中国共产党创办新型高等教育的八十年。从 1937 年到 2017 年，从延安的陕北公学，到晋察冀边区的华北联合大学、正定的华北大学，再到北京的中国人民大学，八十年历史沧桑，斗转星移，中国人民大学始终与党和国家同呼吸、共命运。八十年来，几代学人进行了殚精竭虑的学术探索，在治学方面取得了令人瞩目的杰出成就。

　　改革开放以来，中国人民大学的学者在马克思主义指导下，努力继承中华传统文化精粹，发扬老一辈学者的笃实学风，同时借鉴了西方学术研究的新方法、新成果，解放思想，大胆创新，有力推动了我国人文社会科学的深入发展。经过数十年的建设与积淀，中国人民大学在人文社会科学各领域内学科门类建设齐全，研究领域日渐拓展，研究水准不断提升，呈现出人才辈出、欣欣向荣的学术繁荣景象。

　　2017 年 9 月，经国务院批准，教育部等部门下发了《关于公布世界一流大学和一流学科建设高校及建设学科名单的通知》，中国人民大学入选 A 类一流大学建设名单，哲学、理论经济学、应用经济学、法学、政治学、社会学、马克思主义理论、新闻传播学、中国史、统计学、工商管理、农林经济管理、公共管理、图书情报与档案管理等 14 个一级学科入选一流学科建设名单。入选学科除统计学为理学学科外，其余全部为人文社会学科。

　　中国人民大学入选"双一流"建设高校和 14 个学科入选"双一流"

建设学科，既体现了党和国家对人文社会科学的重视，同时也是对中国人民大学八十年发展成就的充分肯定，是鼓励和认可，更是鞭策和期许。我们感觉肩上的担子更重了。

习近平总书记指出："人类社会每一次重大跃进，人类文明每一次重大发展，都离不开哲学社会科学的知识变革和思想先导。"如果我们将"双一流"的入选视为中国高等教育在新的历史阶段开启新的征程的信号，那么当前，中国人民大学已经站在新的历史坐标点上。我们需要总结历史，更需要开拓未来。

2016年中，学校科研处的同志与我们谈起，他们准备在校庆年启动一项名为"百家廊文丛"的持续支持工程，希望通过多年连续性的资助，把学校各学科卓有成就的学者所撰写的代表性学术成果择优出版，系统性地展示中国人民大学近年来的整体学术水平。科研处作为管理和服务教师科学研究的机构，一直把提升科研品质、打造学术精品作为部门的责任。但是，客观讲，中国高校的文科科研经费投入还是有限的，怎样把有限的资源配置到最需要、最出成效的地方，是中国人民大学多年来认真思考的问题。为了把"好钢用在刀刃上"，科研处也做了许多有益的谋划，推动了学校科研事业的蓬勃发展。

在校庆年首度推出"百家廊文丛"，具有几层特殊的意义。首先，"百家廊文丛"反映了中国人民大学在人文社会科学方面的深厚学术实力。本年入选的多部著作各具特色，有的资料翔实，有的论述细密，有的条理畅达，有的富有文采，足以彰显中国人民大学近年来的学术实绩。其次，体现出中国人民大学学者群体持续关注和深入研究我国发展面临的重大理论和实践问题的深沉人文情怀。有的学者耐得住寂寞，苦坐书斋；有的学者读万卷书行万里路，遍寻一手数据。最后，丛书是一个对外交流的窗口，在人大学者与国内外的学者之间架起了一个交流的平台。"百家廊文丛"如能持续坚持下去，就是一项规模较大的学术文化工程，值得期待。

大学因学术而显厚重，因学者而富气象。"百家廊文丛"首批推出的著作，选题丰富多元，特别是对基础学科和学科基础中的一些重要问题进行了专题研讨。对于"基础学科和学科基础"的强调和看重，一直以来也是我校科研工作的指导方针。"百家廊文丛"如果能做到叫得响、传得开、留得住，就成功了。好的学术成果一定要能沉淀下来，而非过眼云烟。

习近平总书记《在哲学社会科学工作座谈会上的讲话》指出："这是一个需要理论而且一定能够产生理论的时代，这是一个需要思想而且一定能够产生思想的时代。我们不能辜负了这个时代。自古以来，我国知识分子就有'为天地立心，为生民立命，为往圣继绝学，为万世开太平'的志向和传统。一切有理想、有抱负的哲学社会科学工作者都应该立时代之潮头、通古今之变化、发思想之先声，积极为党和人民述学立论、建言献策，担负起历史赋予的光荣使命。"中国人民大学长期秉持立学为民、治学报国的优良传统，始终践行着实事求是的学术良知。不论是在抗战烽火中，还是在新中国成立伊始；不论是遭受了"文革"的磨难，还是在改革开放中凤凰涅槃，中国人民大学的学者一方面坚守书斋、甘于清贫，另一方面又关心国家、民族的命运，关心社会的进步。中国人民大学的命运从来与党和国家的命运休戚相关，而人大学者从来志向远大，他们为构建具有中国特色、中国风格、中国气派的哲学社会科学做出了积极贡献。今天，我们推出这套文丛，正是传承中国人民大学八十年文脉，弘扬砥砺奋进、实事求是精神的有益之举。

"百家廊文丛"的名字，非常契合中国人民大学的实际。因为"百家廊"是中国人民大学校内的著名风景，在李东东同志创作的《人民大学赋》中有云："百家廊，檐飞七曜，柱立八荒，凝古今正气，汇中外学术。"我们认为，这几句话就是对即将面世的"百家廊文丛"首批的最好诠释。"百家廊中百家争鸣"，这套文丛是献给历经岁月沧桑、培育桃李芬芳的中国人民大学八十年校庆的一份心意，祝愿这所伟大的学校在新的历史征程中继往开来、再续辉煌。

是为序。

靳诺　刘伟

前　言

公共哲学是一门怎样的学问？这是目前以及今后很长一段时间内都无法给予定论的问题。然而，近二十多年来，中日学界的公共哲学研究方兴未艾，特别是在日本学界，从 20 世纪 90 年代开始，几乎可以说兴起了一场建构公共哲学的学术运动。基于学界的这些学术动态与前沿背景，本书以结合中日学界的研究为审视基础，梳理、考察相关研究所取得的成果，分析其中的成就与存在的问题，探索相关的核心问题以及由此所可能开辟的研究领域，为以后的相关研究提供一个可供参考的视角。

中日学界都出现了直接以"公共哲学"命名的文献，也就是说都出现了对"公共哲学是什么"的思考与探索。迄今为止，中国学界只出现了一部直接以"公共哲学"命名的专著，即江涛的《公共哲学》（2003），其主要围绕公共关系、公共管理、公共权力、公共政策、公共选择、公共行政六个方面，展开了关于公共哲学所要探讨的问题以及所涉及领域等的研究。除此之外，中国学界还有以"公共领域""公共知识分子""马克思主义哲学中的公共性问题"等为主题，从政治哲学、社会哲学、文化哲学、管理哲学、马克思主义哲学等角度探讨公共哲学的研究。在这些研究中，值得关注的是，一部分学者从中国传统思想中挖掘公、私、公共等概念的学理区别以及在思想史上的发展与演变，为我国对公共哲学的探索提供了颇具价值的资源。日本学界与中国学界相比，虽然部分问题的研究角度存在相似与交叉，但总体来说研究视野更为开阔，研究力量更为雄厚，并呈现出企图构建一门崭新哲学的探索态势。就关于"公共哲学是什么"的探讨而言，日本学界的代表性著述有《以公共的哲学建构为目标》（稻垣久和，2001）、《公共的哲学》（片冈宽光，2002）、《何谓公共哲学》（山胁直司，2004）、《为了学习公共性哲学的人》（安彦一惠、谷本光男，2004）、《公共哲学究竟是什么》（桂木隆夫，2005）、《全球-区域公共哲学的构想》（山胁直司，2008）等。构建一门崭新哲学的宏大意图，由总部设在大阪的"公共哲学共働研究所"主导，该研究所成立了"公共哲学共同研究会"，每月召开一次公共哲学共同研讨会（后来更名为"公共哲学京都论坛"），地点主要是京都、东京、大阪、神户等地，有时也在海外召开，比如在中国与韩国等地都召开过相关研讨会，前后经历了二十多年，至今仍然持续进行着（不过，现在主要以"公共经营"为主题，参与者主要是企业界人士，基本都在大阪召开）。会议举办的形式为，研究所聘请日本人文社会科学各个领域最具代表性、最有影响力的著名专家、学者（有时也邀请中国、美国、韩国等国的著名学者）"发题"（相当于"主题发言"），其他参加者围绕与公共哲学相关的问题展开对话、探讨。东京大学原校长佐佐木毅和公共哲学共働研究所原所长金泰昌负责整理、编辑会上发表的主旨论文以及在围绕会议主题所进行之讨论过程中不同领域的学者所拓展的新指摘、新内容，以两人共同主编的形式完成了一套 20 卷本的《公共哲学》论丛，陆续由东京大学出版会出版发行，在日本学界乃至世界学界引起了巨大反响。① 中国学界在 2009 年由人民出版社出版发行了该套论丛最初 10 卷的中文版。该中文版译丛由中国社会科学院哲学研究所研究员卞崇道前辈与笔者共同主持，我国日本研究界的十多名代表性学者参与了翻译。正是由于参与了该译丛的统筹与翻译工作，笔者才与公共哲学共同研究会结缘，前后两年时间（2007—2009 年）多次参加了该研究会召开的研讨会，见证了日本学界在这个时期关于公共哲学所进行的跨学科交流的精神盛宴，从而开始了自己关于"公共哲学究竟是一门怎样的学问"的思考。

笔者根据自己参加的公共哲学京都论坛以及日本学界已经出版的相

①　20 卷本的《公共哲学》论丛之每一卷都有单独的名称，详细情况参见本书第 34 页脚注①。

关研究成果，结合对中国相关研究的考察，注意到了中日学界公共哲学研究的不同特点，以及在对公共哲学的理解和探索方法上的趋同倾向。日本学界的研究表现出对话性、跨学科性、统合性的特点，而中国学界的研究基本上属于各领域学者的独自性研究，没有跨学科对话，更没有统合性的学科建构追求，这是两国学界研究的主要不同之处。但是，在对公共哲学的理解和探索方法上，两国学界呈现出趋同倾向。

首先，在"公共哲学是什么"的理解方面，中日学界都把对公共性或者公共领域、公共问题的研究作为公共哲学研究的根本。在公共哲学的定义上，两国学界的认识基本相同，都认为公共哲学是一门探索公共性或者公共问题的学问。其次，对与公共哲学相关的对象所进行的研究，都停留在各种对象"是怎样"的层面，并没有进行关于这些对象究竟"是什么"的哲学探索。比如，把公共性作为公共哲学研究的根本问题，一定会涉及关于公、私、公共究竟是什么的探索，然而，迄今为止两国学界所进行的研究基本都停留在揭示东西方思想史上，哲学、伦理学、政治学、经济学、社会学、行政学等领域有哪些思想与这些问题相关，以及其表现形式如何、有哪些观点等现象层面，虽然出现了对公、私、公共等概念之起源的考辨，以及对其发展史、演变史的梳理与考察，但并没有从哲学层面定义这些概念，并没有针对这些概念所包含的本质内核等展开跨学科对话，进行具有哲学意味的论证性探索、研究。对于探索"公共哲学是什么"的研究而言，这种研究方法显然称不上哲学。针对这个问题，笔者曾在中文版 10 卷本《公共哲学》译丛的"总序"中指出："现在日本的公共哲学研究中所（学者）提出的'公'与'私'的关系，并没有明确地把'公'作为'私'的发展来把握。他们过于强调'公'是'私'的对立存在，缺少关于包含着'私'之性质的'公'的认识。因此，在那里所论述的'私'只是始终保持自我同一性之狭义的'私'，对于包含着自我异质性的、内在于他者之中的另一个自己，即广义的'私'，属于向'公'的发展与转化的问题，还没有得到充分的认识。"① 不仅日本学界如此，中国学界也存在同样的倾向。

---

① 佐佐木毅，金泰昌. 公共哲学. 北京：人民出版社，2009：总序.

之所以对公与私的界定和把握成为笔者在思考公共哲学时首先关注的问题，是因为就目前的研究与认识而言，如果把公共哲学作为一门崭新哲学来探索，那么首先面对的就是公与私究竟是什么的问题。迄今为止，学界所阐述的公与私都只是一种相对的区分，只是一种纯粹公就是公私就是私的、不具备绝对性的存在。我们所探索的公与私，其边界是模糊的、暂定性的，是只就其存在的规模而做出的界定，两者的关系是动态的、发展的。公与私的区别问题，必须放在哲学中通过深入探讨与论证才能得以把握。哲学不同于思想，从思想而言，对相关对象的研究可以立足于"是什么"，有"怎样的"表现形态等层面，对此有所把握即可；但对于哲学探索的对象，则必须论证"应当是什么"，这是哲学作为哲学的基本要求。然而，哲学的这种基本要求在中日学界的公共哲学研究中很少得到体现，大家都致力于探讨各个概念、各种问题"是怎样"的。当然，这种研究也是通往哲学探索的一种途径，或者说是切实有效的一种可行性探究。在这里，笔者并非否定学界前辈的相关研究所具有的学术意义。

然而，如果我们要把公共哲学作为一门崭新哲学来探索、建构，那么对于每一个相关概念的哲学界定进行"应当是什么"的探索就是不可或缺的追求。不然，已经有了政治哲学、社会哲学、伦理学、宗教哲学、管理哲学等，何必再来一门公共哲学？那只是换了一种命名，充其量只是一种旧体新衣的展现而已。特别是对于日本学界的公共哲学探索而言，若企图统合人文社会科学诸学科，完成一门崭新哲学的建构，那么笔者所期待的从概念的梳理与界定入手来进行相关问题和范畴的分殊与论证，就应该是一种最基本的要求。

本书的思考首先基于上述认识。但是，由于公共哲学涉及的问题涵盖了人文社会科学的所有领域，故而笔者无法做到全部涉及，因为即使就某个问题进行深入研究也需要倾注毕生的时间，即便如此，也未必能完成。因此，本书立足于"作为学科创新视域下的公共哲学"视角，仅将迄今为止中日学界关于公私问题的研究所取得的成果作为考察对象，分析、梳理、把握其中的问题脉络，思考公共哲学应该如何建构，以完成关于"公共哲学序说"的论述。

根据上述问题设定，本书分为六章展开阐述：

　　第一章：中日学界公共哲学探索的兴起。本章主要考察公共哲学探索的缘起以及迄今为止中日学界的公共哲学探索是如何开始的，各自对公共哲学的理解究竟是怎样的等问题。

　　第二章：关于公共性问题。由于中日学界都把公共哲学理解为探索公共性问题的学问，那么就需要首先厘清公共性究竟是什么，所以学界关于公共性之内核的界定就成为本章考察的主要问题。本章结合哈贝马斯与汉娜·阿伦特的公共性理论，阐明了公共性究竟是什么。

　　第三章：中国思想史上的"公""私""公共"问题。谈到公共性问题，首先涉及的就是"公""私""公共"这三个概念。那么，作为中国人，研究公共哲学，首先需要对中国思想史上的这三个概念是怎样产生的、是如何界定的以及其发展与演变如何等进行把握。本章结合中日学界的相关成果，对此进行了梳理与考察。

　　第四章：日本学界的公私问题研究。由于日本学界的公私问题研究具有跨学科、全方位的探索特点，故而与此相关的各种问题在日本学界是如何被探讨的，其所获得的研究成果究竟怎样等成为本章阐述的主要内容。由于这些问题牵涉面太广、内容太多，所以只能进行概述性的把握与展现。

　　第五章：中国学界区别于日本学界的两个视角。本章主要阐述公共知识分子以及马克思主义哲学中的公共性问题，这是日本学界所缺少的两个视角，但又是研究公共哲学不可或缺的内容。关于谁是公共性的承担者，首先想到的就是公共知识分子，日本学界虽然也有关于知识分子与公共性的研究，但却没有关于公共知识分子究竟应该是怎样的存在的探索，而中国学界的相关研究可以补充日本学界在这个方面的不足。马克思主义哲学中的公共性问题是中国学界公共哲学研究的重要组成部分，况且研究公共性问题，马克思主义哲学是一个重要的考察对象。日本学界把公共哲学作为替代马克思主义哲学的批判性存在，所以对马克思主义哲学中的公共性问题不太重视。那么，把上述两个部分作为中日学界公共哲学研究领域所存在的不同视角进行展现，就成为关于公私问题之考察的补充性内容。

　　第六章：公与私的相对性和公共哲学的建构。就中日学界的研究现状而言，两者基本都把公与私作为割裂的存在而展开论述，然而公与私都是相对性的存在，这是探索公共哲学必须深入辨析与论述的问题，也是建构公共哲学的核心之所在。因此，本章首先针对公与私的相对性展开论述，特别是针对最小范畴的私（笔者以"元私"来命名）究竟是怎样的存在、具有怎样的本质等问题展开分析。接着，在此基础上进一步考察"相对性"认识的起源，通过对普罗泰戈拉的"尺度说"与苏格拉底的"普遍定义"的合理性和局限性的分析，阐明了这两条路径无法解决人的相对性存在的问题。最后，进入关于公共哲学建构所需要确立的理念性思考，提出中国传统思想中的"和而不同"可以作为区别于西方世界的"第三条道路"，分析其对于21世纪探索公共哲学所具有的重要思想价值，以此完成本书所阐发的关于"公共哲学序说"的理论视野。因此，第六章应该属于本书最具创新价值的探索，作为笔者关于公共哲学思考所抵达的认识，将成为今后研究与探索的一个崭新起点。

今天本书初步完稿，恰逢我国港珠澳大桥通车。这是一种巧合，还是一种冥冥中的昭示？启迪着笔者关于公共哲学的研究，今日才算是一种真正的开始，成为通向未来学术之路的一座崭新桥梁。正如港珠澳大桥途中的"伶仃洋"从此不再伶仃，期待着今后有更多的人经过这里，更多的车辆从容跨海，顺利通往公共哲学探索与对话的远方。

2018 年 10 月 24 日

港珠澳大桥通车之日

目　录

第一章　中日学界公共哲学探索的兴起

近二十多年来，"公共哲学"在学界已是一个大家比较熟悉的概念，尽管这个概念能否作为学科概念得以确立尚未定性，学者们在研究公共问题时都会使用这个概念，似乎"公共哲学"就是一个不需要怀疑的学科类别，人们不需要反思就很自然地使用"公共哲学"来阐述相关的学术观点，理所当然地认为自己探讨的就是"公共哲学"。

然而，公共哲学是否可以像伦理学、政治哲学、历史哲学、宗教哲学等那样，作为哲学中的一个学科类别而得以确立？这是需要深入探讨的问题。如果公共哲学是哲学中的一个学科类别，那么其关涉的哲学概念都有哪些？与从来就有的伦理学、政治哲学、历史哲学、宗教哲学等有什么区别？作为哲学中的一个学科类别，公共哲学究竟是探讨什么问题的学问？它是一个从来就有的哲学学科，还是一个 20 世纪新出现的崭新学科？这些都是我们需要把握的问题，特别是需要放在哲学框架内进行探讨。只要冠以"哲学"之名，就认为其是哲学中的一个学科类别的思维带有一种泛哲学化的倾向，在严格意义上是与哲学这门以怀疑为精神、以逻各斯为方法、以求真知为目的的学问背道而驰的。

正如大家熟知的，最初使用"公共哲学"这个概念的是美国的政治学者、新闻评论家李普曼（Walter Lippman），他于 20 世纪 50 年代在其论著 *The Public Philosophy* 中使用了这个概念。然而，值得注意的是，李普曼在 *The Public Philosophy* 中是把公共哲学作为自古以来就存在的一个哲学领域来阐述的，直接避开了这个学科领域能否确立的问题。当然，李普曼的关心不在于这是不是哲学中的一个学科类别，其重点在于批判西方社会，指出在这种所谓的自由民主社会中公共哲学的衰微，从而出现了极端自由与个人主义、德国法西斯所推行的极权主义等问题，最终造成第一次世界大战刚过去不久又很快发生了第二次世界大战的惨剧。为了避免西方自由民主社会逐渐走向没落，他在书中呼吁西方政治社会恢复历史中原来所具有的公共哲学传统，认为只有这样，才能实现自由民主社会的重建。然而，李普曼所提出的"The Public Philosophy"传入日本之后，最初只作为一种"公共的哲学"被译介，从而日本学界出现了"公共的哲学"与"公共哲学"两种不同表述并存的现象，并以此展开了关于"公共哲学"的探索。

那么，李普曼所谓的"The Public Philosophy"是一门怎样的哲学？它与20世纪90年代在日本兴起的关于公共哲学的探索究竟存在怎样的区别？中国学界是以怎样的视角来探讨公共哲学的？这些是本章要探讨的问题。

第一节 李普曼所谓的"The Public Philosophy"

在李普曼看来，西方社会最主要的困境与危机在于，人们已经无法接受植根于自由民主社会并由此而培育、成长起来的生活样式，即"公民之道"传统，这个统一社会的中心理念所要求的公共哲学与政治诸技术被完全分离开。虽然西方自由民主国家中存在着理解这种"公民之道"传统的基础素质，但是人们已经不关注这些，从而使西方自由民主社会成了缺少公共哲学之统一理念的社会。为此，讨论公共哲学问题，对于当时的西方社会而言，就犹如打开潘多拉魔盒一般，需要直面各种危险问题。

实际上，生活在欧洲8世纪的人们，在统治者与拥有主权的人民之上，在拥有生命的全社会之上，存在着关于法也就是自然法的教养。他们就是这些法的信奉者。西方"公民之道"传统，也就是李普曼所理解的"公共哲学"，就是从这些法开始产生的，而这些法是由斯多葛学派的学者创倡的。为此，李普曼认为："公民之道诸传统渗透在西欧的诸国民之中，促进了自由的诸制度与民主主义的生长，并保证了（在这样的社会中）容易设定公的以及私的行动规则。"①

　　然而，随着时代的发展，在西方自由民主社会中，实际通行的一种政治原则认为，政府不应该被赋予其对公共哲学的主权与所有权，所以在诸制度的创建者之间公共哲学不再流行。为此，理念、原理被当作私的东西，也就是只作为与主观的意识相关的存在而被认识，造成了"一切重要的事情都从公共领域中被排除"。在这样的认识背景下，"人应该怎样活着？或者在事物的秩序中人应该如何自持？什么是正确的目的？为了实现这种目的应该采取怎样的手段？等等，与此相关的所有问题都变成了私的、主观的、无公共责任的问题。为此，在西方自由民主社会中，形成市民性格的诸基本信仰都成了仅仅属于私的事项"②，从而使自由的根本意义发生了变化。这种变化所带来的结果就是，"所有理性之人，是在某种一致的存在、以普遍秩序为前提使其基础得以确立。也就是说，关于基本的东西与终极的存在，在公共的一致性框架内，允许其意见的对立、论争也是安全的，不如说是在鼓励这种对立和论争的前提下而使其基础得以确立的"③。然而，这个基础却已经丧失了。他认为，在近代自由民主社会中，"公共的哲学，也就是最初的东西与终极的存在的一致性"已经消失。与此同时，人们的公共心中出现了巨大真空，这种真空在不被充满的状态中被打开了巨大缺口。

　　李普曼认为，正是因为西方自由民主社会存在的"公共心"的巨大缺口，造成了"关于公共哲学的议论被搁置"，西方社会从而成了"无视公共哲学"的社会。他坚信，在传统的西方社会中公共哲学本来是作为自然法而被认知的，并且这是西方社会诸制度的前提。然而，由于西方自由民主社会不再信奉公共哲学，所以公共哲学不再发挥作用。那么，"修复"这种"公民之道"传统就成了当务之急。为此，他提醒人们，"因为公共哲学在近代科学获得进步与产业革命以前就存在着，如何让这种哲学直接且实际地作为现代社会的一种确定性教养来设定"④ 是重要的问题。这些

①　ウオルター・リップマン. 公共の哲学. 矢部貞治, 訳. 東京：時事通信社，1957；131.
②　同①132.
③　同①132.
④　同①136.

现象的存在，就是他呼吁重建公共哲学的原因之所在。

从上述李普曼关于公共哲学的指涉与阐述中，我们不难发现以下几个问题是其认识的基础。

（一）公共哲学是形成西方自由民主社会之"公民之道"传统的核心理念，并且这种理念是以"自然法"思想为基础的

李普曼认为，在三千多年的西方社会历史中，人的理性能力产生了拥有普遍的妥当性之法与秩序的共同概念，比如自然（Physis）、法（Nomos）、理性（Noesis）、正义（Dike）、公民（Politeia）等①，并由此等概念诞生了各种理念，形成了西方社会的一切思想。这些概念最初通过芝诺与斯多葛学派形成了一种自然法理论。这种理论被古罗马的法律学家摄取，并被基督教神父采用，由圣托马斯·阿奎那而得以重建，经由文艺复兴与宗教改革形成了新的体系，确立了 1688 年英国革命与 1776 年美国革命的哲学。西方社会的自然法理念，在长期的历史过程中，在各种衰弱时代反复被复活，其广泛性反映出人们的要求，而其反复复活过程中所产生的、需要面对的各种政治问题，体现了自然法理论与各种政策中诸问题的密切相关性。②

然而，现代人对于见不到的东西，触摸不到的事物，无法推测的事情，降低甚至失去了相信的能力。除此之外，现代人同时还失去了对于利益、欲望的制衡与抑制能力的信任。当然，公共的诸原理无法通过专制政府而被强制性推行，自由社会的公共哲学也无法通过行政命令或者某种公权力而得以恢复。人们对于横行于社会无秩序状态中的无信仰的人们，要让其确立对公共诸基准之妥当性的信念，即"最初的东西与终极的存在的一致性"的信念，除了重建一种基于公共理性的政治道义与行为准则之外，是不可能达到的。建立在这种信念之上的公共哲学"在近代科学获得

---

① 李普曼在此处没有具体指出都有哪些概念，但根据其前后文的内容来判断，此处应该是指希腊城邦时代的自然（Physis）、法（Nomos）、理性（Noesis）、正义（Dike）、公民（Politeia）等概念。除此之外，还应该包括后来罗马时代的"共和国、自由人的共同体"（Repulic 或 Populus、People）、"市民法"（juscivile）、"公开性、公共的"（Public）、"私人性、非公开的"（Privates），以及雅典城邦时代的"全民集会"（ecclesia）等概念。

② ウォルター・リップマン. 公共の哲学. 矢部貞治，訳. 東京：時事通信社，1957：138 - 139.

进步与产业革命以前就存在着"，传统自然法信仰是其理念基础。

（二）在西方自由民主社会中，无论公的问题还是私的问题，在其之上都存在某种一致的、拥有某种普遍秩序的前提，而这种前提是在一种"公共心"的基础上得以确立的

我们一般所理解的在国家中存在的"人民"，往往仅仅被作为一种个体的、单一的国民来理解。李普曼则认为，"人民"首先是一种理念性存在，它存在于一切个体之上，是一个集合性概念。他说："所谓人民，那就是即使每一个人，有的加入进来，有的从此逝去，却仍然存续着的一种团体，一种全体性存在。"① 也就说，人民作为一种团体，它的存在是动态的，包括了尚未诞生与即将或者已经死去的人，所以它只是作为"全体性"而抽象地存在着。因此，他进一步指出："如果仅以个人这种语言考虑共同体、人民这样的结合体，其大部分是既不可见又不可听，许多东西已经消亡，另外许多东西还没有诞生。为此，（人民）作为全体其并非实在……而这种既不可见又不可听，且大部分不是实际存在的共同体，为了政府不可忘却的目的，赋予了其合理的意味。"②

那么，从人民的这种性质来看，"本来作为共同体的人民属于主权的真正所有者，然而，作为投票者积累的人民却持有杂多的对立之自我中心的利益和意见。从发生这样的事情来看，认为他们是代表着共同体的国民是值得怀疑的。……为此，无论怎样增加投票者，都不能增加真的代表公共利益者，因为他们之中的多数人并不是这种代表"③。显然，在李普曼看来，西方社会中存在着"作为共同体的人民"与"作为投票者的人民"，前一种是抽象的理念性存在，后一种就是我们一般所理解的每一个具体的个体性国民。那么，维护一个国家的公共利益，必须以超越个体的、私的甚至现实中公的存在为前提，这种存在是在一种理性的"公共心"，和由这种"公共心"所确立的一种普遍秩序的基础之上建立起

---

① ウオルター・リップマン. 公共の哲学. 矢部貞治，訳. 東京：時事通信社，1957：47-48.

② 同①48.

③ 同①52.

来的。

（三）人是一种拥有理性的存在，理性的人都内在具有关于作为人应该如何活着，即人之为人的自觉追求。这也是一种公共哲学的追求，是自由民主社会的基础

根据李普曼的理解，人的最初性情就是自然原始性的倾向。这是人的第一种性质，存在于野蛮人之中。人的这种原始性存在的时间比人成为文明人的时间更长。然而，即使人被文明化了，这种文明化也极为不稳定，"人总是在紧迫与紧张或者怠慢与诱惑之下，随时都企图回到最初性情，这是具有引力一般的性质倾向"①。而在西方的"公民之道"传统中，人的第二种且更为合理的性质，即人的理性，支配着上述第一种且更为原始的性质。然而，在法国大革命时期出现的雅各宾主义者及其此后在欧洲历史上出现的后继者，他们都在逆转这种"公民之道"传统，在这种"公民之道"传统之上确立了政治性宗教，以此代替其统治的原始性冲动，即对第一种性质进行刺激与武装，进而将自我神化，发展成为 20 世纪顽固的极权主义。这种极权主义与人成为人的条件之间展开了永恒的战斗。那就是与人的有限性战斗，与有限的人的道德目的战斗，也就是与那些"仍在公民之道传统中被维持的、公共哲学中被强调的，自由、正义、法……好的社会秩序的战斗"②。所以，雅各宾主义者以及 20 世纪顽固的极权主义者都是自由主义的敌对者。因此，让多元化、碎片化的自由民主社会中的人们拥有具有共同约束力诸原理的公共哲学，自然就显得格外重要。

自然法是根据共通的人性即理性，应对人的种种要求以及约束人的本能的法则，因此，它成为公共哲学的基础。只有在这种基础上，人才能产生"人之为人的自觉追求"。现代社会所发生的种种灾难，都源于近代人把孤独、贫困和不安作为私的东西，失去了其公共的、公然的政治性意味，从而使每一个人都无法抵抗来自外部世界的持续的危机与痛苦，以及自己心中的孤独与寂寞。人们无法处理自由所带来的困难，无法忍受那些包含着否定公共的、共通的真理的理念，所以成了自由的反抗者。根据李

---

① ウオルター・リップマン. 公共の哲学. 矢部貞治, 訳. 東京：時事通信社，1957：112.

② 同①113－114.

普曼的理解，这些就是利斯曼（David Riesman）所描写的"孤独的群众"，涂尔干所说的"无秩序大众"，以及汤因比所分析的"无产阶级"，雅思贝斯所定义的"匿名的大众"。这些人失去了"人之为人应该如何活着"的自觉追求，从而被极权主义者利用，同时受其奴役，失去了对自由的信仰与追求。

李普曼基于以上认识，提出要建构公共哲学，首先要在自由民主社会中恢复公民的信仰能力，要有一套财产理论让公民的财产得到保护，并让公民具有言论自由的权利。这样，拥有理性的人们就能通过对人的存在的最高善的追求，达成公的世界（法律）与私的世界（冲动）之间的均衡。他引用培根的学说，认为人类脱离野蛮之后，必然面对两种世界（李普曼称之为"两种力量"）：一种是通过五官认识的感觉的世界，另一种只是暗示性的、只能通过心灵之眼认识的存在的世界。人总是在这两种世界的张力中紧张地存在着。一般认为，人只拥有圣人、英雄的行为以及天才的卓越性，才能调和这两种世界而存在。① 但李普曼认为，在这两种世界中存在的人，只要不被国家和教会征服，让理性从过度的权力与灵力的压迫中解脱出来，权力与灵力之间的正确均衡就可以实现。这正如亚里士多德在《大伦理学》中所分析的那样，人的理性只要避免过剩与不足，就可以寻求达到中庸的伦理德性，而恢复西欧"公民之道"传统中适合现代生活的元素，确立公共哲学的理念，这是实现这种伦理德性的最佳途径。因此，李普曼呼吁："公共哲学的概念、原理，存在于非物质性实体的领域，不能被我们通过感觉器官所经验，严格地说也无法以视觉、触觉来想象。然而，这些不可见、不可触的本质与抽象，却需要人们奉献对其保持至高的真诚使其得以存在。"②

根据上述梳理，我们不难发现，李普曼所谓的公共哲学是西方传统社会中存在的基于自然法的"公民之道"传统。这种通行于西方传统社会的共通的法则、普遍的理念，他以"The Public Philosophy"来命名。以人所具有的理性为前提，以在这种理性的作用下形成的维护社会秩序的"公

---

① ウオルター・リップマン. 公共の哲学. 矢部貞治，訳. 東京：時事通信社，1957：206.

② 同①221－222.

共心"为基础，就形成了西方社会中的"The Public Philosophy"。

根据李普曼的自述，*The Public Philosophy* 的写作从 1938 年夏天开始，他当时住在巴黎，"面对西方社会不断扩大的混乱，为了让自己的心努力适应这种状况"，他开始了此书的写作。当法国崩溃，如果英国也被打败，美国就不得不独自迎战的形势越来越明显时，他已经完成了此书的初稿。① 很显然，此书在第二次世界大战打响之时已经初步完成，准确地说，1941 年 12 月作者完成了初稿。②

李普曼的疑问是："民主主义诸国具有优秀的资产，并且（在世界上）还拥有伙伴、资源、影响力。然而，它们是否拥有洞察力、忍耐的训练，并且实现这种能力的决心？即使它们拥有手段，同时也具有意志，它们是否知道究竟应该如何实行?"③ 他之所以产生这样的疑问，是因为在本应具有优秀政治、经济、文化资源与实力的西方自由民主社会出现了第一次世界大战，而在第一次世界大战结束不到 20 年，西方社会又笼罩着即将爆发第二次世界大战的阴云。李普曼感到"第二次世界大战正逐渐在第一次世界大战的废墟与失败中产生"，而西方诸民主主义政府却没有解决各种问题并做出决断的方法。那么，如果不把西方世界的结构消耗成支离破碎状态，不经历人民大众的灾难，不诉诸暴力手段，诸民主主义政府能否避免陷入反复失败与征服的命运？这就是李普曼当年的忧虑。在这样的时代背景下，他预感到西方人经过几个世纪的努力而确立的"公民之道"传统正面临着"野蛮性的抬头"的威胁，各种"自由"正在丧失。④ 所以，他要根据自己所经历的西方社会的混乱与世界大战的经验，识别"西方自由民主诸国的病"之所在，尽管在大战之前"柔和的氛围"中这种识别并非一件容易的事情。然而，他要通过这种识别找出病因，并寻求克服西方自由民主社会所存在危机的具体解决方案。这些问题，就是李普曼写作此书的动机与背景。

---

① ウオルター・リップマン. 公共の哲学. 矢部貞治，訳. 東京：時事通信社，1957：5-6.

② 同①8.

③ 同①6-7.

④ 同①6.

　　然而，这里所说的"The Public Philosophy"，显然不是我们所要探讨的作为一个学科概念的"公共哲学"，充其量只是一种"公共的哲学"，也就是把"公共"作为定语来界定"哲学"，把西方传统思想中关系到公私问题的社会理念，也就是他所说的"公民之道"传统，用"公共的哲学"重新命名所进行的探讨。正因为如此，日本学者矢部贞治把"The Public Philosophy"翻译为"公共の哲学"（公共的哲学），并于1957年以此为书名，出版了 The Public Philosophy 的日译本。至于为什么不把"The Public Philosophy"翻译成"公共哲学"，而是翻译成"公共的哲学"，把"公共"作为"哲学"的定语，矢部贞治在译著中没有说明。一方面，这可能与这个概念以前没有出现过有关。如果直接以"公共哲学"来翻译，就意味着这是一个崭新的哲学学科，而把"公共"作为"哲学"的定语，则可以避免这个问题，只是延续了传统划分，即"哲学"作为一个大学科，而"公共"只是为了限定哲学探讨问题的范畴，即探讨"公共"的问题，这样可以省略很多学理上的界定，也可以避免引起学人的质疑。另一方面，当然这也与李普曼在书中阐述的问题都只是"公共的哲学"，而不是作为学科概念的"公共哲学"的认识直接相关。当然，还有一个因素也许需要考虑，那就是根据日语的语法特点，两个名词不能直接并列，中间需要加一个"の"（的）来连接。因此，如果"公共"与"哲学"不是作为学科概念，而是作为两个名词来理解，那么两者之间当然需要加上连接词"の"（的），以表现它们之间的从属关系。从这个意义上说，显然矢部贞治并没有把"公共哲学"理解为一个崭新的哲学学科，而只是把李普曼所说的"The Public Philosophy"中的"Public"作为"Philosophy"的定语来把握。根据以上对李普曼关于"公共哲学"的阐述的梳理，矢部贞治的这种翻译应该说是比较准确的。

第二节　日本学界的公共哲学探索

　　那么，为什么日本人如此敏感地注意到了李普曼的 The Public Philosophy，而出版界的反应也如此迅速？也就是说，李普曼在1955年出版了 The Public Philosophy：On the Decline and Revival of the Western Society 一书，不久后矢部贞治就在当年的《世界周报》（1955年4月11

日）上发表长文介绍与评论此书，并很快引起了"时事通信社"的关注。时事通信社向矢部贞治约稿，让他着手翻译此书，并于1957年出版了日译本《公共の哲学》。

从矢部贞治的译者前言来看，上述这种敏感同日本对于公共哲学问题以及日本社会自身所具有的某种共通性有关。矢部贞治在译者前言中指出：

> 李普曼在此书中论述"西方的没落"与其（如何）"再生"，提出了"西方民主主义能否存活下去"这样的问题。然而，毋庸置疑，无论"西方的没落"还是"民主主义的危机"，都并非崭新的问题，也不是李普曼最初提出来的。然而这个问题，依然是现代的基本问题。不仅对于即使到最近为止，作为最富有的民主主义国家，公认的西方式的自由民主主义之冠且也以此自诩的美国，深刻反省这个问题的紧迫性是具有意义的；而且，李普曼对于永久民主主义的"公民之道"传统，以及深入"公共的哲学"的根本来探讨其危机的根源，也具有值得（我们）学习的深刻揭示。总之，想到这无论"公民之道"传统也好，"公共的哲学"之根也罢，都没有真正生根发芽的地方——被赋予了形式上的民主主义的日本——的现状时，李普曼的此书，包含着日本国民同样必须翻开阅读并作为反省的资料。①

上述矢部贞治的译者前言，虽然简短，但足以说明这部书的主题、写作动机与背景，以及在日本值得翻译的理由等。就主题而言，这部书的副标题"西方社会的衰落与再生"已经呈现了作者写这部书的目的，那就是分析西方社会的"衰落"现状，探讨其"再生"的途径。写作这部书的时代背景是西方出现了"民主主义的危机"，李普曼企图开出一剂药方，那就是让"公共的哲学"传统重新有效地发挥作用。即使日本只是在"形式上"采用了"民主主义"，这部书所涉及的问题对于战后正处于重建中的20世纪50年代的日本社会也是值得反省的，更何况战败后的日本是在美国的自由民主主义主导下进行国家民主制度的重建的。

---

① ウォルター・リップマン. 公共の哲学. 矢部貞治，訳. 東京：時事通信社，1957：1-2.

　　然而，这种敏感也许只是译者与出版商的反应，此后的日本学界并没有对"公共的哲学"进行进一步的研究与探索。也就是说，在 20 世纪 50 年代，李普曼所提出的"公共的哲学"虽然很快就被翻译引进日本，但并没有引起日本学界的重视。只是到了 20 世纪 70 年代以后，随着政治学、社会学等领域关注哈贝马斯、贝拉、汉娜·阿伦特等人的相关著作，并相继翻译出版了《公共性的结构转换》《心的习惯》《人的条件》等著作①，日本学界才开始出现关于公共性问题的研究，从而在 20 世纪 90 年代中期以后掀起了公共哲学研究热潮，呈现出一场堪称前沿性哲学研究的学术运动。② 上述这些译著，自然就成为日本公共哲学研究的基础文献。那么，在日本发生的这场学术运动是怎么兴起的？ 日本学界又是如何探讨公共哲学的？

一、日本学界公共哲学研究的兴起

　　从 20 世纪 90 年代中期开始，公共哲学作为一个崭新的学科、学术领域，逐渐在日本各大学出现。1996 年，东京大学研究生院综合文化研究科开设新科目，由山胁直司教授主讲"公共哲学"。此后，立命馆大学、早稻田大学、学习院大学、中央大学等先后在自己的研究生院设立了与公共问题研究相关的学科，开设相关课程。2004 年，千叶大学法经学部设立了"面向可持续发展的福祉社会的公共研究基地"，并通过了文部省 COE（Center of Excellence，"卓越的研究教育据点"，又可译成"一流教育科研基地"）科研项目的申请认定，获得了日本的国家重点科研资助。③ 然而，在日本各大学出现的拓展学术新领域的动向还不足以形成一

① 　ユルゲン・ハーバーマス. 公共性の構造転換. 細谷貞雄，山田正行，訳. 高崎：未来社，1994；ベラー，等. 心の習慣. 島薗進，中村圭志，訳. 東京：みすず書房，1991；ハンナ・アレント. 人間の条件. 志水速雄，訳. 東京：筑摩書房，1994.

② 　山口定认为，在日本体现出一场从"交叉学科"（interdisciplinary）到"跨学科"（trans-disciplinary）转变的新学术立场。（王中江. 新哲学：第六辑. 郑州：大象出版社，2006：37）

③ 　在立命馆大学，以山口定教授为中心，举行了多次学术研讨会，2003 年把研究成果以《新的公共性》为书名编辑出版（有斐阁出版社）。早稻田大学以片冈宽教授为中心，在研究生院创立了公共经营研究科；另外，在其政经学部也创立了以"公共哲学"为核心课程的国际政治经济学科。学习院大学法学部、中央大学研究生院公共政策研究科等也都相继开设了"公共哲学"课程（详细内容请参照山胁直司《公共哲学的现状与将来》）。

种学术运动的态势。1997 年，在京都论坛·将来世代综合研究所（后来更名为"公共哲学共働研究所"）所长金泰昌的倡导下，在将来世代国际财团矢崎胜彦理事长的支持下，在东京大学法学部部长（后来出任东京大学校长）佐佐木毅的协助下，"公共哲学共同研究会"在京都成立，1998年 4 月召开了第一次研讨会，日本这场学术运动从此拉开了序幕。二十多年来，公共哲学共同研究会在京都、大阪、神户、东京等地几乎每月召开一次学术研讨会（至今已召开了近 160 次会议，约 3 000 人参加），邀请日本全国，甚至中国、韩国和欧美诸国的著名学者参加会议，展开广泛的学术对话，取得了丰硕的研究成果。在此研讨会上宣读和讨论的学术论文被整理、编辑成书，由东京大学出版会以《公共哲学》为总书名，按丛书形式相继出版发行，截至 2006 年，出版了第一个系列《公共哲学》论丛20 卷，我国在 2009 年由人民出版社翻译出版了其中的最初 10 卷，在日本学界与中国学界都引起了广泛关注。①

那么，在美国出现的"公共哲学"，为什么到了日本，并且是在 20 世纪 90 年代之后，能够发展成一场构筑一门崭新学问的学术运动？根据山脇直司的理解，这是由于在 20 世纪末的近 10 年时间里，在日本出现了"官界与经济界的各种违法渎职等事件，地方的分权化，NGO 与 NPO 组织与活动的抬头等，从而使公共性问题成为迫在眉睫的紧急课题，学界需要从跨学科的角度对其进行论述。为此，公共哲学的研究被（日本）社会所期待，因为这种研究能对社会研究、哲学、政策论之间的学科分割起到桥梁的作用"②。

确实，从日本学界研究公共哲学的社会背景来看，山脇直司提出的这些社会因素是不可或缺的。但是，这些社会因素在美国和欧洲国家同样存在，为什么只有日本如此重视公共哲学问题？笔者认为，山脇直司所指出的问题只是一种契机性的因素，属于这场学术运动态势形成的诸多外因之

---

① 佐佐木毅、金泰昌主编，东京大学出版会 2001 年 11 月第 1 卷初版印刷发行。其中最初 10 卷的中文版翻译工作，由卞崇道、林美茂主持，国内十多位学者参与翻译，从 2005 年开始接洽，前后历时 4 年，最终于 2009 年 6 月由人民出版社出版发行。

② 山脇直司. 公共哲学の現状と未来——『公共哲学』20 卷叢書の発行完成に寄せて. UNIVERSITY PRESS，2006（8）.

一，还有许多原因存在，特别是日本学者的内在素质不可忽视。^① 其实，至少还有两大原因促成了日本的这场学术运动。

第一个原因是势不可挡的全球化时代的到来。从 20 世纪 70 年代开始，此前局限于军用的电脑技术逐渐向民用转型，进入 90 年代后伴随着电脑民用而出现的网络技术开始迅速普及，世界的一体化成为不可抗拒的潮流。在全球化大潮面前，迄今为止处于被人们所依存的公的存在，即几千年来作为处于公的立场的国家，面对其他国家时其内在的"个"性（私）逐渐增强，无论个人还是国家，都面临着作为私的存在和公的存在的全新挑战。因此，新时代的公共性问题成了迫在眉睫需要解决的现实问题。人们希望从哲学的高度阐明公共性问题的内在性质和结构，从而为解决现实问题提供崭新的生存理念。在李普曼生活的时代，由于没有网络技术，环境问题还没有引起人们的重视，所以全球化现象根本不明显，学者们把握世界的视点基本上还停留在本国或者某个地域的立场与范围（如李普曼的视点停留在第二次世界大战前的欧洲社会）内，尚未形成全球性视野与跨国界的共识追求。

"全球化"（Globalization）在日本被译成"グローバル化"，即"地球规模化"，被认为是由全球规模中复数的社会与其构成因素之间结合的增强所带来的社会性变化的结果。一般认为，全球化是由第二次世界大战所波及规模的世界性，以及后来发生的世界性经济危机而带来的世界各国在现代社会的恢复过程中所产生的全球性相互依存现象。20 世纪后半叶出现的运输与通信技术的爆炸性发展，以及东西方冷战结束后世界自由贸易圈的扩大所带来的人、物、资金和信息的国际性流动，使原来潜在的

① 这里有一点可能会被质疑，因为金泰昌不是日本人，他是韩国籍学者。这个问题比较特殊，笔者的理解是，金教授是一位以世界为家的学者，他迄今为止走过了世界上近 60 个国家，进行过各种学术研究和讲演，只是现在把研究据点设在日本而已。他已经超越国界，是一位"地球人"，也许这是 21 世纪知识分子代表性的生存方式。因为他认为公共哲学是 21 世纪新的学术方向，而东方的存在极其重要，这与日本对此研究的重视相吻合，所以，他在 20 世纪 90 年代来到日本，从此把自己的研究据点从欧美转移到日本。他认为"拥有所在国国籍的国民和虽然没有国籍，但发挥着公共作用的'公共市民'之间，是没有多大差别的"，所以他宣称："我和拥有日本国籍的日本国民没有什么差别"（金泰昌. 何谓"公共哲学"//王中江. 新哲学：第六辑. 郑州：大象出版社，2006：9）。很显然，他具有把自己看成"地球市民"的思想倾向。

全球化问题迅速表面化。文化、经济、环境、宗教，以及非政府组织（Non-Governmental Organizations，英文缩写 NGO）、非营利组织（Non-Profit Organizations，英文缩写 NPO）活动的跨国境展开，与此同时产生的日益增强的国际交流、合作，使各种不同文化之间发生冲突、同化、融合等现象，都明显地呈现出全球化倾向。

在这种时代大潮面前，到 20 世纪为止所形成的地球人类文化之异质性的多元共存格局受到了前所未有的挑战。本国或者本地域的固有性意识被唤醒，文化的自同性、共有性等追求正在与全球化的进展同步增强。还有，作为现代社会的共通的基本价值观，人们在追求尊重个人的自由与权利的社会生活中，究竟应该如何处理政府的作用、政治的形态，与此相对的个人的作用、个人在社会中的责任与义务等才能使它们和谐地确立起来的问题，成了这个所谓后现代社会需要解决的当务之急。因此，究竟该如何构建公的领域与私的领域之间的公共世界的问题，就成为学界关注的热点。要对这个问题进行研究和理论构建，首先面临着几个最基本概念的界定问题，比如公、私、公共、公共性、公共理性、均质性、多元性、均质、异质、和谐、幸福等。对于这些概念，必须从哲学的高度进行定义，进而梳理它们之间的相互关系，然后进行逻辑性展开，最后提出构建学问体系之方法论等。如果说最初美国提出关于公共哲学的问题，仅仅是为了唤醒美国乃至欧洲自由民主社会中自由公民的公共理性，那么到了 20 世纪 90 年代，这个问题就已成为全球化背景下的个人、国家、民族面对一个崭新时代该如何生存的根本问题。这种全球化潮流与上述山胁直司所指出的日本社会现状相结合，让日本学者敏感地做出了反应，从而促使这个源于美国的学术动态开始引起日本学界的重视。

第二个原因是日本国民的文化素质，即与日本人对于知的好奇心有关。日本是一个好奇心极其旺盛的国家，对外来文化的吸收的高度积极性已经被历史证明。江户以前，对于中国文化的引进、借鉴与吸收是众所周知的。近代以来，日本在促成西学东渐的过程中所起的作用是不可替代的。特别是，历史上没有采用科举制度的日本，在东亚的儒家文化诸国中，与中国、朝鲜相比，知识分子的求知欲与向学动机存在着根本的不同，可以说日本人对于知的好奇心与古希腊人极为相似。从日本传统的武士、豪绅来看，他们读书、从事学问研究并不是为了现实生活中的安身立命，而是因为爱好学问。前面已经提到，在日本公共哲学研究之所以能够形成一场学术运动的态势，与公共哲学共働研究所所推动的公共哲学共同研究会直接相关，就是这个研究会组织、领导着日本公共哲学研究的发展，而支撑这个研究会的后援资金来自一个民间的将来世代国际财团。这个财团的理事长矢崎胜彦先生是一家上市集团公司株式会社（Felissimo）的董事长，为了将来社会能够克服现在社会所出现的生存危机，为了给子孙后代一个可持续发展的未来，他把企业经营中所获得利润的一部分以资助学术探讨的形式回馈社会。迄今为止，召开的近 160 次公共哲学研讨会以及出版研究论丛等所投入的资金是相当庞大的。这种仅仅为了求知而不图现实经济利益回报的投资，与日本传统社会中武士、豪绅不为仕途需要，不惜重金购买来自中国、朝鲜以及欧洲荷兰的各种文献，如饥似渴地吸收外来知识的求知现象在本质上是一致的。正是日本人的这种知识观和价值观，使现代著名政治学家丸山真男所强调的作为知识分子的个人"从现实政治中做到否定性的独立"具有了实现的可能。从古到今，日本的知识分子，如伊藤仁斋、本居宣长、西周、福泽谕吉、丸山真男等，作为读书人、知识分子所体现的独立人格，就是最好的例证。无论一般的社会富庶人士，还是站在学术立场从事公共问题研究的知识分子，他们总在某种形式上体现着从现实的功利性中得以独立的人格精神，这种无功利的求知欲，作为一种集体无意识内在于日本人的生存或者学术的良知中。

正是由于具有这种内在的民族素质，在 20 世纪中叶世界开始呈现出日益明显的全球化迹象时，日本学者才敏感地做出了反应。如前所述，李普曼《公共的哲学》一书出版后，在美国并没有引起社会性反响，而日本人却以最快的速度完成了对此书的翻译。当时代进入地球环境问题跨国界现象突现，网络技术以超乎寻常的速度在世界各国普及的 20 世纪 90 年代，来自美国的探索恢复"公共的哲学"的星星之火开始在日本学界燎原。在现在的日本学界，公共哲学研究正逐渐形成一股大而新的学术势头，冲击着近代以来在西方学术话语基础上所形成的传统学术基础。

二、日本学界公共哲学研究的特点

从东京大学出版会出版的 20 卷本《公共哲学》论丛，以及近年来出版的各种相关著述、发表在各种报刊上的相关言论来看，日本学界的公共哲学研究基本体现了三大特点：（1）著名学者间的跨学科对话；（2）暂定性学术目标的预设；（3）通过公共哲学探索，构筑一门崭新学问。

第一，东京大学出版会出版的 20 卷本《公共哲学》论丛的最大特点是，改变了学术著作的传统成书方式。这套丛书不是某个学者个人的学术专著，或者由一人或数人主编，让一群学者每人负责撰写某些章节，最后构成一部著作，而是每一章让该领域的一位重要学者提出论题，然后由相同领域的其他代表性学者以及不同领域的代表性学者参与讨论，使论题中阐述的问题得到横向和纵向的拓展。这种做法充分体现了对学术之公共性的追求，克服了学院派学术的权威垄断学风。参加者中有福田欢一、宇泽弘文、岩田靖夫、源了圆、加藤尚武、沟口雄三、板垣雄三等属于其所在研究领域最重要甚至泰斗式的学者，也有佐佐木毅、平石直昭、北川东子、山胁直司、今田高俊、宫本久雄、黑住真、井上达夫、苅部直、佐伯启思、姜尚中、稻垣久和、田中秀夫、小林正弥、小岛康敬等这些各自领域的代表性学者。熟悉日本学界的人都知道，上述学者中有政治学家、经济学家、法学家、社会学家、伦理学家、宗教学家、西方哲学专家、日本思想专家等，他们在日本学界乃至世界学界都具有重要的影响力。就是这些日本的重要学者，二十多年间（特别是最初的十多年间）围绕公、私、公共性等公共哲学探索中最基本的核心概念展开了广泛的对话和讨论。这种学术景观在日本学界是前所未有的。当然，之所以能够做到这一点，同这个研讨会的组织者金泰昌教授所付出的呕心沥血的努力与矢崎胜彦先生的资金支持是分不开的。简言之，这么多著名学者参与这场哲学运动，在当今世界也是绝无仅有的。

不过，需要指出的是，虽然这么多学者参与了有关公共哲学的学术讨论，但他们中的大多数人是受到公共哲学共同研究会的邀请而参与的，也就是说属于被动性参与。然而，其中佐佐木毅、今田高俊、山胁直司、宫本久雄、稻垣久和、小林正弥、小岛康敬等则是积极的参与者，与组织者金泰昌教授积极配合，对于推动这场学术运动起到了积极作用。从迄今为止公共哲学的探索、构筑过程来看，其中作用最大的是金泰昌教授，而影响最大的则推山胁直司教授。前者的贡献体现在学术运动的构筑、组织与研究的推动上，而后者的贡献则体现在其学术成果上。① 这两位学者已经成为日本学界探索、构筑公共哲学最具代表性的学者。日本公共哲学探索所体现出的跨学科的对话性特点，同这两位学者对于公共哲学的见解与追求有关。

金泰昌认为，公共哲学探索应该区别于由来已久的学者对学术的垄断，即由专家、学者单独发言，读者屈居倾听地位的、单向思想输出的学院派传统，让学问在一种市民与专家互动的关系中进行，从而达到一种动态的自足性完成。所以，"公共哲学"中的"公共"应该是动词，而不是名词或者形容词。公共哲学是一门"共媒-共働-共福"的学问。"共媒"就是相互媒介；"共働"的"働"字在日语中的意思是"作用"，在这里就是相互作用；"共福"，顾名思义就是共同幸福。总体而言，公共哲学是一门探索如何让人们的共同幸福成为可能的学问。山胁直司提倡并探索公共哲学的目标在于，打破19世纪中叶以来逐渐形成的学科分化、学者之间横向断隔的学术现状，让各领域学者进行跨学科的横向对话，以构筑新时代所需要的学术统合。那么，在这种思想和目标的基础上所进行的公共哲学探索，当然不可能采用某位专家、学者单独著述的传统形式，而是把不同领域学者之间跨领域、跨学科的对话与互动作为它的一大特色。

第二，从日本公共哲学研究的发展过程与现状来看，其实日本公共哲学研究并没有十分明确的学术领域的圈定，迄今为止的探索都只是建立在暂定且模糊的目标之上。这种倾向主要体现在对于公共哲学究竟是一门怎

---

① 与金泰昌教授作为公共哲学共働研究所所长，致力于为各个领域的学者搭建一个跨学科的学术对话平台不同，山胁直司教授是迄今为止公共哲学共働研究所所组织的100多次研讨会中参加次数最多的学者之一。他于1996年最早在东京大学驹场校区的相关社会科学科的研究生院开设了"公共哲学"课程，1998年秋编辑出版了《现代日本的公共哲学》一书，迄今为止，先后出版了介绍公共哲学的普及性著作《何谓公共哲学》（筑摩新书，2004），面向专家、学者的学术专著《全球-区域公共哲学》（东京大学出版会，2008），面向高中生的通俗读本《与社会如何相关——公共哲学的启发》（岩波书店，2008）等，成为日本公共哲学领域最具代表性的重要学者之一。

样的学问的理解上。

其实，自李普曼的《公共的哲学》出版以来，虽然在日本原来作为问题的"公共的哲学"已经发展成作为学科的"公共哲学"，但与公共哲学相关的概念应该有哪些，公共哲学研究的领域应该如何划定，其目标是什么等问题，也就是说，公共哲学该如何进行哲学意义上的界定等问题都是不明确的。学者们对此虽然做过一些尝试性的规定，但却无法取得比较一致的认识。如前所述，李普曼只是从西方自由民主制度下自由公民的责任问题出发，提出了在现代自由民主社会中建构一种"公共的哲学"的必要性。至于公共的哲学是一门什么样的哲学、应该探索怎样的哲学问题等，并没有给予明确的解答。哈贝马斯和阿伦特并没有使用"公共哲学"这个概念。宗教社会学家贝拉等人为了统合各种专门的社会科学，提出了建构公共哲学的问题。他们以"作为公共哲学的社会科学"为理想，通过提倡公共哲学来批判现存分割性的学问体系，对于"公共哲学究竟是什么"的问题，同样没有进行明确的界定。企图构筑作为一门崭新学问的"公共哲学"的日本学者，当然首先需要界定"公共哲学是什么"。

山胁直司在《何谓公共哲学》一书中却避开了对于公共哲学的直接界定，只是强调指出，"公共性"概念的探索属于公共哲学的基本问题，然后把阿伦特所定义的公共性作为西方学界从哲学角度对此做出的最初界定，进而展开其学说史的整理和论述。他在为《公共哲学》论丛第 10 卷所写的"序论"——《全球-区域公共哲学的构想》一文中提出：公共哲学似乎是一门崭新学问，但其实已经拥有悠久的传统。他认为这种学问的兴起是为了"打破 19 世纪后期以来产生的学科专业化与章鱼陶罐化后，使哲学与社会诸科学出现了分化的现状，达到统合性学问传统的复兴"①。不过，他同时又指出，公共哲学的立场不可能是黑格尔的欧洲中心主义立场，而应该追溯到康德的"世界市民"理念，只有这样的理念才是与全球化时代相适应的、统合性的崭新学问的目标。所以，他认为应该把公共哲学作为一门"从公共性的观点出发，对哲学、政治、经济以及其他社会现

---

① 佐佐木毅，金泰昌. 21 世纪公共哲学的地平. 東京：東京大学出版会，2002；序論 1.

象进行统合性论述的学问来把握"①。很明显，山胁直司在承认公共哲学的崭新内容的同时，又不把公共哲学作为一门崭新学问，其原因在于，他不把这门学问作为与传统学问不同的东西来理解和把握，而是通过对"传统渊源"学问的再挖掘，在克服费希特所强调的"国民"以及黑格尔的"欧洲中心主义"的同时，以斯多葛学派的"世界同胞"理念和康德的"世界市民"理念为理想，企图重构黑格尔曾经追求过的统合性学问，在全球化的时代背景下，通过对公共性问题的探索来构筑的这门哲学，这才是他所理解的公共哲学。他为此创造了"全球-区域公共哲学"这个概念，提出了在全球化时代构筑公共哲学的视野（全球性・地域性・现场性）和方法论（理想主义的现实主义与现实主义的理想主义）。

　　与山胁直司不同，金泰昌的看法就不那么婉转，他一贯认为公共哲学是一个崭新的学术领域，是一门崭新的学问。正是在这个全球化时代人们所体验的后意识形态中，公共哲学得以产生，并且可以以此开辟崭新的知的地平线。根据他的观点，西方的古典学问体系以"普遍知"的追求为理想，寻求最为单纯、单一的，具有广泛适用性和包容性的知识体系。但是，近代以来的学界意识到了这种统合性的形而上学所存在的潜在危机，开始重视拥有多样性的"特殊知"，各种学问开始走上学科细分的道路，结果自然出现了诸学科之间的分割、断裂现象。那么，公共哲学一方面要避免"普遍知"的统合性，另一方面又要克服学问的学科分化，实现学科之间的横向对话，构筑"共媒性"的学问。所以，与传统的"普遍知"和近代以来的"特殊知"不同，公共哲学研究是一种"共媒知"的探索。2005 年 10 月 11 日，金泰昌在我国清华大学做了一场题为"公共哲学是什么"的讲演。在讲演过程中，针对中国学者关于"公共哲学是一门怎样的学问"的提问，他回答了公共哲学的三个核心目标，即"公共的哲学""公共性的哲学""公共（作用）的哲学"，并进一步指出了三者之间相互联动的重要性。其中，公共的哲学，就是从市民的立场思考、判断、行动、负责任的哲学；公共性的哲学，就是探索公共性是什么这个问题之专家、学者所追求的哲学；公共（作用）的哲学，就是把公共作为动词把

---

　　①　佐佐木毅，金泰昌. 21 世纪公共哲学の地平. 東京：東京大学出版会，2002：序論 1.

握，以公、私、公共之间相克-相和-相生的三元思考为基轴，对自己-他者-世界进行联动把握的哲学，其目标是促进"活私开公·公私共创·幸福共创"的哲学。① 在金泰昌看来，这也体现了日本公共哲学研究与美国学界所讨论的公共哲学的不同之处，突出了日本公共哲学研究的独特性。②

很显然，上述山胁直司所提供的问题意识，对于我们进行公共哲学研究有许多启发意义，在一定时期内将会为公共哲学的研究与探索提供一种方向性的指导，这也是其研究的重要意义之所在。但是，他那些暂定性的规定并没有从正面回答"公共哲学是什么"的问题，只是在"公共哲学"概念还处于暧昧状态时，就进行了关于公共哲学的目标和学问视野的界定。其实，这种现象并不只在山胁直司一人那里存在，它是现在日本公共哲学研究存在的共同问题。③ 与山胁直司相比，金泰昌的观点更体现了理念性特征，犹如一个公共哲学运动宣言。这也体现了在日本公共哲学构筑过程中，他作为运动组织者和领导者而具有的特征。确实，我们应该承认，金泰昌的见解简明易懂，诸多方面可以接受。特别是，他提出的公共哲学所具有的三大特征性因素，对于打破19世纪中叶以来所形成的学问分割的现状，起到了一种脚手架式的辅助作用。但是，问题在于，他有关知的划分方式只停留在西方传统的学问分类之中，并没有超越西方建立起来的学术框架。那是因为，我们无法理解他所说的"共媒知"与传统的"普遍知"的追求有什么本质上的区别，而"共媒知"是否可以获得与"普遍知"对等的历史性意义也根本不明确。当然，西方思想中所谓的"普遍知"是以绝对符合逻辑理性，并且可以"形式化"（通过文字形式叙述）为基本前提的。金泰昌却没有规定其提倡的"共媒知"必须具有普遍

① "活私开公"是金泰昌提出的有关公共哲学问题的一个重要概念。他认为，公共哲学中的"公共"应该是一个动词，在公与私的二元对立中将起"公私共媒"的作用。也就是说，以往的公私关系容易出现"灭私奉公"或者"灭公奉私"的偏颇，而"活公开私"理念强调的是做到不压抑、牺牲、否定私的存在、价值以及尊严，承认并发展私，从而使公向国民、市民、一般生活开放，也就是使国家、政府、体制回应人民的要求，并承担起责任来。这个概念在欧美被称为PPP（Public-Private-Partnership或者Private-Public-Partnership）。

② 公共哲学共働研究所. 公共良識人，2005 - 01 - 01.

③ 桂木隆夫. 公共哲学とはなんだろう. 東京：勁草書房，2005.

适用的绝对合理性。或者可以说，作为各种"特殊知"之间的桥梁，"共媒知"多少带有一些追求东方式"默契"的内涵，也就是"无须言说性"。这种"默契知"的因素，在西方理性主义看来，属于非理性，但是在东方世界，这种不求"形式知"，而以"默契知"来达到人与人之间、人与世界之间的和谐的方式是被广泛承认的。

综上所述，日本学界的公共哲学研究显然并没有对"公共哲学是什么"的问题给予明确的回答。这个问题可能在相当长的一段历史中，将会继续被人们争论和探讨。也许正是由于"公共哲学"作为学科概念的学术性不明确，其研究对象、涵盖的范围也不确定，所以现在学院派的纯粹哲学研究者仍然对它有所敬畏。在日本，东京大学的研究者展开了积极而全方位的研究活动，而保持学院派传统的京都大学的学者至今仍然保持静观的态度。当然，一门学问的构筑，不一定一开始就应该在明确概念的指引下进行。倒不如说，一般都是在研究活动的展开过程中，所探讨的问题意识、预期目标才逐渐得以明确，方法论才会日益定型。也就是说，只有通过研究成果的积累才能达到对问题本质的把握。从这个意义上说，现在日本学界的公共哲学探索，朝着所预设的暂定性学术目标所进行的研究和努力，也许正是构筑一门崭新学问所能选择的唯一道路。

第三，从上述日本学界对公共哲学的界定中可以看出，虽然日本学界对公共哲学究竟是一门怎样的学问并不明确，但日本学界的公共哲学研究已经体现出一个基本的学术方向，那就是把公共哲学作为一门适应全球化时代的崭新学问进行建构而展开广泛的、跨学科的对话性探索。那么，日本学界所强调的崭新性究竟体现在什么地方？

2006 年 8 月，在 20 卷本《公共哲学》论丛出版结束的时候，山胁直司发表了一篇短文，在此文中他明确地表明了公共哲学是一门崭新学问的认识。他在此文中指出：公共哲学是一门发展中的学问。但按照山胁直司的理解，公共哲学除了是一门"从公共性的观点出发，对哲学、政治、经济以及其他社会现象进行统合性论述的学问"之外，它的崭新性还体现在以下五个方面：（1）对于现存学问体系中存在的"社会现状的分析研究＝现实论"，"关于社会所企求的规范＝必然论"，"为了变革现状的政策＝可能论"之学际分割问题进行综合研究。特别是，不把其中的"必然论"与

"现实论"和"可能论"分割开来进行研究是公共哲学的重要特征。(2) 提倡对公的存在、私的存在、公共的存在进行相关把握的三元论，以取代原来将公的领域与私的领域分开对待的公私二元论思考。(3) 通过提倡"活泼每一个人使民众的公共得到开启，使政府之公得到尽可能的开放"之"活私开公"（金泰昌语）的社会根本理念，克服传统的"灭私奉公"（日本二战前）或者"灭公奉私"（日本二战后）的错误价值观。(4) 对人们交流、交往活动中的性质进行抽象性把握，探索一种具有公开性、公正性、公平性、公益性的公共性理念，这是公共哲学的实践性特征。(5) 在公共哲学的构筑过程中，努力尝试进行"公共关系"的社会思想史的重新解释，这种研究也是公共哲学的重要内容。①

与山胁直司不同，金泰昌所表明的有关公共哲学的崭新性主要停留在其所追求的目标和方法上。他指出，自己所说的崭新性并不是从根本意义上说的，而是"温故知新"的"新"，"是对学问的传统向适应于现在与将来的要求而进行的再解释、再构筑意义上"的崭新性。很显然，金泰昌的见解，与山胁直司认为公共哲学"似乎崭新但有历史渊源"的观点基本上是一致的，即从传统学问中推陈出新意义上的"新"。② 不过，金泰昌明确表示，不赞同山胁直司的"统合知"的看法，认为公共哲学的目标应该是追求"共媒知"。针对山胁直司所提倡的"全球-区域"（グローカル）公共哲学的探索目标，金昌泰进一步提出了公共哲学的探索应该具有"全球-国家-区域"（グローナカル）的学术视野。

上述两位学者关于公共哲学之崭新性的见解，基本体现了日本当代公共哲学研究的一种共有特征。但是，我们面对这种观点，自然会产生下述极其朴素的疑问。

我们只要回顾一下人类思想史，就不难发现，人类对于社会生活中公共性问题的思考、探索，古代社会就已经存在，并不是现在这个时代才产生的。这也正是李普曼所开创的"公共的哲学"的探索把历史追溯到欧洲古代社会的原因之所在。从古希腊城邦社会的城邦市民到希腊化时期的世

---

① 山胁直司. 公共哲学の现状と未来——『公共哲学』20 卷丛书の发行完成に寄せて. UNIVERSITY PRESS, 2006（8）.

② 公共哲学共働研究所. 公共良识人，2006 - 10 - 01.

界市民，从近代欧洲通过市民革命确立的所谓市民国家（citizen-state）到现代世界通过民族解放运动、脱离殖民统治而建立的国民国家（nation-state）①，随着历史的发展，公共性的诸种问题在政治学、经济学、伦理学等领域中都被提起过，并以各种形式被论述过。因此，并不一定要把公共哲学作为一门崭新学问来理解，即使过去并没有使用过这个概念来论述，但是其中所探讨的问题在本质上是一致的。现在所谓的公共哲学，只是从前某个学问领域或者几个学问领域中所探讨问题的重叠而已。如果这种理解说得通，那么现在日本学界探索的"公共哲学"与过去时代探讨过的"公共性问题的哲学"，虽然在展开和涵盖的范围方面不尽相同，其实这只是由生存环境发生变化所带来的现象上的差异，但从根本上说，问题的内核并没有发生多大变化。

更具体一点说，概念"public"中包含了公共性问题。这种情况下所谓的公共性，就是相对于"个"（"私"）来说的"公"。通常说来，构成"个"之存在的要素是乡村、城市，进一步就是国家。把"个"之隐私的生活、行动、思想、性格、趣味等，敞开置放于谁都可以明白的"公"的场所的意思包含在 public 的语义中。那么，public 的本义就是以敞开之空间（场所）为前提的，即德语 öffentlich（行动、思想、文化的）场所。正因为如此，阿伦特把"公共性"概念定义为"最大可能地向绝大多数人公示"的世界。但是，"个"的世界在敞开的程度上会由于时代的不同而存在差异。随着时代的变迁，生活的世界在逐渐扩大。这种发展过程到了现代社会，随着全球化浪潮"生活的世界"扩大成世界性的规模出现在我们面前。因此，如果以个人（私）与社会或国家（公）的对比来考虑"生活的世界"的问题，虽然其规模不同，但其根本之处却是一样的。所以，对公共性问题的探索，自人类组成社会、共同体制度确立以来，从来就没间断过，它是总被思考和探讨的古典问题。对于个人（私）来说，公的规模从家庭、家族、很小的村庄发展到小镇，从县、市发展到大都会，然后发

---

① citizen-state 与 nation-state 也可以翻译成"公民国家"和"民族国家"，但这样翻译含义有些模糊，因为 citizen 在近代英语中指"市民"，在现代英语中则多指"国民""公民"，而 nation 则有"国民""国家""民族""种族"等含义。日本学界一般把这两个概念翻译成"市民国家"和"国民国家"，笔者认为这种翻译更合理，故在此采用之。

展到国家，在其规模扩大的历史进程中，其构成成员之每一个人之"个"的生存意识也要进行相应的变革。这种一个又一个历史阶段的超越过程，就是人类历史的真实状况。因此，认为现代社会的公共性问题会在本质上出现或者产生崭新的内涵，这是值得怀疑与探索的。

当然，金泰昌和山胁直司以及日本公共哲学研究界的其他研究者，他们对于私与公的发展历史也许是明确的。正因为如此，金泰昌在谈到公共哲学之崭新性时，承认"如果采取严密的看法，这个世界上完全属于新的东西是没有的"①，自己所说的崭新性是一种"继往开来"意义上的认识。山胁直司更是在梳理社会思想史中古典公共哲学遗产的基础上展开了他的公共哲学研究。然后，根据"全球-区域公共哲学"理念，提出了构筑"应答性多层次的自己-他者-公共世界"的方法论，尝试着以此来界定作为公共哲学的崭新内容。②

从上述这些探索和见解来看，日本学界在探索公共哲学的过程中，一方面强调公共哲学的崭新性、创新性，并企图探索、构筑一门适应全球化时代的生存理念的学问；另一方面又不得不承认自己所探索的问题、期图开拓的学术领域，只是对传统思想的继往开来、推陈出新，并不在思想的本质意义上强调公共哲学的崭新性内涵。

第三节　中国学界的公共哲学研究

可以说，中国学界关于公共哲学的研究基本是与日本同时期开始的。现在"公共哲学"这个崭新的学术概念，甚至作为学科领域，在学界已经被人们熟悉。如前所述，2009 年 6 月，人民出版社出版了一套 10 卷本的《公共哲学》译丛，引进了日本在这个领域的最新研究成果。然而，在 20 世纪 90 年代中期，中国已经出现了一些探讨公共哲学问题的论文和论著，一些丛书也相继问世。比如，1995 年王焱主编的以书代刊的《公共论丛》出版，这个论丛中主要包括《市场社会公共秩序》《经济民主与经济自由》《直接民主与间接民主》《自由与社群》《宪政民主与现代国家》等论著。

---

①　公共哲学共働研究所. 公共良識人，2006 - 10 - 01.
②　山胁直司. 公共哲学とは何か. 東京：ちくま新書，2004：207 - 226.

接着在 1998 年前后,《江海学刊》等杂志上陆续发表了一些关于公共哲学的研究论文。此外,还有华东师范大学现代思想文化研究所编辑出版的《知识分子论丛》,清华大学编辑出版的《新哲学》等,这些研究资料都与公共哲学的问题有关或者涉及公共哲学。特别需要一提的是,中共中央党校出版社编辑出版的"新兴哲学丛书",其中在 2003 年出版了一部直接名为《公共哲学》(江涛著)的论著,此书参考文献中介绍了大量研究公共问题的论文。到了 2008 年初,吉林出版集团开始出版由应奇、刘训练主编的"公共哲学与政治思想"系列丛书,其中包括《宪政人物》《正义与公民》《自由主义与多元文化论》《代表理论与代议民主》《厚薄之间的政治概念》等。除此之外,还有汪晖、陈燕谷主编的《文化与公共性》(1998),黄克武、张哲嘉主编的《公与私:近代中国个体与群体之重建》(2000),刘泽华、张荣明等的《公私观念与中国社会》(2003),黄俊杰、江宜桦编的《公私领域新探:东亚与西方观点之比较》(2008),杨仁忠的《公共领域论》(2009),陈乔见的《公私辨:历史衍化与现代诠释》(2013),任剑涛的《公共的政治哲学》(2016)等相继出版发行。以上这些仅限于论著方面,还有一些学术杂志不断刊登了一些与公共哲学研究相关的论文,甚至一些硕士生、博士生也以公共性、公共领域、公私问题等作为学位论文的主题进行研究。

不过,中国学界的这种学术动态多少受到了来自日本的相关研究的影响。比如,20 世纪 90 年代初,在内地学界颇有影响的香港学术杂志《21世纪》以头条的醒目位置发表了金泰昌有关公共哲学问题的论说。此外,沟口雄三研究中国思想中公与私问题的论著《中国的公与私·公私》被翻译介绍到中国,东京大学山脇直司有关公共哲学的观点和著作被介绍到中国,2006 年,清华大学编辑出版的以书代刊的杂志《新哲学》同样以开篇的醒目位置刊登了金泰昌、山脇直司、山口定、千叶真四位教授有关公共哲学的四篇论说。这些都进一步推动了中国学界对日本学界的关注以及中国学界在该领域的研究。

然而,从迄今为止中国学界的相关论说来看,对公共哲学的理解是多元的、多维的,其比较突出的特点是,学术视点集中在对西方学术思想中政治学、伦理学、社会学,特别是对哈贝马斯的社会交往理论、阿伦特的政治哲学批判理论、罗尔斯的正义理论以及马克思主义哲学在新时代的发展与运用等的研究和运用上，甚至存在着把公共哲学的问题理解为管理哲学、公共关系学、政策学、行政学的问题进行阐述的倾向。那么，中国学界的公共哲学研究有哪些主要特点？

一、对"公共哲学是什么"理解模糊

迄今为止，日本学界探讨"公共哲学究竟是什么"的论著有两部，那就是前述山胁直司的《何谓公共哲学》和桂木隆夫的《公共哲学究竟是什么》。除此之外，还有以"公共的哲学"命名之片冈宽光的《公共的哲学》和寻求建构"公共的哲学"之稻垣久和的《以公共的哲学建构为目标》。与此不同，到目前为止，中国学界直接以"公共哲学"命名的著作似乎只有江涛的《公共哲学》一部，其他都是探讨与公共哲学相关问题的论著。根据江涛的理解，"公共哲学是一门部门哲学，它以公共生活及相关问题为研究对象，主要是探讨公共生活领域中的公共关系、公共管理、公共权力、公共政策、公共选择和公共行政的本质、机制、规律等，其首先任务是对研究对象作出哲学分析"[①]。

李普曼没有直接定义公共哲学是什么。在日本学界，山胁直司较为明确地指出，公共哲学应该是一门"从公共性的观点出发，对哲学、政治、经济以及其他社会现象进行统合性论述的学问"；桂木隆夫认为，"公共哲学是思考公共性是什么的学问"[②]，金泰昌则认为"公共哲学是一门'共媒-共働-共福'的学问"。与此相比，江涛的上述界定，尚且不论是否准确，都应该是迄今为止笔者所查到的文献中对于公共哲学最明确、最具体且完整的界定。正因如此，这部书就是围绕公共关系、公共管理、公共权力、公共政策、公共选择和公共行政六个方面分章展开论述的。作为一部以"公共哲学"命名的论著，江涛的这部著作体现了中国学界关于"公共哲学是什么"的问题意识以及具体探索指向。不过，就上述划分的六个领域的问题特点而言，公共性问题应该是其中各个部分都需要面对并进行

---

① 江涛. 公共哲学. 北京：中共中央党校出版社，2003：4.
② 桂木隆夫. 公共哲学とはなんだろう. 東京：勁草書房，2005：3.

深入探讨的共性问题。从这个意义上看，如果从定义的特征出发，那么确实可以暂时认为，公共哲学是一门探讨公共性是什么的学问。也许正因为如此，上述日本的片冈宽光、稻垣久和两位学者，虽然都直接表明以"公共的哲学"为研究对象，但却在自己的书中避开了对"公共哲学是什么"的明确回答，直接进入对相关领域的公共性问题的分析与阐述。①

然而，值得注意的是，中国学界还有一种关于"公共哲学究竟应该探索什么"的认识，那就是王中江在主编《新哲学》的"编后厄言"中所简要表明的对于公共哲学的看法，内容虽短，但足以体现中国学界对"公共哲学是什么"的认识。这种认识也反映了当前中国学界甚至日本学界的另一部分学者的态度。在"编后厄言"中，王中江简述了他作为编者，编选该期关于日本学界公共哲学研究特辑的理由以及他对公共哲学之研究领域的理解：

> "公共哲学"大体上可以说是围绕公共领域和公共问题的哲学思考。但严格界定何者是公共领域，哪些才属于公共的问题，好像也不那么简单。站在全球化和全人类的立场来看，事关人类整体利益、价值、前途和命运的各类事物和领域，应该都算是公共领域的广大范围，其问题自然也属于公共的问题。但如果按照宇宙共同体的构想，限于人类共同体的公共领域，就又显得狭隘了。……由于人类开始日益关怀自然万物、生态环境，所以自然万物、生态环境也成了人类的整个"公共领域"；如果说宇宙之事即己分内事，己分内事即宇宙之事，那么公共领域与私人领域的区分也失去了意义。"公共领域"和"公共问题"一般主要限于政治范围，超出此范围则可以扩大为整个人类的相关事物。②

王中江的上述感言，体现了他对公共哲学之研究领域的理解，以及要准确界定该领域的不确定性与无限展延性的疑惑。其视野与格局令人振奋，把人类的一切事物都拉进了公共领域。他进一步阐明了，把宇宙作为人类共

---

①　片冈宽光. 公共の哲学. 東京：早稻田大学出版部，2002；稻垣久和. 公共の哲学の構築をめざして. 東京：教文館，2001.

②　王中江. 新哲学：第六辑. 郑州：大象出版社，2006：276.

同体需要拓展的思考领域，并非现在由于自然环境问题的出现才进入人类视野的。他简要引用中国传统思想文献《吕氏春秋·贵公》篇中记载的故事作为依据，证明中国古代对"公"的理解，"不仅是天下之公，而且也是'天地之公'"，即所谓"天下非一人之天下，天下之天下也。阴阳之和，不长一类；甘露时雨，不私一物；万民之主，不阿一人。……天地大矣，生而弗子，成而弗有，万物皆被其泽，得其利，而莫知其所由始，此三皇、五帝之德也"。这一宏大高远视野，显然有别于日本学界公共哲学研究的理念格局。日本学界虽然也探讨关于"地球环境与公共性"的问题①，但其视角不是"天地之公"理念，而是更为具体的地球伦理、环境伦理、环境公害、环境法等，即仅仅站在人的生存角度而做出的思考，还是一种人本主义视野而无"天地之公"立场。古代中国的这种"天地之公"，则成了后世"民胞物与"思想的源头。

不过，王中江的指涉也体现了他对于公共哲学之研究领域的模糊性的困惑，同时也说明这是一个包罗万象的学科领域，对之进行明确的界定并不容易。那么，仅仅探讨公共性问题也好，明确界定公共哲学与政治学、经济学、社会学、行政学、管理学的关系也罢，自然都显得狭隘了。为此，在中国学界，对于"公共哲学究竟是一门怎样的学问"，同样是不明确的。也正因如此，中国学界基本不存在关于"公共哲学是什么"的研究。这是中国学界公共哲学研究的第一个特点。

二、没有对话的独立研究形态

中国学界公共哲学研究的第二个特点是，研究者各自为政，仅从自己的学术基础、学术资源与学术视角出发，独自进行相关研究，缺少学者间的对话性探讨，更没有召开以"公共哲学"为主题的学术研讨会。

如前所述，日本学界的公共哲学研究基本可以称得上是一场学术运动，全国各人文社会科学领域最具代表性的学者基本都参与其中，通过某个专家"发题"（相当于研讨会的"主题发言"），其他不同领域的学者各

---

① 佐佐木毅，金泰昌. 公共哲学：第 9 卷　地球环境与公共性. 韩立新，李欣荣，译. 北京：人民出版社，2009.

自贡献自己熟悉领域的智慧，提出质疑，进行补充，共同讨论，力图打破学科壁垒，寻求抵达新的认识，即所谓的"拓展"，同时让不同领域的学者共享自己本来并不熟悉的领域的知识，以克服曾经立足于自己熟悉领域思考的狭隘性，从而更为立体地考察所探讨的问题。这也正是山胁直司在界定公共哲学时采用"统合论"立场的缘由，即公共哲学应该是一门"从公共性的观点出发，对哲学、政治、经济以及其他社会现象进行统合性论述的学问"。他以横井小楠所批判的"割据见"理论，以及丸山真男所批判的学界存在"章鱼陶罐"式学问倾向为依据，企图强化这种认识。

　　显然，中国学界不存在与日本学界同样的社会基础，也就是说不可能有某位成功企业人士把自己企业经营所得的利润拿出一部分作为资助公共哲学研究的基金，为学者们创办每月一次的学术研讨会，如日本学界由矢崎胜彦先生资助的公共哲学共同研讨会那样，通过邀请各个领域的重要学者"发题"、参与讨论，拓展研究成果，形成可持续的、学者之间保持对话的横向与纵向的探索格局。在中国，即使某些学者根据自己的研究成果与在学界的影响，申请到教育部或者国家的社科研究基金，以此资助自己的相关研究，也不能做到与相关领域的学者进行定期交流和探讨，都只是个人研究，最多也只是组织自己的博士生研究生参与一部分研究，更遑论召开相关的学术研讨会了。当然，学术研究的独自性形态是学界的常态，学者们首先需要这种独自性研究，才能不断拿出自己的研究成果。然而，这些成果在成型之后，如果进一步得到来自不同领域的专家的质疑、探讨与补充，那么定然会得到进一步的拓展，从而抵达更高的认识境地。这就体现了对话、交流的重要性与必要性。个人的能力与视野毕竟是有局限的，容易陷入盲人摸象式、一叶障目性的独断论误区。横井小楠所批判的"割据见"就是如此产生的。因此，丸山真男所指涉的学界存在"章鱼陶罐"式倾向，同样适用于说明中国学界公共哲学研究的现状。

　　从迄今为止中国学界所出版的相关研究成果来判断，我们大概可以做出以下区分：（1）在研究公共哲学的学者中，似乎从事马克思主义哲学研究的学者居多，具有代表性的几位学者，如郭湛、江涛、杨仁忠等，都是从事马克思主义哲学研究的著名学者，所以从马克思主义哲学视角研究公共领域或者公共性问题的相关成果居多。这当然跟马克思哲学对黑格尔

《法哲学原理》的批判，探索更高层次市民社会的追求有关。因为关于公共性问题的研究可以成为马克思主义哲学研究的新的增长点。① （2）中国政治学、政治思想史以及文化学等领域的学者关注公共哲学问题也是一种倾向。前述的王焱、应奇、刘训练、汪晖、陈燕谷、任剑涛等，都是相关领域的著名学者。正如上述王中江所言，"'公共领域'和'公共问题'一般主要限于政治范围"，那么政治学领域的学者研究公共哲学就属理所当然了。② （3）从事中国哲学研究的学者开始从中国传统思想中挖掘、梳理关于公、私、公共等概念的理论源流，甚至在儒学传统中和、同以及和合等思想上，为公共哲学研究提供理念性补充。如张立文、陈来、黄俊杰、吴震等，他们都从不同角度，或有意识或无意识地参与到与公共哲学相关的研究中，为学界提供了自己的重要成果。（4）公共哲学研究有一个不可或缺的探究，那就是探究谁是公共性的承担者。从这个视点出发，中国学界近年来出现了一些关于"公共知识分子究竟是怎样的存在"的探讨与研究，这也成为中国公共哲学研究的一个重要特点。审视知识分子身份中的公私之别，探讨作为知识分子应该如何确立良知、坚守公共立场等一系列问题，都是公共哲学研究的重要组成部分。

　　在上述四个特点中，从马克思主义哲学角度研究公共领域或者公共性问题在日本学界比较少见，日本的公共哲学共同研究会虽然邀请了来自很多领域的学者参与"发题"、对话、探讨，但似乎唯独没有邀请马克思主义哲学方面的学者参与研讨会，这也许来自日本学界对于马克思主义哲学的一种偏见性认识。比如稻叶振一郎认为，马克思哲学中的社会主义理念，本来是为批判资本主义体制所提供的一种武器，然而随着苏联斯大林主义的出现，这个理念衰弱了，而替代它的新的理念就是公共性追求中所包含的社会批判标准，"公共性这个语言，毋宁说具有很强的反体制性与批判性的意味"③。所以，日本的公共哲学探索似乎与马克思主义哲学保

---

① 江涛认为："公共哲学是实现马克思主义哲学自身发展的一个重要环节。"（江涛. 公共哲学. 北京：中共中央党校出版社，2003：13）

② 日本学者安彦一惠等认为："从学问史来看……特别是谈论'政治'，其学可以说几乎都是'公共性之学'。"（安彦一惠，等. 公共性の哲学を学ぶ人のために. 京都：世界思想社，2004：3－4）

③ 稻叶振一郎. 「公共性」論——市民的公共性. 東京：NTT出版，2008：10－11.

持着距离，只是集中关注以公共性为主题的探讨。关于公共知识分子的问题，在日本，特别是在 20 世纪 70 年代以后的日本，已经成了无人关心的问题。因为日本学界一直以来都推崇学者、知识分子必须保持"批判性的独立精神"，而"公共知识分子"之所以为"公共知识分子"，首先必须具备这种精神。因此，这个问题不会成为日本公共哲学探索中的主要问题。虽然 20 卷本《公共哲学》论丛的第 17 卷名为《知识分子与公共性》，但内容不是探讨"公共知识分子是怎样的存在"，而是探索中、日、韩三国历史上所存在的代表性知识分子，如康有为、横井小楠、福泽谕吉、金允植、余吉睿等，所揭示的公私关系以及公共思想。

总之，中国学界的公共哲学研究并没有形成一种互动性、讨论性的学术气象，学者之间的交流性研讨、对话几乎是不存在的。不但不同研究领域之间针对相关问题没有对话，即使同一研究领域的不同学者之间的对话性探索也是微乎其微，大家基本处于没有对话的独立研究状态。其他研究领域虽然也存在同样的现象，但至少有各种相关的研讨会，学者之间的交流还是频繁的，然而，至今却没有一次关于公共哲学的研讨会，更不用说像日本那样每月召开一次各领域学者针对公共哲学的学术研讨会。综上所述，可见公共哲学研究在中国至今无法形成一种具有影响力的崭新学术潮流。

三、搁置新学科建设的追求

如前所述，日本的公共哲学探索具有明确的新学科建设的追求。日本学界以公共哲学共同研究会为平台，各领域的专家针对"发题"中的观点，从本领域的研究出发，在这个平台上提出质疑、进行对话、展开讨论，打破传统的学科壁垒，进行补充、拓展、深化。作为日本公共哲学探索运动的组织者、推动者、理念构建者，金泰昌、山胁直司两位学者对于公共哲学作为一个新学科的崭新性表明了自己的立场与观点。日本学界打破传统人文社会科学领域之间的学科壁垒，组织各领域学者进行对话性研讨、探索，就是以构筑新学科为目标的具体举措。虽然他们迄今为止所取得的成果仍然停留在理念层面，并没有真正让公共哲学确立为一个崭新的哲学学科，但是他们正朝着这个目标进行着坚持不懈的努力。以《公共哲学》为丛书名的 20 卷研究成果，足以让"公共哲学"这个学科名称在学界受到前所未有的关注。中国翻译出版的最初 10 卷，同样在学界引起了积极反响。

与日本学界相比，中国学界的公共哲学研究从一开始就没有追求新学科建设的意识，一些学者仅仅将之作为一种新的学术视角，在传统的马克思主义哲学、政治学、行政学、社会学等领域各自展开研究，完成了一些相应的研究成果。

当然，一般来说，要把"公共哲学"作为一个新的学科进行建设，首先需要明确"公共哲学是什么"，不然学科建设就无从谈起。学界会产生这样的疑问理所当然，那就是都不知道"公共哲学是什么"，何来学科建设的探索？持这种观点的学者一定不在少数。

确实，迄今为止，无论日本学界还是中国学界，对于"公共哲学是什么"都没有给出答案，最多只是漠然地感到或者认识到这是一种关于公共性问题的哲学探索。确如王中江所言："'公共领域'和'公共问题'一般主要限于政治范围，超出此范围则可以扩大为整个人类的相关事物。"然而，如果"限于政治范围"，那么已经有政治学或政治哲学，在各自领域可以进行相关研究，何必再来一个"公共哲学"？而如果"超出此范围"，"公共领域"就关乎"整个人类的相关事物"，那么如何确定界限，圈定所谓的"公共哲学"作为一个新的领域？这已经不是一件简单努力就可以做到的事情，经过几代人的努力能否完成还是一个值得思考的问题。

总之，要将公共哲学作为一个新的学科来建设，是一项极其浩大的人文工程。中国学界搁置新学科建设的追求，仅把公共哲学作为人文社会科学领域研究的一个新的增长点，或者一种前沿学术问题，进行各自为政的独立研究，从某种意义上说，是明智且切实可行的学术探索。

然而，日本学界所进行的公共哲学探索，显然是一种明知不可为而为之的"堂吉诃德式"努力。这是为什么？我们只要涉猎一些日本学界对于公共哲学的认识就不难发现，日本学界具有明确的目标和蓝图，这种目标是建立在对以往学术的审视与批判之上的努力方向，其核心追求是构筑一门崭新哲学，那是一门区别于以往"公的哲学"（为统治者构筑理念体系，为了强化某个利益集团统治的学问）和"私的哲学"（专业哲学＝被专家垄断的、知识特权化的哲学），能够实现市民与专家、学者对话的，专家、学者也是以市民身份与广大市民一起构筑公共世界的"公而共之的哲学"①。那么，日本学者展开跨学科、跨领域的学术对话，自然就呈现出一种崭新的学术探索倾向。这种学术追求和理想，对当今中国学术乃至世界学术具有值得借鉴的意义。

从计划经济时代提倡"大公无私"的公一元论，到市场经济时代日益抬头的"假公济私"中所出现的私一元论的偏离，中国社会正在经历着一场与日本社会从二战前的"灭私奉公"向二战后的"灭公奉私"发展极其相似的价值观、世界观甚至意识形态的深层演变。然而，无论公一元论还是私一元论，都是长期以来公私二元论思想的产物，这种思想已经不适应进入全球化时代的 21 世纪的人类社会，不利于人作为个体生存时健全理性的形成。对当代中国而言，探讨如何确立正确的公私关系理念刻不容缓。即使还不明确"公共哲学是什么"，但并不等于毫无目标，摸不到问题的方向。日本学界的公共哲学探索至少体现了一种明确的学科认识倾向，那就是公共哲学不可能是管理哲学或者政治学、行政学等这些传统的分段性学科领域，这些在本质上都属于"公的哲学"范畴，也正是公共哲学所要突破与克服的。

在中国学界，一方面没有学者进行深入的关于"公共哲学是什么"的探索，另一方面一些学者把公共哲学作为管理哲学、公共关系学或者行政学等来建构。当然，我们必须肯定这种努力的学术价值，但也要认识到应该避免在本质上混淆"公"与"公共"这两个概念，从而避免在无意识中走向"公的哲学"。几千年来公权力的统治过于强大所形成的思维定式，很容易造成这种集体无意识所带来的误区。日本学界把对公共性问题的探索作为公共哲学探索的核心，并深入探讨东方的"公"与"公共"这两个概念在内涵上的本质异同，企图通过对公共哲学中公共性问题的探索，重新认识与阐发传统的公私观念，以此作为探索与建构公共哲学的突破口。比如，由东京大学出版会出版的 20 卷本《公共哲学》论丛，其书名就已

---

① 王中江. 新哲学：第六辑. 郑州：大象出版社，2006：2 - 3.

充分展现了这种倾向。① 这些都体现了日本学界正在探索把公共哲学作为崭新学科、进行新哲学建构的可能性。

---

① 佐佐木毅、金泰昌主编的 20 卷本《公共哲学》论丛的各卷书名为：第一卷《公与私的思想史》，第二卷《社会科学中的公私问题》，第三卷《日本的公与私》，第四卷《欧美的公与私》，第五卷《国家·人·共性》，第六卷《从经济看公私问题》，第七卷《中间团体开创的公共性》，第八卷《科学技术与公共性》，第九卷《地球环境与公共性》，第十卷《21 世纪公共哲学的展望》，第十一卷《自治与公共性》，第十二卷《法律与公共性》，第十三卷《都市与公共性》，第十四卷《指导者与公共性》，第十五卷《文化艺术与公共性》，第十六卷《宗教与公共性》，第十七卷《知识分子与公共性》，第十八卷《组织经营与公共性》，第十九卷《健康医疗与公共性》，第二十卷《世代间关系与公共性》。

第二章　关于公共性问题

虽然现在学界对于"公共哲学是什么"尚不明确，但至少大家都基本把目光锁定在公共性问题上，把人文社会科学各领域中关于公共性问题的研究都纳入了公共哲学的探索范畴。这种暂定性，在当前的公共哲学研究中成为一种共同的倾向。

如第一章所述，日本学界的山胁直司认为公共哲学应该是一门"从公共性的观点出发，对哲学、政治、经济以及其他社会现象进行统合性论述的学问"，桂木隆夫认为"公共哲学是思考公共性是什么的学问"，金泰昌认为"公共哲学是一门'共媒-共働-共福'的学问"等，他们都把公共性问题作为公共哲学这门所谓的崭新学问需要探讨的根本问题。其实中国学界关于"'公共哲学'大体上可以说是围绕公共领域和公共问题的哲学思考"的见解，其中"公共领域和公共问题"是公共性问题的另一种表现。哈贝马斯所说的"öffentlichkeit"，在我国一般被翻译为"公共领域"，而日本学界则一般把 öffentlich、öffentlichkeit、publicité、publicness 都翻译成"公共性"，也有把 öffentlichkeit、public sphere 翻译成"公共圈"的。显然，无论中日两国学术倾向如何不同，公共哲学研究都指向公共性问题。那么，本章将针对公共性问题究竟是一个怎样的问题，其发展历史如何，在公共哲学探索中究竟应该如何探索新时代崭新的公共性等问题，展开梳理与考察。

第一节　何谓"公共性"

"公共性"来自德语 öffentlichkeit，这个词在中国多被译成"公共领域"，最初一般指向一种公共言论的空间，这是在西方近代市民生活中形成"公论"（哈贝马斯语）的一个公共交往领域，所以在英文中被翻译成"public sphere"，也有被译为"publicity"的，从而使其具有了蕴含着某种言论宣传的操作性意味。

根据日语代表性辞典《广辞苑》中的解释，公共性是一种"拥有广泛社会性之一般利害关系的正义性质"。另一部辞典《大辞林》中的解释稍有变化，显得更为具体，指出公共性是"拥有广泛社会普遍意义的利害、影响的性质。不限于特定的集团，是向社会全体敞开的事情"。很显然，《大辞林》中的解释吸收了阿伦特对公共性的界定。阿伦特在《人的条件》（*The Human Condition*，1958）中从两个方面对公共性进行了定义。第一，"公共领域里所显现的一切东西，都意味着由万人所见、所闻，尽可能最广泛地被公示的存在"①。第二，"'公共'（public）这个用语，意味着世界。那是因为，所谓世界，是我们一切存在共通的东西，不同于我们私的所有场所"②。对于这样从哲学上对公共性所做的双重定义，山脇直司指出："需要注意的是，她在这里所使用的'万人''我们'这样的语言，并不是意味着那是被均质化的、划一化的万人、我们，（在这里）不仅有'共通性'，还'拥有独自性多种多样的人们的构成体'的意味。她所强调的是，以古希腊城邦为典范的同时，在明确不同于像家庭那样之私的领域的公共领域中，个人在要让自己突出其与他者不同的同时，（则需要）通过'语言活动'与他者交流，从而确立自己的自我同一性。"③

然而，现在日本学界的主流观点是，公共性主要具有两个功能，那就是以批判性防御国家机构的权力行使为课题，为此具有批判性功能④，同

---

① ハンナ・アレント. 人間の条件. 志水速雄，訳. 東京：筑摩書房，1994：75.
② 同①78.
③ 山脇直司. 公共哲学とは何か. 東京：ちくま新書，2004：20.
④ 稻叶振一郎认为，"公共性"这个概念具有强烈的反体制性、批判性的意味。（稻叶振一郎.「公共性」論——市民の公共性. 東京：NTT 出版，2008：10）

时要求把经过公开讨论与反省的公论作为法律、政策的唯一正当源泉，为此具有构成性功能。① 而对于公共性的这种规范性理解产生决定性影响的，就是大家所熟知的哈贝马斯的代表作之一《公共性的结构转换》（*Strukturwandel der Öffentlichkeit*，又译成《公共领域的结构转型》）。哈贝马斯在此书中提出了"市民公共性"概念，那就是将对国家行政系统具有监督作用的市民作为公众，形成自发的言论领域，形成一种监督与批判机制。这种来自市民社会而非国家行政系统的言论领域，就是"市民公共性"的体现，从而成为西方启蒙时期培育市民社会的一种近代理念。那么，在市民社会中产生的这种公共性理念，其所具有的批判性与构成性意蕴和来源是什么？

要理解公共性是怎样的存在，当然有各种不同的切入角度。比如，中国学界有对于公共性进行类型划分的研究，郭湛主编的《社会公共性研究》一书对公共性的类型做了结构、功能、沟通、观念、实践五个方面的区分。② 但是，要理解公共性的本质特征，首先需要对公共性的功能进行把握。那么，上述公共性的批判性功能与构成性功能究竟具有怎样的特征，这是我们接下来需要探讨的问题。

要把握公共性的两个功能，齐藤纯一认为首先必须对公共性与共同体进行区分，找出两者之间的不同。那是因为，公共性往往与以下三个方面有关联。第一，与国家相关联意味的公共性（official，公的），那是国家通过法律或者政策对国民所展开的活动，一般都以公共性的名义进行，如公共政策、公共管理、公共事业、公共教育等。第二，与所有人相关的共通的（common）东西所体现的公共性，如公益、财产、规范等。第三，具有向所有人敞开（open）意义的空间与信息的公共性，如公园、媒体、出版等。所以，如果混淆了公共性与共同体，那么就难以把握公共性所具有的批判性功能与构成性功能。

2000 年，日本岩波书店出版了齐藤纯一的一本薄薄的小册子《公共性》，这本书在出版最初的短短五年间就重印了 12 次，在日本学界被广泛

---

① 齐藤纯一认为，在民主法治国家，公论是以人们在公共性中形成的意见正统性为唯一源泉的。（齐藤纯一. 公共性. 東京：岩波书店，2000：7）

② 郭湛. 社会公共性研究. 北京：人民出版社，2009：106-120.

阅读。齐藤纯一在此书中对公共性与共同体进行了如下区分①：

第一，共同体属于相对封闭的领域，而公共性则是完全敞开的空间。德语 öffentlich（公共性）的词源 öffen 就具有"开放"的意思。因此，完全开放是公共性的条件，共同体则不具备这种完全开放的条件。

第二，共同体要求每个成员共有一种统合共同体的本质价值，无论是宗教价值还是伦理价值、文化价值。与此不同，公共性则是复数的价值、意见生成的空间，其条件是每个人所持价值相互之间是异质的，失去了这种不同，公共性就无法确立。

第三，在共同体中，其构成成员内在的情感、理念，如爱国心、同胞之爱、集体精神等，成了统合共同体的媒介。在公共性中，人们则围绕人与人之间所发生的各种事柄、所关心的各种事情进行交流，那是不被某种同一性所支配的空间，是以差异性为条件的言说空间。

第四，公共性因为不是同一性空间，所以不像共同体那样具有一元性、排他性，公共性的本质特性是多元性与异质共有性。为此，复数的集团、组织之间可以形成多元的关系。在这样的空间里，同一性是多义的，自我同一性不会被一种集合性的同一性所构成、所定义。

基于上述认识，我们不难发现，公共性具有克服共同体的同化与排斥的机制，真正的公共性以价值的复数性为条件，有不同关心的人们在共通的世界中以各自的方式进行言说，公共性是一种多元的言说空间。但如果是这样的话，那公共性与市场和国家又有什么区别？因为市场也好，民主法治国家也罢，它们貌似都表现出了上述公共性的特征。为此，齐藤纯一进一步指出了这种公共性与市场和国家的区别之所在。

市场与共同体不同，它不是一个封闭的世界，也不要求集合性的同一性，故而不会产生排他性的一元化，可以说市场也是一个没有共同体拘束的自由空间。然而，市场却不是公共性空间，原因有二：第一，市场的媒介是货币，其对于价值之间所存在的质的差异终究只是采取中立态度。制约人们在市场中行为的是一种同一价值（如货币价值），其妥当性标准只有同一价值之量的多寡。第二，除了文化性财产（如文物、匠人、艺术品

① 齐藤纯一. 公共性. 東京：岩波書店，2000：5-7.

等）之外，市场是非人称的空间。语言的交换与商品买卖之间的决定性差异在于，语言带着人称而存在，必须是谁说的才有意义，而一般的商品则不需要人称，具有一种让差异产生中和化的性质。因此，公共性与市场是不同的交往空间。

那么，公共性与国家又有何不同？众所周知，国家是由公民组成的共同体，那么，公共性既然与共同体不同，当然也就与国家不同。一般认为，近代以后的自由民主国家是在公共性中形成的以国民意志为正统性之唯一源泉的国家。那是因为，公共性作为法治国家的组织原理融入了其中。然而，国家往往以强制性力量来解释、定义要必须实现的价值，那是以公共性而非国家的名义进行的。那么，决定集合性意志的议会是国家机构，还是作为公共性的一维性存在？这是不明确的。在这里，自由民主国家终究只是承担公共性之限定性的维度，不包含公共性的全部。为此，作为语言空间的公共性不存在国界，但某一国家的言论主题不能被还原为狭义的政治性意志的形成与政治性意志的决定。

上述齐藤纯一对公共性的理解，显然是他基于对公共性形成史的考察而得出的结论。这种考察也能让我们认识到公共性的批判性功能与构成性功能究竟是如何产生的。

纵观西方社会历史，市民公共性最初出现在欧洲的文艺批评领域，那是一种以咖啡店、沙龙为舞台的文艺批评，是一种从传统的宫廷贵族或宗教垄断的精神领域脱离出来，从而对抗宫廷、教会的精神性权威，寻求表现和意见交换自由的语言诉求。它首先在有教养的市民之间流行，形成了一种属于文艺的公共性。在这种公共性所形成的世界里，参与者身份的障碍被超越，具有开放性特征。哈贝马斯就是如此理解、分析近代市民公共性产生的历史的。所以，这种具有开放意义的公共性，区别于过去与公的权威相结合的公共性，是在个人即市民之间形成的自律性领域。从法国大革命前后开始，这种公共性与市民阶层要求言论、集会、出版自由为核心的诉求相结合，从而成为以报刊等发达公共媒体为背景的，逐渐拥有强烈政治意味的存在。由于其理念要求国家活动的公开性，与从来的枢密性形成了对抗，公共性在这时就自然成了市民社会的批判性原理，具有批判性功能。如果从思想上看，寻求确立具有批判性精神之公共性的市民社会，这是从康德的启蒙（即"理性的公共使用"）以及基于这种启蒙方法之法秩序原理而产生的公法必须正当化之"公开性"概念中获得理论依据的。① 为此，市民社会所要求的公共性，到了19世纪中叶前后在西欧得到了法律的保证，议会的审议、审判过程的公开，言论、出版的自由等，作为市民的权利被制度化，随着市民参政权的进一步扩大，公共性至少在形式上成为立法的源泉，从而实现了其构成性功能的意义。

然而，19世纪中叶以后，伴随着国家行政与经济系统的紧密结合，国家与社会逐渐分离，哈贝马斯对此以"国家的社会化"与"社会的国家化"两个逆对应概念来定义。② 由于这种变化，原来的市民公共性逐渐失去了其市民性前提，以经济上存在的实质性贫富差距为背景，一种政治与社会的操作性力量对公共性的自律性构成了威胁，从而造成了20世纪初作为议会制民主制基础的公共性的空洞化。此时，公共议论的合理性成为被怀疑的对象。正如稻叶振一郎所指出的："到了大概20年前（20世纪末）为止，'公共性'（在日本）不如说是需要警惕的语言。（为此，）谈到'公益''公共福祉'，那是所谓以国家逻辑、体制逻辑抑制个人权利时的老调，经常受到批判和怀疑。"③ 其实，这也成了李普曼审视西方自由民主社会的没落，呼吁重建西方的"公民之道"传统，寻求构建"公共的哲学"的时代背景。④ 到了20世纪中后期，来自政府、政党、利益集团、媒体操纵舆论的压力，操纵性的公共性支配着公众的意志，从而使公众成为失去判断力、监督力的存在。在这样的背景下，哈贝马斯通过《公共性的结构转换》中对市民公共性形成与转换的历史性考察，唤醒了公共性所具有的批判性、规范性的本质内涵，让人们重新审视公共性的结构与功能。

以上大概是日本学界对公共性的基本认识，当然这种认识的主要依据来自哈贝马斯的公共性思想。因此，接下来我们需要对哈贝马斯所阐述的

---

① ハーバーマス. 公共性の構造転換. 細谷貞雄，山田正行，訳. 高崎：未来社，1994：145.

② 同①xiv.

③ 稻叶振一郎.「公共性」論——市民的公共性. 東京：NTT出版，2008：9-10.

④ 比如，在第一章已经涉及，李普曼在《公共的哲学》中感叹，在20世纪的西方社会，谈论基于"公民之道"传统的"公共的哲学"，就犹如打开潘多拉魔盒一般。

公共性问题展开考察。在哈贝马斯之前，还有一位政治哲学家阿伦特率先对公共性问题进行了哲学上的探讨，故而阿伦特对公共性的思考也是需要认识的问题。让我们以两位大师的公共性思想为基础，更为深入地理解近代以来西方学界所揭示的关于公共性的基本思想。

第二节　哈贝马斯所谓的"市民公共性"

关于市民公共性，哈贝马斯在《公共性的结构转换》第二章开篇（实质是正文内容的开始，因为第一章是"序论"）即明确指出：

> 市民公共性，当前一般被作为集合公众之私人的我们的生活圈进行把握。这些私人（民间人）们，对抗着由当局所规制的公共性，不久成为公权力的那种存在，（他们）主张那是作为自己的东西。那是为了让原则上被私有化的东西，同时拥有了公共的重要性那样的商品市场，与在社会性劳动的圈子内，对于社会性交涉的一般性规则之公权力的折中。成为这种政治性折中媒介的公共讨论（öffentliches Räsonnement），在历史上是没有先例的、独特的东西。[1]

哈贝马斯如此阐述"没有先例"的"市民公共性"，显然是要将自己的理解与以往关于公共性的理解区别开。他在"第一章：序论"中指出，德语名词 öffentlichkeit 是来自形容词 öffentlich（公的）的新词，那是模仿 18 世纪的法语 publicite 与英语 publicity 而产生的。"这个单词即使到了 18 世纪（在德国）也几乎不是惯用词。"[2] 在德国之所以产生这个新词，是因为那时德国公共生活圈逐渐形成，其功能得以接受。正是在这个意义上，öffentlichkeit 往往被翻译成"公共圈"。

由于上述原因，哈贝马斯在考察公共性理论时，将核心放在了对 17 世纪到 18 世纪发展过程中的欧洲特别是英国社会所产生的"市民公共性"概念的讨论上。他关注的是当时伦敦流行的咖啡屋（coffee-house）。根据他的理解，与参加法国沙龙的主要是贵族、宫廷女性不同，咖啡屋这种公

---

①　ハーバーマス. 公共性の構造転換. 細谷貞雄，山田正行，訳. 高崎：未来社，1994：46.

②　同①13.

共空间主要是有产者与有教养阶层男性活动的场所。"咖啡屋不仅给予人们容易接近指导性圈子的机会，而且也吸引了广泛的中产阶层、手工业者、小商人等。"① "最初是文艺性的，后来就成了政治性批判中心。在其中贵族主义的社交界与市民性知识阶层之间，一种作为有教养阶层的对等关系开始逐渐形成。"② 人们在这里形成了有教养市民的各种讨论，即公论。也就是说，欧洲近代市民公共性或者市民社会就是在这种咖啡屋里形成的。哈贝马斯在《公共性的结构转换》中具体指出，在这些咖啡屋里，不仅有红茶，还有巧克力、咖啡，其渗透到英国有产阶层市民的日常生活中是 17 世纪中叶前后的事情。到了 18 世纪初，咖啡屋这样的商业设施逐渐出现在伦敦街区，最初的十年间，在伦敦这种咖啡屋超过了 3 000 家，各家店里都有圈内的固定客户。于是，在这种咖啡屋出现了各种评论活动。也就是说，当时所谓的各种新思潮首先在这里诞生。根据哈贝马斯的推测，作为近代共和主义思想的起源，并影响美国独立革命的詹姆士·哈林顿（James Harington）的《奥西阿那共和国》（*The Oceana and Other Works of James Harington*，又译成《大洋国》），可能最初就是在伦敦的咖啡屋里朗读发表的。③ 据说当时某些咖啡屋门口会放置狮子雕像，作为客人的读者们逐渐形成了把自己的感想文章放入狮子敞开的大口里的习惯。④ 这就是当时咖啡屋的情景，这种情景形象地体现了咖啡屋在当时成为新思想及其批评的公共讨论空间。哈贝马斯把这种形式的讨论称为"公论"（public opinion）。这种公论，后来就与市民性法治国家的理念，即一切的国家活动必须受到公论承认的诸规范体系制约的理念，结合起来。为了让人们避免误解，他进一步指出，公论不是人们一般所理解的社会"舆论""世论"，所谓"舆论""世论"，主要指在大众中广泛流行的各种意见（opinion）。作为理念的"公论"至少不应该是社会一般公众的声音，它必须是那些具有判断力的公众的言论。所以，他对公论和意见进行

---

① ハーバーマス. 公共性の構造転換. 細谷貞雄，山田正行，訳. 高崎：未来社，1994：53.

② 同①52.

③ 同①52.

④ 同①63.

了严格区分。

英语与法语的 opinion，来自拉丁语 opinio，含义是不确切以及没有充分立证的判断、臆见，也就是柏拉图所批判的 Doxa，黑格尔所说的 Meinen，而哈贝马斯所说的 opinion 具有 reputation，也就是"我们在他人评判中所携带的形象、名声、声望"的内涵。① 显然，哈贝马斯认为，意见是"缺乏真理性立证"之"不可靠的大众评判"，不免包含着世间的各种评判、偏见甚至嫉妒这样的元素，而公论则包含着追求真理的姿态与理性、教养等积极元素。根据哈贝马斯的观点，在 18 世纪英国的咖啡屋里所进行的批评活动体现出人们积极追问真理、重视理性议论的特点。在那里参加讨论的人们，当然也都是具有教养和拥有一定财产的知识分子组成的市民群体。

对于哈贝马斯所揭示的在欧洲近代市民社会中被实践了的这种市民公共性之实践性的特征，日本学者桂木隆夫将其称为"对话性合理性"的追求。②

一、对话性合理性

哈贝马斯在《公共性的结构转换》的"1990 年新版的序言"中表明："我在《作为'意识形态'的科学与技术》(1968) 中还从行为理论的观点出发区分了国家与经济的行为系统，并进一步企图区分目的性合理性乃至成果志向性行为与交往性行为的不同。"③ 显然，桂木隆夫的命名是受到了这里把"交往性行为"与"目的性合理性"对应起来的启发。根据哈贝马斯在讨论"协商性民主主义"、"协商伦理"(Diskursethik) 时使用的"协商"(Diskurs) 概念中包含了对话性的本质，与目的性合理性相对应，这里所说的交往性行为当然也可以被理解为一种具有对话性合理性的行为。

所谓"目的性合理性"，是一种为了实现某种目的而考虑所要采取的手段的思考方法。比如，我们在日常生活中为了解决某个问题而思考其合

---

① ハーバーマス. 公共性の構造転換. 細谷貞雄，山田正行，訳. 高崎：未来社，1994：128.

② 桂木隆夫. 公共哲学とはなんだろう. 東京：勁草書房，2005：27.

③ 同①xxvi.

理性或者效率性的手段是什么，或者为了实现人生目的而思考自己该怎么做等，这些都是目的性合理性的表现。当然，为了实现眼前目的而思考其合理性或者效率性的手段属于暂时性的、战略性的合理性，而为了实现人生目的而思考自己应该怎么做则属于长期性的、战略性的合理性。与此对应的对话性合理性则不同，它是市民社会的市民们在公共交往、对话过程中所追求的合理性理念，实践着市民公共性，形成市民的公共空间。那么，两者所具有的公共性特征就是显然不同的。哈贝马斯就是通过此种对比，主张这种与目的性合理性不同的，在市民社会中形成的，在市民的公共空间里相互探讨、批评、交流过程所秉承的对话性合理性。

对于这种在公共空间里的讨论形态，齐藤纯一在《公共性》中做了以下分析：

> 哈贝马斯把公共圈的应有形态，作为合意形成过程的讨论空间来把握。讨论是让拥有"更好论据（理由）"力量之外所有的权力作用失效之交流的反省形态。在那里，当然让金钱说话、政府认可的权利等被禁止拿出来，不仅如此，以"因为大家都那样"或者"那是当然的"等方法，即诉诸原有的文化准则的言说已经失效。参加讨论的人必须只接受被认为更为合理的论据，以其作为自己意志形成的动机。只要参加者拥有这样的"合理性动机"，不合理的论据才会被逐渐排除，不久在参加者之间就必然形成一定的合意。①

齐藤纯一在这里所说的"合意"以及这种"合意"的形成过程，哈贝马斯以"公共的合意"来表现，并指出这在康德的《纯粹理性批判》中是作为"理性的合意"而被阐述的②，而在黑格尔的《法哲学原理》中则以"公论"来命名。③ 那么显然，市民公共性中所实践的对话性合理性，并非一种成功或目的志向的合理性，而是以理解他者为志向的合理性。也就是说，并非把他者作为自己实现某种目的的手段，而是把他者作为他者给予

---

① 齐藤纯一. 公共性. 東京：岩波書店，2000：33－34.
② ハーバーマス. 公共性の構造転換. 細谷貞雄，山田正行，訳. 高崎：未来社，1994：149.
③ 同②159.

理解、尊重，从而与他者达成公共的合意。这种认识当然来自康德的影响，是一种不把他者当作手段，而是当作自律性人格来尊重的他者立场。哈贝马斯指出："与先验性意识的睿智性统一相对应的是一切经验性意识，即在公共性中达成的合意。"① 为此，齐藤纯一认为："《公共性的结构转换》的议论，可以看成哈贝马斯从康德那里得到了两个关键词，即'交流的自由'和'批判的公开性'，并以此为基轴而展开的。"② 与此相关，对话性合理性还有一个重要特征，那就是人们在对话中阐述自己的主张，在针对批判性反驳时必须展示自己的充分理由，以让自己的论点正当化。这里所说的充分理由，应该不是指对自己有利的理由，或者说告诉他者对其也有利的理由，而必须是可以基于事实并能说服拥有自律性存在的他者的理由。因此，哈贝马斯在《公共性的结构转换》中提出了"理想的对话状况"的主张。③ 只有这样，对话的当事者才能以充分理由说服来自所有立场的他者，人们相互之间通过讨论、辩驳从而形成合意。市民公共性中的对话性合理性，就是在公共讨论空间里寻求这种合意的具体实践过程。

然而，哈贝马斯的《公共性的结构转换》完稿于 20 世纪 60 年代初（1961 年出版），其中关于基于这种对话性合理性而形成的公共讨论空间的认识，是他通过对 18 世纪在英国伦敦的咖啡屋里由有产者与有教养阶层的市民所进行的对话实践进行考察而形成的思考。但他此时似乎没有注意到，在 18 世纪以后这种公共讨论空间开始发生变化。这种变化来自两个方面的原因。原因之一是，19 世纪特别是进入 20 世纪以后出现的大众社会。稻叶振一郎认为，这个社会的出现与左翼版"堕落"史观相称。④ 原因之二是，最初肩负这种市民公共性的有产者和有教养阶层的市民开始转向只追求自己的既得利益（阶级利益），从而促进了市民社会朝着暴力性资本主义与市场经济之弱肉强食的方向转变。正是这些历史性变革原因的存在，哈贝马斯的市民公共性理论后来受到了各种批判。有人认为他所

---

① ハーバーマス. 公共性の構造転換. 細谷貞雄，山田正行，訳. 高崎：未来社，1994：149.

② 齐藤纯一. 公共性. 東京：岩波書店，2000：28.

③ 同①xvi.

④ 稻叶振一郎.「公共性」論——市民的公共性. 東京：NTT 出版，2008：55.

主张的市民社会的这种对话性合理性是一种"被理想化了的市民公共性"①，也有人认为他分析的公共性的结构转换是一种"透视法的倒错"②。但是，桂木隆夫却认为，"至少在 60 年代初这个时间点，在现代社会中基于对话性合理性的公共讨论空间，即对于市民公共性再生的事情，（哈贝马斯）似乎已经是怀疑的了"③。因此，哈贝马斯在《公共性的结构转换》的"1990 年新版的序言"中表明了自己对于"公共圈的结构转换——三个修正"的思考，并承认如果从"对于私的领域以及私的自律社会性基础的反作用……对于公共圈的结构以及公众的构成与行动的反作用……对于大众民主主义的正统化过程自身的反作用，这三个方面来看，本书的第五章至第七章的叙述露出了一些弱点"④。

二、市民公共性的修正

20 世纪 60 年代以后，根据对西方自由民主社会之发展变化的观察，哈贝马斯意识到原来所考察的立足于 18 世纪市民社会的公共性存在一些无法自洽的问题。这种变化的显著特征就是大众社会的出现。哈贝马斯注意到"大众被文化性、政治性所动员，在不断扩大的公共圈中，他们一定有要求交流的权利、参加的权利，并有取得成果的必要"⑤。

根据哈贝马斯的自述，他在研究公共性的结构转换时，其民主主义视角是民主法治国家进一步向社会主义的民主主义发展的图谱，然而之后的发展并非如此，所以他发现曾经在《作为"意识形态"的科学与技术》（*Technik und Wissenschaft als "Ideologie"*，1968）一书中所主张的目的性合理性与交流性行为——上述桂木隆夫所谓的对话性合理性的行为系统与类型分类——过于简单武断。以此为契机，他在《寄语社会科学的逻辑》（*Zur Logik der Sozialwissenschaften*，1967）中导入了"生活世界"

① 佐佐木毅，金泰昌. 公共哲学：第 4 卷　欧美的公与私. 林美茂，徐滔，译. 北京：人民出版社，2009：92.

② 稻叶振一郎.「公共性」論——市民的公共性. 東京：NTT 出版，2008：53.

③ 桂木隆夫. 公共哲学とはなんだろう. 東京：勁草書房，2005：29.

④ ハーバーマス. 公共性の構造転換. 細谷貞雄，山田正行，訳. 高崎：未来社，1994：xv.

⑤ 同④xvi.

这个概念，这也是他在《交往性行为理论》（*Theorie des Kommunikativen Handelns*，1981）中构筑"生活世界与作为系统的社会"的由来。① 在此，他注意到在大众社会的生活世界中，权力与利害之政治性层面已经得不到传达，人们的交流行为中所具有的统合力来自一种多元的对等生活样式的"连带"关系。在这里市民社会的承担者、生活的市民之间形成了一种崭新的公共性。比如，他对新的市民公共性所表现的社会形态做了如下分析：

> 与翻译成黑格尔、马克思以来惯例的，作为给近代进行特征定性的"政治性市民社会"（societas civilis）和"脱政治性-经济性的市民社会"（btirgerliche Gessllschaft）不同，市民社会（Zivilgesellcshast）这个词已经不再包含通过劳动市场-资本市场-财富市场而被制御的经济领域这个意味。……成为市民社会制度性核心的，是基于自由意志的非国家性-非经济性的结合关系。如果不按顺序试举几个例子，比如有教会、文化性圈子、以学术团体为首的独立媒体、体育团体、休闲团体、辩论俱乐部、市民论坛、市民运动等，进一步甚至涉及行会、政党、工会、艺术展览设施等。②

哈贝马斯提出的这些崭新的市民社会形态，使他意识到需要对此前关于市民公共性之结构转换的思考进行修正。他认识到，因为这些结社，或者直接参加公共性交流，或者比如提出现实对策，通过规划活动、展示实例，在默契中贡献着公共性讨论。他进一步指出，如果以阿伦特所分析的公共性诸概念为基础，那么就能更好地理解为什么市民社会中这些自律性公共圈的结社具有重要的地位。这些在现代大众社会中所呈现的新的市民社会形态所体现的公共性，与18世纪英国伦敦咖啡屋里由有产者和有教养阶层的市民所形成的市民公共性相比，当然是一种新的市民公共性。那么，上述在市民公共性中出现的对话性合理性也就自然呈现出新的特征，或者说，哈贝马斯意识到了自己曾经没有注意到的关于市民公共性的另一个侧

---

① ハーバーマス. 公共性の構造転換. 細谷貞雄、山田正行，訳. 高崎：未来社，1994：xxvi - xxviii.

② 同①xxxviii.

面。在此，哈贝马斯再次提起 B. 曼宁（B. Manin）的"协商"（deliber-ation，又译成"权衡"）概念。① 他引用了曼宁的观点，即"所谓正统的决定，不是代表万人的意志，而是万人协商（权衡）的成果"②。那么，与对话性合理性相对应，笔者把这种市民公共性的崭新倾向称为协商性合理性。

当然，就协商所具有的对话性功能而言，这种协商性合理性也可以被看成对话性合理性的一种新的发展形态，在实践形式上也属于对话性合理性的范畴。正因为如此，桂木隆夫把这种协商性合理性同样归入对话性合理性来把握。他认为："这种协商，从前述对话性合理性，即能够说服所有立场的他者的意思而言，它是'以终极性真理为志向的讨议'，不是我们一般所进行的以目的性合理性为志向的讨议。"③ 然而，我们需要注意的是，一旦对话、讨论具备了协商（Diskurs）的性质，其危险性就是不可避免的。因为对话、讨论可以作为前述的公论并保持在公论的自我同一性之中，也就是保持在对为了实现某种或短期或长期的目标和目的而出现的暂定性决议、决策的批判性与监督性作用之中。协商则多少有些不同，其中的妥协机制必然在此产生作用，容易受到目的性合理性的左右，甚至最终成为目的性合理性的辩护性存在，掩盖了某种本来属于目的性合理性的面目。

需要指出的是，哈贝马斯在这里使用的"Diskurs"概念，国内翻译成"话语"，比如把"Diskursethik"译成"话语伦理"④，这种翻译是不够理想的。Diskurs确实有话语、谈论的意思，但还有讨论、辩论的内涵。德语 Diskurs 由 dis 和 kurs 构成。dis 来自拉丁语 des，源于希腊语 dia，其本义是分开、一半，由此引申出相互、相反的意思。kurs 的意思是过程、路线。可见，在这里把 Diskurs 译成"话语"显然不够准确。日本学界则把这个单词译成"讨议"，即探讨性论议，具有权衡、协商的意

---

① 哈贝马斯最初是在他的《后期资本主义中正统化诸问题》（*Jürgen Habermas Legitimationsprobleme im Spätkapitalismus*，1973）一书中提到了曼宁的思想。

② ハーバーマス. 公共性の構造転換. 細谷貞雄，山田正行，訳. 高崎：未来社，1994：xxix.

③ 桂木隆夫. 公共哲学とはなんだろう. 東京：勁草書房，2005：33.

④ 哈贝马斯. 公共领域的结构转型. 曹卫东，等译. 上海：学林出版社，1999：24.

思，由于"讨议"非中文词汇，与此对应的只有"协商"，所以笔者认为
译成"协商"与哈贝马斯的本意更为相近。根据这些考察，我们不难发
现，对话性合理性所追求的能够说服所有立场的他者从而达成一种公共的
合意，与协商性合理性存在着微妙的不同，虽然在此哈贝马斯更进一步提
出协商（讨议）"以终极性真理为志向"①，表现出与目的性合理性的不同
形态，似乎不会为了确保眼前的短期利益而采取战略性合理的手段。但协
商是为了达成某种目标，其结果必然陷入为了协议的达成而选择的多数裁
定的妥协性合意之中。正因为如此，哈贝马斯强调指出："根据协商理论
的立场，多数裁定必须保持与议论实践的内在关系。多数裁定能够被承
认，仅限于以问题的解决为目标，同时往往只是在不得不做出决定的压力
下暂且结束讨论（所达成的暂时性）成果，其决定的内容，虽然（可能）
基于合理的动机，但存在着也许是错误的成果也可以被接受的情形。"②
显然，这种协商性合理性虽然也是基于对话性合理性的立场，但其往往
需要"不得不做出决定的压力"，同时必须对"也许是错误的成果也可
以被接受"的问题做出妥协，与纯粹的对话性合理性所追求的公论存在
着不可忽视的区别。

　　根据以上分析可知，显然桂木隆夫指出了，哈贝马斯的市民公共性中
所包含的对宽容性的要求和对危险性的强调这两个要素③，恰好分别对应
着对话性合理性与协商性合理性的理性立场。一方面，在市民社会的公共
空间中通过彻底的讨论与协商，追求现实秩序与安定的意见逐渐取胜，即
使与对话性合理性相反的政治性决定得以贯彻，此决定的胜者对于败者的
抵抗也必须采取宽容的态度，不能采用压制的手段。另一方面，在协商性
合理性的论议过程中，为了现实目标的达成，往往会出现暂且的妥协，其
结果可能包含错误但必须接受的情形。在这里，本来通过对话在公共领域
敞开的私的领域，随着协商的妥协性要素的增大，对话性的敞开性则相反
地朝着私的世界的封闭性转化。为了个人或者某个集团甚至共同体的"私

　　① ハーバーマス. 公共性の構造転換. 細谷貞雄，山田正行，訳. 高崎：未来社，1994：
xxxiii.

　　② 同①.

　　③ 桂木隆夫. 公共哲学とはなんだろう. 東京：勁草書房，2005：33.

性利益"的追求，即为了实现某种目标，会出现表面上基于讨论、协商的决定，对其达成结果的危险性显然需要保持清醒的认识。因为这种表面的协商总是从目的性合理性出发所做的讨论，无论为了短期的利益还是为了长期的目的，其本质都是以实现某种目标为前提的。一旦承认、接受通过协商所达成的暂定性成果，且不积极进行监督修正或者不附加修正机制，就会带来极大的危险。这就是哈贝马斯的著名"水库溃决理论"（The Dam Burst）——也被称为"滑坡论证"（Slippery Slope Argument）——所指向的问题本质。一般认为，哈贝马斯提出"水库溃决理论"，是他所经历的纳粹法西斯屠杀犹太人带来的结果。

上述哈贝马斯所谓的市民公共性中所揭示的对话性合理性与协商性合理性的内核，是我们理解公共性不可或缺的视角。但是，如前所述，哈贝马斯提醒我们，要认识在现代市民社会中自律性公共圈（公共领域）的各种结社为什么具有重要的地位，理解与把握汉娜·阿伦特所分析的公共性诸概念是基础。那么，接下来我们必须进一步考察汉娜·阿伦特究竟是如何揭示公共性的，从而深化对公共性问题的认识。

第三节　汉娜·阿伦特的公共性视角

汉娜·阿伦特所揭示的公共性，被学界引用的总是她对公共性的哲学定义："由万人所见、所闻，尽可能最广泛地被公示的存在"，那"是我们一切共通的（世界）"。在这个定义中，我们不难发现，汉娜·阿伦特强调的是公共性的"公示性"，即敞开性的特征，是一种与"封闭性"形成对立的存在。其正因为具有"公示"即敞开的性质，所以必须具有"共通"的本质。

研究阿伦特的公共性理论，主要是基于她在 1958 年出版的《人的条件》一书，这是继《极权主义的起源》（*The Origins of Totalitarianism*，1951）之后她的又一部名著。此书不仅是她以批判极权主义为基础对人的存在所进行的哲学思考，而且包含着她对于欧洲哲学的冷静审视与哲学重构的追求。她在此书的开篇"人的条件"中提出了"活动性生活"（Vita Activa）概念（这个概念在国内译为"积极生活"，在日本译为"活动力"，笔者认为后一种翻译比较准确，故统一采用"活动力"来翻译），并指出从传统的意义而言，"活动性生活"的本义是投身于公共事务，即与政治性问题相关的生活。① 在《人的条件》中，阿伦特进一步对"活动力"进行了"劳动"（labor）、"工作"（work）、"活动"（action，这个概念在国内译为"行动"，在日本译为"活动"，本书采用后一种译法）的分类，指出"这三种活动力之所以是基本的活动力，是因为人在地上获得生命之际的根本条件，各自对应着这三种活动力"②。以此分类为基础，阿伦特分别对这三种活动力进行了定义、分析，展开了她对近代社会所存在的把所有存在形态都"劳动"化的倾向的批判。根据她的分析，劳动和工作都属于封闭性的、没有他者的世界，只有活动才能把这种封闭性向世界公示、敞开，从而获得了公共性的存在。以此为基础，她展开了关于活动所具有的积极意义的探索与论证。

那么，究竟阿伦特是如何展开她的上述理论的，其所揭示的人作为人而存在究竟应该追求什么？究竟公共性问题与这种活动力有何关系？我们以下就对这些问题展开论述。

一、活动力的分类

根据阿伦特的理解，人的活动力可以分为劳动、工作、活动。这三种活动力，即活动性生活，具有层次不同的性质特征。首先，劳动是为了肉体消费、新陈代谢的需要而存在，因此，这种活动力就在消费中失去了永续性的持存可能，并且劳动的私人性特征使其不具有世界性意义。其次，工作比劳动的层次高，这种活动力可以通过作品获得相对的永续性，可以在人的记忆世界里残留，然而工作具有排他性，并且被手段与目的的逻辑所支配，因此，仍然无法获得完全的他者性而存在。最后，活动是最高层次的活动力，这是人应该追求的作为人而存在的活动性生活。这是因为，只有在活动中人才能基于人的复数性，即拥有完全的他者性而存在和被确

---

① ハンナ・アレント. 人間の条件. 志水速雄，訳. 東京：筑摩書房，1994：25 - 26.
② 同①19.

认，可以产生应答、交流，并通过语言活动形成政治的世界①，这才是永续性、他者性、世界性统一的活动力。

（一）劳动

这里的劳动指的是体力劳动，这是为了维持人生物学意义的生命所需要的活动力。按照阿伦特的说法，这是一种"对应于人的肉体的生物学过程的活动力"②，具有被生命的必要性所支配的特征。

阿伦特揭示了劳动的以下四种本质特征：第一，劳动是无限重复着同样的事情，是痛苦的劳作。她认为人在劳动中，"保护、保存逆自然性过程是劳苦的种子。为此，必须每天重复着单调的杂事。……（这种）每天重新修理昨日的荒废所需要的忍耐，不是勇气。这种劳动充满苦痛并不是因为那是危险的，不如说那是由于一种无可奈何而不得不进行的反复（所致）"③。由于自然是一个无限循环的、充满必然性的领域，为了满足人类的新陈代谢就需要通过劳动与自然打交道并生产消费品，由此使得劳动陷入周而复始的自然循环，并且劳动的产物由于被生命的持存所消费，故而最终什么也不会留存下来。所以，它失去了永续性的可能。第二，由于劳动约束了人的生命的必然，所以"比劳动更直接地被肉体拘束的活动力是不存在的"④。因此，劳动是人的活动力中最低级的、最私人性的，并且是失去了自由的行为。在古代，劳动属于奴隶所从事的活动，是作为私人领域的家庭内的一种活动。到了近代，劳动似乎通过产业化的组织性与分工性而进入了公的领域，但是它仍然无法超越生物学意义的生命循环。她认为，劳动总是被封闭在自己身体的私事里，所以不具有世界性。⑤ 第三，劳动并没有超越肉体功能的循环运动，也不能从那里获得解放，只是

---

① 在《汉娜·阿伦特的"政治"概念剖析》一文中，陈伟系统梳理了阿伦特对"政治"概念的理解，他认为阿伦特在对政治与支配、政治与社会进行严格区分的基础上表达了对政治的真正经验的理解。[陈伟. 汉娜·阿伦特的"政治"概念剖析. 南京社会科学，2005（9）：40-50] 笔者认为，要理解体现阿伦特公共性思想中的"活动"概念，还需要通过将其与支配即统治、社会做严格的区分，下文将详述。

② ハンナ・アレント. 人間の条件. 志水速雄，訳. 東京：筑摩書房，1994：19.

③ 同②155-156.

④ 同②68.

⑤ 同②177.

存在于被封闭的、自然的新陈代谢中。① 也就是说，劳动的本质是其总被封闭在私的领域，从而不能把目光投向共通的世界以及复数的关系性而存在。第四，劳动不需要他者的存在。在劳动中，人既不与世界也不与他人共生，只是始终与自己的肉体同在，仅面对为了持续利用自己的必要。因此，阿伦特把劳动称为人的无世界性的存在。② 人在劳动中的分工，两个人犹如一个人那样，其行为之间看似协作，其实不是一种协同合作，因为在劳动过程中各个成员可以随便替换。③

以上就是阿伦特所揭示的劳动的四种本质特征，这四种本质特征与人作为人而存在的持存性、开放性、世界性、复数性（他者性）等追求大相径庭。

一般认为，阿伦特把古希腊城邦的市民活动作为理想。她指出，在古希腊，为维持生命提供生活物资供给的劳动被当作一种低贱的行为。④ 对于古希腊人来说，"善生"（eu zen）才是人活着最应该追求的事情，苏格拉底所倡导的生存理想，即人"不只是活着，最重要的是如何得以善生"正是如此。这种"善生"，意味着人的存在不是物质性的、生理性的、动物性的生存，而是对作为人所共通的事情的思考，也就是说政治性行为才是最具有价值的活动。因此，苏格拉底把自己的"善生"追求作为最具有政治性意义的营为。为了与复数的、自由的他者一起讨论、决定、实行公共事务，就必须让人从制约思考的生存条件中解放出来。像劳动这样的活动力显然不具有也得不到自由的活动空间。苏格拉底所理解的政治，是探索如何实现共同体全体的幸福，那就是以每个人的伦理卓越性（德性）作为人实现自己存在的终极追求。因此，作为人就必须以此为目标而展开生存活动，而不是处于像劳动那样的活动状态。劳动这种活动力是被否定的，是失去"闲暇"（schole）的单调生存的重复。

众所周知，古希腊城邦文明被称为一种"闲暇"文明，市民们不从事劳动，但他们利用"闲暇"，通过语言交流构筑起一个全体市民参与的公

---

① ハンナ・アレント. 人間の条件. 志水速雄，訳. 東京：筑摩書房，1994：176.
② 同①177.
③ 同①184.
④ 同①135－136.

共世界。由此可见，阿伦特的劳动观，从某种意义上说，是以古希腊城邦市民的活动作为理想而得出的结论，或者说这就是她以古希腊城邦政治为理想而对劳动做出的判断。她所审视的劳动，似乎是对古希腊城邦时代奴隶生存状况的描述，并以此认识为基础，进而分析近代以来劳动给人的存在所带来的异化（阿伦特也使用"物化"概念）问题。

阿伦特在追溯古希腊城邦市民轻蔑劳动的原因时指出，对劳动的轻蔑最初产生于摆脱生存必要性而追求自由的强烈渴望，还有同样强烈的、对所有留不下痕迹的活动的不屑。① 这揭示了阿伦特排斥劳动的主要原因，即对自由的追求必须摆脱生存必要性，而劳动只是为了提供生活所必需的消耗品。

阿伦特主要是在古希腊政治自由的意义上使用"自由"概念，她认为"自由意味着不受制于生存必要性或他人的命令，亦不命令他人，意味着既不支配他人也不被他人支配。因此，自由不存在于家庭领域，对于家长，即家庭的统治者来说，他是自由的，仅仅在于他有权离开家庭和进入万人平等的政治领域"②。也就是说，自由只存在于政治领域或公共领域，而这与近代的政治经验并不一致，近代西方自由主义者认为，自由存在于政治之外，他们倡导的是消极自由。③

针对这一矛盾，王福生认为，阿伦特始终在古希腊城邦的意义上使用"政治"一词。在阿伦特看来，"没有一个从政治上得到确保的公共领域，自由就没有得以显现的在世空间"，而没有了显现空间的自由就只能转移到意志的内在场所，但"一个人如果不是首先经历过作为一种世间有形实

---

① ハンナ・アレント. 人間の条件. 志水速雄，訳. 東京：筑摩書房，1994：135.

② 同①53 - 54.

③ 比如，伯林（Isaiah Berlin）认为，在雅典城邦制下，虽说个体拥有政治自由，并在某种意义上主宰着公共事务，但在个人的私生活中，个体受到了更多的控制和限制。（以赛亚·伯林. 自由及其背叛. 赵国新，译. 南京：译林出版社，2005：52）萨托利（Giovanni Sartori）则将古希腊城邦制定义为一种进行集体决策的（城邦）统治体系，他认为在雅典民主制下集体完全吞没了个人，对古希腊人来说，"人"与"公民"的意思毫无二致，正如参与城邦的政治生活，即参与他们城市的生活，就等于"生活"一样，古希腊人并未产生明确的个人观念，古希腊政治自由的经验不包含以人格权利为基础的个人自由，个人实际上不受保护，任由集体摆布。（乔万尼·萨托利. 民主新论. 冯克利，阎克文，译. 上海：上海人民出版社，2009：312 - 313）

在的自由状况，他就根本不知道内在自由"。也就是说，自由作为政治自由，本是活动的属性，当它变成了思想或意志的属性，就内在的思想自由和意志自由也能勉强称得上自由而言，它在经验上是派生性的。[①] 显然，阿伦特对自由有独特的理解，她所理解的自由的核心并不是自主，她认为"倘若自主（日本学界译为'主权'）真的等同于自由，那么就没有人能够真正自由，因为自主，即无条件地自足及自我支配的理想，与复数性的人类条件恰恰是矛盾的"[②]，"只有在一神论的假定之下，自主才等同于自由。（'唯一之神就是一即全，它将永远存在。'）而在其他所有情形中，自主只有在想象中才是可能的，要以牺牲现实性为代价"[③]。也就是说，在政治领域，人的活动恰恰受制于其他人的活动，如果自由意味着自主，那么在这一领域内自由就是最少的。

既然阿伦特所理解的政治领域的核心本质并不是自主，那么阿伦特所谓的政治领域的自由意味着什么？如前所述，她认为自由就是有权离开家庭和进入政治领域。实际上她紧接着便谈到了政治领域的本质，她指出："确实，这种政治领域的平等与我们的平等概念几乎没有什么共通性。……它以'不平等者'的存在为前提，而且事实上后者在一个城市国家的人口中总是占多数。从而平等（不像现代那样与正义相关）正是自由的本质：获得自由意味着摆脱了存在于支配者关系中的不平等，进入一个既没有支配也没有被支配的领域。"[④] 在此，阿伦特表明了她排斥劳动而追求自由的原因。

如前所述，阿伦特所审视的劳动，似乎是对古希腊城邦时代奴隶生存状况的描述。正因为她认为劳动受制于生存必要性，而受制于生存必要性必然会带来极大的不平等，所以她所说的摆脱生存必要性而追求自由，更主要的就是摆脱这种可能的不平等状态而进入平等状态。被捆绑于劳动中的人，无法从这种不平等状态中获得解放，当然也就失去了拥有生存的平等即自由本质的可能。

---

① 王福生. 现代社会之伤：积极生活与自由难题. 社会科学战线，2019（3）：33-39.
② ハンナ・アレント. 人間の条件. 志水速雄，訳. 東京：筑摩書房，1994：368.
③ 同②369.
④ 同②54.

（二）工作

所谓工作，其对应的英文单词是 work，这个单词既是具有"工作"含义的动词，也是具有"作品"含义的名词，它是一种通过某种相对耐久性的被创造物即作品而获得永续性的活动力。

阿伦特认为，工作既具有世界性，也能够获得永续性，这显然比劳动进步。她把工作界定为"与人的存在非自然性对应的活动力"①，认为那是人把理念对象化，即人在所谓的"对象的制作时被必须听从的范型所引导而进行"② 的，从而形成人工物的一种世界性活动。因此，她说："工作之人的条件是世界性。"③ 由于工作在手段与目的的系列中进行，完全被手段与目的的范畴所决定，所以其生产物的特征是永续性与耐久性。日本学者矢野久美子对此做了如是分析："工作的制作物，即作品，那是可死的人类此生之后残留的，作为总体经由人之手建立的人工世界。制作物基本上是单独之人的创作物，其物由于可共有而成为物，从而带来了独立于人的世界的永续性。"④ 那么显然，与劳动相比，工作在具有世界性的同时，也是一种"能够创造出在作为独立实体世界中存留程度的耐久性"⑤ 的行为。更进一步讲，既然工作脱离了自然的过程，被有用性原理支配，那么与劳动之无始无终，以及后面将要谈到的活动之即使有明确的起始却也无法预测终结相比，工作则具有明确的起始与完成，即有始有终。因为人在工作中要制作什么，成品应该怎样，都是可以预期的。⑥

正因为工作具有世界性、耐久性、永续性等特点，所以其具有劳动和活动不可替代的功能。首先，"劳动的动物"需要"工作人"的帮助，以减轻劳动带来的痛苦，因为能够使劳动不用付出那么多努力的器具并不是劳动自身的产物，而是工作的产物。它们也不属于消费的过程，而属于使

---

① ハンナ・アレント. 人間の条件. 志水速雄，訳. 東京：筑摩書房，1994：19.

② 同①229.

③ 同①20.

④ 矢野久美子. ハンナ・アーレント——「戦争の世紀」を生きた政治哲学者. 東京：中央公論新社，2014：146.

⑤ 同①232.

⑥ 同①233.

用物世界。① 其次，可死者需要"工作人"的帮助来建立家园，因为通过工作建立的人工世界具有永续性，并且世界之物对于生产和使用它们的人来说具有相对的独立性。它们的耐久性和客观性，使它们在一定程度上能抵抗它们的制造者和使用者的贪求与欲望。从这个角度看，世界之物拥有使人的生活安定下来的功能。正如赫拉克利特所说，"人不能两次踏入同一条河流"，人是变化无常的存在。尽管如此，就事实而言，人却能通过与同一把椅子、同一张桌子的连接而重获同一性，即自同性。世界之物的客观性就在于此。换言之，与人的主观性相对的，不是一个庄严纯粹、不受触动的大自然，而是一个人工的即人为世界的客观性。不如说，自然压倒性的原始力量迫使人类投身于自身生物学运动的循环中，而人的生物学循环运动又是如此衔接于整个自然大家庭的循环运动。我们只有从自然给予我们的东西中确立我们自身的客观性，把人为世界嵌入自然环境，以此来保护我们不受自然的侵蚀，才能把自然视为某种客观的东西。② 阿伦特还指出："如果自然和地球共同构成了人类生命的一般条件，那么世界和世界之物就构成了人类生命安定的特殊条件。"③ 也就是说，相对于"劳动的动物"为了生活、为了保护自身免受自然兴衰过程的侵蚀，而从自然手里拿走物质资料并消耗它们，工作所生产的人工物具有耐久性，适合于使用并建立一个世界（它的持存恰与生命的短暂形成鲜明对照），从而使人在其中有家园的感觉，由此创造出一种属于人的生活。最后，工作具有艺术的创造性，艺术能为活动和言论的持存提供帮助，在赋予人工物稳固性的事物中，艺术品是最具世界性和耐久性的，它们的永续性几乎不受自然过程的侵蚀，因为它们不是供生物生命使用的。只有在艺术品的永续性中，可死者使用和栖居的人工物的安定性才获得了表象。④ 正因为艺术家的帮助，诗人和历史编纂者的帮助，作家或纪念碑建造者的帮助，人们活动和言论的产物、人们上演和讲述的故事才能留存久远。这些都是工作作为一种活动力最值得肯定的特征。

---

① ハンナ・アレント. 人間の条件. 志水速雄，訳. 東京：筑摩書房，1994：181.
② 同①224 - 225.
③ 同①197.
④ 同①264.

然而，工作也存在着不可忽视的问题。一方面，如前所述，工作被手段与目的的范畴决定，所以工作中包含了基于目的而让手段正当化的危险。比如，为了实现制作桌子的目的，砍伐树木的行为被正当化，也就是说，目的让为了得到原材料而将强加给自然的暴力正当化。① 阿伦特说："制作者是统治者，是主人。那是一切自然的主人，并作为一切自然的主人而自我定立。"② 因此，所有的人，不管是谁都会认为一切东西都仅仅为了实现自身的目的而存在着。那么，显然一切手段都是可以被承认的，这种危险性内在于工作之中，这里存在着难以克服的人类中心主义所包含的暴力性。

另一方面，就工作自身来说，很容易陷入手段与目的的链条而不能终止，因为尽管生产物从它的生产手段来看是一个目的，但它却并非制作过程的目的本身，它只要还作为使用对象，就不是目的本身。椅子是家具制作活动的目的，但椅子只有再次成为一个手段，才能显示它的有益性。制作这种活动力，其自身固有的有用性标准的困难在于，它所依赖的手段与目的的关系更像一个链条，在这个链条中，每个目的都在其他境况中再次成为手段。或者说，在一个严密的功利主义世界里，所有的目的都是暂时的，必然会转化为下一个目的的手段。③

具体地说，"工作人"只是从直接源于自己工作活动的手段与目的的角度考虑问题，没有理解意义的能力，正如"劳动的动物"没有理解手段性的能力一样。阿伦特指出："显然没有人能回答莱辛曾经向他同时代的功利主义哲学家提出的问题：'那么效用的效用是什么？'功利主义的困难在于它陷入了手段与目的的无穷链条（连锁），而不能达到某个能证明手段与目的之有用性范畴，即功利原则本身的正当性的原则。"也就是说，"被确立为意义本身的效用原则却在生产着无意义性"④。只有在一个严密的人类中心主义的世界里，作为使用者的人才变成了终极目的，才能为手段与目的的无穷链条画上终止符。然而悲剧在于，"工作人"一旦达到目

① ハンナ・アレント．人間の条件．志水速雄，訳．東京：筑摩書房，1994：244.
② 同①233.
③ 同①245.
④ 同①246.

的，就开始贬低物的世界，贬低目的以及他制作的生产物。"工作人"不
仅会把自然当作几乎无价值的材料来加工，而且会把有价值的物变成单纯
的手段，从而使其失去自身固有的价值。① 或者说，就人是"工作人"而
言，他使事物手段化。人的手段化之活动意味着所有事物都被贬低为手
段，从而让它们失去了固有的和独立的价值。② 阿伦特认为，这里的关键
问题不在于手段性自身，即为了达到目的对手段的使用，而在于制作经验
的普遍化，即有益性与有用性成为人的生命和世界的终极标准。③

　　换一个角度看，工作是通过制作各种具有效率性的工具而进行的生产
活动。这些工具本来是以减少人劳动的苦痛为前提而存在的。工具的手段
性与生产物密切相关，纯粹的人的价值在于作为"劳动的动物"对工具的
利用程度。然而，为了实现生产物之实用化、效率化的目的，工具逐渐成
为目的的手段，那么作为使用者的人就会陷入手段与目的永恒不能终了的
链条中。阿伦特指出："从其自身的活动力观点来看似乎实现了目的，而
现在却贬低了自身的精神与手中的目的以及最终的生产物之物的世界。"④
一旦人成了万物的尺度，那么人的手段＝目的的关系就成了定立外部世界
的唯一依据，除了自己之外的一切东西都成为手段的唯一目的而存在。阿
伦特称之为"世界的手段化"。她认为，那是人"对于工作物制作者之生
产性与道具的信赖"，是"对波及全范围之手段＝目的范畴的确信"⑤，这
也是近代性的显著特征之一。在近代产业社会，工作这种活动力似乎让人
获得了对世界的支配权，成了创造非自然物的主人。然而，在工具（机
械）发展的过程中，人逐渐依赖工具，无法脱离工具而存在，工具开始支
配着物的世界，追求从劳动中解放出来的"工作人"却在劳动的分工中逐
渐被异化，阿伦特也使用"物化"概念来说明这种"工作的劳动化"状态，
生产过程的手段与目的反过来支配着人的生命和自由。其结果是，工作让
人拥有获得世界性的表象，但实际上人却陷入了"物"的制作之封闭的循

---

① ハンナ・アレント. 人間の条件. 志水速雄，訳. 東京：筑摩書房，1994：247 - 248.
② 同①249.
③ 同①250.
④ 同①249.
⑤ 同①478.

环中。阿伦特把这种结果称为"工作人的败北"。

其实，阿伦特对活动力进行劳动、工作、活动这个价值序列划分所依据的标准是人的自由。她要探讨的是，对于人来说，怎样的活动才具有真正意义的自由。然而，如前所述，劳动中没有自由，而工作中同样不存在自由。特别是进入近代以来，在以资本为前提的资本主义所统治的市民社会，人被劳动的必然性支配，所有的人都成了劳动的人，所有的活动都被劳动化、物化。劳动本身所存在的问题已无须赘述，而工作也一样，在"生产过程中所使用的体力，最终完全被吸收进生产物"之中。在这里强制每个人都要致力于自己的肉体性之必需的同时，人被物的生产与消费的重复性循环囚禁，同时还被手段与目的的颠倒制约，此时的人已经无法把目光投向具有复数的个人之关系性的共通世界。因此，阿伦特明确指出："可见，人最大不自由的领域，既不是从属于生命必需的劳动，也不是依存于所与材料的制作。不如说没有别的，那是在自由的本质中，其存在还是只有人来承担的领域，这才是人类最大的不自由。"① 由此，她最后走向了对"活动"概念的分析与揭示。

（三）活动

所谓"活动"，一言以蔽之，就是言论世界之共同的行为。② 人在活动中，他者的存在绝对不可或缺，那是在复数的个人之关系性中得以确立的自发性行为的世界。她说："只有活动，完全依赖于他者的不绝存在。"③ 也就是说，活动成了区别自己与他者的差异性之自觉意义上的"唯一性"发现，它对应于独一无二存在之人的复数性生存的条件。人在语言与行为中进入社会的关系系列，在呈现自己"是谁"的同时，拥有来

① ハンナ・アレント. 人間の条件. 志水速雄，訳. 東京：筑摩書房，1994：367.
② 马成慧在《行动与人的存在：阿伦特的行动思想研究》一书中梳理了西方学者对阿伦特"行动"（笔者采用"活动"的译法）概念的研究成果，并重点论证了阿伦特"行动"概念的历史性。尽管阿伦特的"行动"概念与亚里士多德的"实践"概念在内涵方面略有差异，但她是用此词来对应亚里士多德的"实践"概念的。亚里士多德的"实践"概念承继了古希腊思想的成果，并为此后的思想发展开辟了视野，它于不同的历史时期凝结出了不同的思想内容。因此，沿着亚里士多德"实践"概念的演历过程，可以梳理出一条由古希腊、中世纪至近现代的有关"实践"的思想传统，而阿伦特显然应当处于这一思想传统中。（马成慧. 行动与人的存在：阿伦特的行动思想研究. 西安：西安交通大学出版社，2015：3）
③ 同①44.

自世界共有之"共通感觉"意味的"共通性"之"我是谁"的自身存在的确认，即通过"共通感觉"，人作为可以理解他者的同等者，相互之间得以承认与被承认。

具体地说，言论与活动拥有不可分割的关系。阿伦特指出："言论与活动，不是把人作为物理性对象，而是作为人相互显现的样式。这种显现与只是肉体的存在不同，与人通过言论与活动所显示的创造相关。"① 一方面，人展现自己是谁，是通过其他人可以见闻的具体语言与行为而得以实现的，即通过语言与行为，使相互具有差异的个体存在通过复数性关系被现实化。也就是说，"由于我们看的东西，同样有人看着，我们听到的东西，依然同样地听着的他人存在着，（只有这样）我们才能确信世界与我们自己的真实感"②。就这样，语言与行为通过他者的存在而被理解，通过被价值判断而得以确立。自己与世界的真实感，依存于共有世界的人们相互之间主观性的承认得以实现。更进一步讲，人们在活动的言论中展示自己是谁的同时，其独特的人格自同性也得以积极显明，因为在人的语言与行为中，其存在的状态全部被暗示。③ 按照阿伦特的说法，那就是人的言论与活动具有"暴露性"。但是，根据她的理解："这种言论与活动的暴露性特质，首先不是人们各自成为他人的牺牲，对他人抱有敌意的情形，而是与他人一起存在，也就是说，在于纯粹的人的共同性情形。"④ 另一方面，活动与进行着没有预期的事情之人的能力相连接，即与"开始"这样的事情相连接。她说："'活动'这件事，最一般的意思是'创始''开始'。"⑤ 人拥有活动能力这件事，意味着对人来说，本来不能预见的事情可以期待，新的事情总是带着奇迹的样态诞生，即阿伦特所谓的"第二诞生"。为此，她认为人可以做几乎不可能的事情，人的每一次诞生都带来了崭新的、独特的东西。活动中所具有的这种不能预见的开始，在上述的劳动与工作中是不可能存在的。

---

① ハンナ・アレント. 人間の条件. 志水速雄, 訳. 東京: 筑摩書房, 1994: 287.
② 同①75－76.
③ 同①282－291.
④ 同①282.
⑤ 同①288.

正因为言论与活动所具有的这些特性，人获得了自我实现以及实在性。阿伦特认为，这种实在性依托于人们以言论与活动的方式所共同形成的显现空间，这个显现空间先于所有形式的公共领域和各种类型的统治形态。她认为，被剥夺了这个显现空间也就等于被剥夺了实在性，因为对人和政治而言，实在等同于显现。对人来说，世界的实在性是以他人的存在、以它向所有人的显现来保证的，"因为向所有人显现的东西，我们就称其为存在"①。这根源于古代评价政治的信念：人作为具有特殊的差别的个体，在言论与活动中表现自己的姿态并确证自己。这些活动力虽然在物质上是空虚的，但却拥有一种属于自身的耐久性，因为它们创造了自己的记忆。因此，公共领域，即人们纯粹为了表现自己的姿态而必然需要的空间，比起他们的工作或劳动来说，更是特殊的"人的作品"。与之相对，"工作人"的信念是人的生产物比人自身更具有永续性，而"劳动的动物"的信念则是生命是最高的财产。严格来说，这两种信念都是非政治的，它们不仅倾向于把言论与活动斥为无所事事，而且倾向于以是否促进了更高的目的来判断公共的活动力。当然，这并不是指人们可以完全抛弃公共领域，因为如果没有显现空间，没有对言论与活动作为一种共同生活方式的信赖，毫无疑问就不能确立自身的真实性，也不能确立周围世界的真实性。②

然而，需要注意的是，虽然活动使人获得了实在性，但是它自身则由于对应于人的复数性生存的条件而具有了两种特殊的性质，即不可预见性与不可逆性，从而产生了一定的危险。具体地说，第一，活动一旦开始，就脱离了活动主体的控制，引起不能预期的结果。也就是说，活动具有无法确切地预见其结果或者完成的不可预见性。③ 阿伦特指出，照亮活动过程从而照亮全部历史过程的光芒，只出现在过程终结的时刻，通常是在参加者全都已经作古的时候。④ 人的本质亦只有在人生命结束时才真正形成。因此，任何人想要有意识地追求"本质性的"存在，或者说想获得

---

① ハンナ・アレント. 人間の条件. 志水速雄，訳. 東京：筑摩書房，1994：320-321.
② 同①332-334.
③ 同①309.
④ 同①310.

"不朽名声"的故事和身份，就必须不仅冒着自身生命的危险，而且要像阿喀琉斯一样，选择短命和夭折。人只有在达到活动的顶峰之后就不再活着，才能真正成为自身身份的主人公，因为他回避了他活动的所有可能后果，退入死亡之中。① 第二，活动具有不可逆性。② 那就是人往往无法知道自己所要做的事情，虽然无法知道要做什么但自己却做了某件事情，而且已经做了某件事情，这是无法返回到原初的状态。

阿伦特认为，对活动所具有的这两种性质的不满，和政治哲学的传统一样历史悠久，历史上的哲学家总是希望找到活动的一种替代品，以让人类摆脱在复数性生存的条件下所产生的活动的任意性。他们开出的方案几乎都是试图以制作（工作）来取代活动，因为工作"最大的可依赖性就在于制作过程不像活动那样不可逆转：每个以人手生产出来的东西都可以被人手破坏；也没有哪个使用对象物是如此紧迫地为生命所需，以至于让制造者离开了它就无法生存或者不得不承受毁灭它的代价"③。"工作人"的确是一个统治者和主人，不仅因为他是主人或他把自身确立为整个自然的主人，而且因为他是自身和自己行为的主人。但对"劳动的动物"和"活动者"来说，就不是如此，前者被他自身的生命必然性所支配，后者始终要依赖他的同伴。单单凭着对未来生产物的想象，"工作人"就能自由地生产；而单单面对他手上的作品，他又可以自由地破坏。

那么，既然活动的全部问题都出自复数性的人类条件，如古典政治哲学家所采取的途径，摆脱复数性危险的最好办法就是君主制，或一人统治，及其许多变种，但这些政府形式的共同特点是把公民排除在公共领域之外，而认为他们只应关心自己的私事，只有"统治者应当参与公共事务"④。也就是说，为了摆脱复数性带来的危险，这些政府形式放弃了活动，而退入统治之中。阿伦特认为从理论上说，从活动逃避到统治之中的最基本的理论形态出现在柏拉图的《理想国》中。⑤ 柏拉图主张，公共问

---

① ハンナ・アレント. 人間の条件. 志水速雄，訳. 東京：筑摩書房，1994：312 - 313.
② 同①371.
③ 同①233 - 234.
④ 同①349 - 350.
⑤ 同①351.

题中的行为规则应该来自治理良好家庭中的主奴关系，这事实上意味着活动不能在人类事务中起任何作用。① 一切统治理论的基础都是柏拉图式的知与行的分离，柏拉图把知识等同于命令和统治，而把活动等同于服从和执行。② 因此，阿伦特指出，活动向制作转化的模式是如此成功，从政治理论术语的使用就很容易得到证实，政治理论如果不使用手段与目的范畴，并以手段性的观点来思考，就几乎不可能讨论政治理论问题。她说："要达到目的者，必须追求手段。"这样的思想使人们承认，只要具有效果，所有手段就都是被许可的。因此，只要我们相信在政治领域里只有手段与目的，那么我们就无法防止任何人为追求他所认定的目的而使用一切手段。阿伦特认为，以制作代替活动带来了政治堕落成为达到一个"更高"目的的手段，这种目的在古代通常是保护善人免受恶人统治的手段，在中世纪则是拯救灵魂的手段，而在近代则是社会生产力和进步的手段，并且这种历史几乎跟政治哲学传统一样古老。③

　　不同于古老的政治哲学传统，阿伦特认为："以制作的方式和在手段-目的范畴框架内活动的一个重大危险是，活动剥夺了它自身固有的解救之道，以至于人们不仅必然会采取一切制造'活动'所必要的暴力手段，而且不能像毁灭他失败的作品那样，取消他自己的所作所为。"④ 所以，她希望通过与人的复数性高度一致的另外两种能力来补救由人的复数性活动所导致的上述两种困难，即不可预见性和不可逆性。根据活动的这两种性质，阿伦特认为需要采用两种补救能力，即约定以及守约的能力与宽恕（原谅）的能力。⑤ 而约定与宽恕这两种能力，共同依存于复数性以及他人的存在与活动。那是因为，谁也不可能被仅仅与自己交换的约定所拘束，所以需要他者的宽恕。宽恕是治疗从活动中必然产生的各种伤害的必要救济策略，宽恕与豁免是人能够继续活下去的条件。因此，人必须不断地从自己不自觉的行为中得到豁免，即人只有从自己的行为中不断

---

① ハンナ・アレント. 人間の条件. 志水速雄，訳. 東京：筑摩書房，1994：353.
② 同①354 - 355.
③ 同①359 - 360.
④ 同①374.
⑤ 同①371.

地相互解放出来，才能保持自己处在自由的行为者状态中。于是，人只有重新回到出发点，才能获得被赋予新的开始的巨大力量，让活动得以持续。当然，要使这种活动得以持续，拆除"人的精神暗处"就是不可或缺的，人的约定能力的功能就在于克服人的事象的黑暗。虽然个人的冲动与意图不可预测，但在人与人之间的世界中所形成的各种合意在这里起了作用，而在其中更为永续性可信赖的东西就是人的权利。由于人们承认这种权利，所以守卫人们的法律、制度得以树立。①

对于以上三种活动力的区别与发展，阿伦特做了一个简洁的比较性概括："'劳动的动物'被生命过程的反复性循环所禁闭，在从属于劳动与消费的必要中站立。让他们从这种状态中得救的，只有通过动员人的其他能力，即创造、制作、生产的'工作人'的能力。'工作人'不仅作为道具制作人，让劳动与苦痛得以缓和，而且还能建设拥有耐久性的世界。然而，……'工作人'作为'工作人'同样也有其痛苦的境遇，那就是无意义性，'一切的价值低落'，并且在被手段与目的范畴所决定的世界中，无法发现有效标准的这种不可能性。把他们从这种状态中拯救出来的，只有言论与活动这两种相互关联的能力。"② 就这样，阿伦特把人的活动力的最高意义放在了人的伴随言论的活动中。

二、活动之"公的性质"以及近代社会的公共性危机

阿伦特的公共性视角，在上述活动力的第三个分类活动中得以展开。因为活动包含着极其重要的内涵，那就是伴随于其中的"公的性质"。

关于活动之公的性质，阿伦特认为，人如果没有在言论与活动中生存，那就在不断反复的生成循环中永恒轮回。其实，这里再一次让我们看到了古希腊哲学的影响。苏格拉底认为"没有言论的人生，不是人的人生"（又译成"没有言论的人生是不值得过的"）。人是可死的存在，其自然的宿命就是走向死亡。然而，人的出生并不是为死亡而来的，死亡是结束，而人的出生则是一种开始，人是为了开始而来的。那么，拯救这个只

---

① ハンナ・アレント. 人間の条件. 志水速雄，訳. 東京：筑摩書房，1994：381－382.
② 同①370.

要放弃就会消灭的世界的奇迹，就是人的出生这种事实。因为出生是永续不断地有新的人类的诞生，意味着这个世界总在新的开始之中。① 生命对于死亡最有力的否定即出生，使人从消灭的宿命中获救。作为为了开始而来的人，其言论这种活动是对于人可死性之自然法则的超越。那么显然，人如果放弃了对人作为人的言论活动这种事象的追求，那就只能顺从可死性的自然法则。这种活动，其重要性在于具有尽可能向最大多数人敞开的公的性质。② 那是因为，人通过与言论结合形成了政治社会。因此，阿伦特说："政治领域，是从共同的活动，即'言论与行为的共有'中直接诞生。这样的活动，不仅与万人共通的世界之公的部分具有最密切的关联，而且也是构成这种公的部分的唯一活动力。"③ 也就是说，政治是介入言论之人们的公的行为，人们通过交换意见，尝试着决定、实践与共同体全体相关的事情。所以，"要在共通世界的条件下保证的真实性，与其说是那些构成这个世界的人们所具有的'共通的本性'，倒不如说首先是那些尽管立场不同并由此出现多样（观察世界）透视法的相违，而所有的人却仍然总是与同一对象相关的这种事实"④。活动之公的性质就是在这样的意义上产生的。

然而，这里需要注意的是，如前所述，活动所依赖的复数性的人类条件也存在难以克服的问题，从而让活动退入"柏拉图式的统治"之中。要克服这种把公民排除在公的领域之外的极少数人统治的政治思维，就要深刻认识活动之公的性质的具体表现，那就是其所揭示的公开性与世界性。具体地说，活动的公开性体现在把价值建立在与他者共有的现实中，向所有人展示、敞开自己。关于世界性，那是人"在世界中共住，其本质是世界存在于保持与其共通的人们之间"⑤。这就是人们共有的"一切共通的

---

① ハンナ・アレント. 人間の条件. 志水速雄，訳. 東京：筑摩書房，1994：289，309 - 310.

② 阿伦特的公私二分法实际上受到了不少学者的质疑，如迈克·哥茨根（Michael Gottsegen）、玛丽·奥布赖恩（Mary O'Brien）等。[涂文娟. 公共与私人：泾渭分明还是辩证融合——汉娜·阿伦特的公/私二分法. 哲学动态，2010（4）：60 - 65]

③ 同①319.

④ 同①86.

⑤ 同①78 - 79.

世界"，是阿伦特所强调的具有公共性意义的世界。这也是人们相互连接的场所，是人们通过与公的事情而关联在一起的活动空间。与此相对，在私的领域，只有那种个体的生存与种的延续所必要的东西（比如性爱等）得到了保护和保障①，公开性与世界性全部被剥夺了。不仅如此，阿伦特还指出，在近代社会出现的社会性领域同样也会让公共性走向没落。她说："因为社会的勃兴，与此同时，公的领域与私的领域就衰退了。"②

在《人的条件》一书中，阿伦特分析了我们的生活所拥有的三个不同领域，那就是私的领域、公的领域、社会性领域。人通过其低层次活动力即劳动与工作形成了私的领域，而公的领域则是由更高层次的活动力活动所形成的领域，这种公的领域才是人的生存最重要的追求。需要注意的是，阿伦特在这里所说的"公的"，并非我们一般所误解甚至曲解的以公权力名义运营、被政治垄断的"公"，而是具有敞开性意味的"公共的"（public）。关于社会性领域，那是近代以来随着经济的社会化、大众的社会化而诞生的领域，是既非私亦非公的领域，它的起源与近代的出现是同时的，其政治形态为国民国家。近代社会的公共性危机，就是由这种社会性领域的出现所致。

根据阿伦特的理解，古希腊城邦社会的市民之间所形成的政治性自由的领域就是公的领域的典型表现。在那里市民之间不存在支配与被支配、统治与被统治的关系，每一个市民自己就是自己的统治者。市民之间相互平等，不是通过暴力，而是基于语言的说服运营政治，形成了以市民家庭为单位的私的领域和以城邦政治为舞台的公的领域。然而，与这两种领域性质不同的是社会性领域，它是近代以来以经济自立形式展开的领域。阿伦特在《人的条件》一书中，从哲学的高度对社会性领域展开了分析和批判。

阿伦特从"工作的劳动化"开始展开她对社会性领域的批判。她认为劳动从最低级、最被蔑视的地位上升到最高级、最受尊重的地位，这种变化始于洛克发现劳动是所有财产的源泉，继而亚当·斯密主张劳动是一切

---

① ハンナ・アレント. 人間の条件. 志水速雄，訳. 東京：筑摩書房，1994：70.
② 同①415.

财富之源，最后在马克思的劳动体系中达到顶点，在那里劳动变成了全部生产力的源泉和人性的表现。① 阿伦特认为这种变化始于工业革命以劳动取代了所有手工业，由此产生了许多重要影响。

第一，现代世界的东西都变成了劳动产品，它们并非像工作产品那样被使用，而是成为被消费的对象。具体来说，由于劳动分工的引入和机器的使用，工作的性质发生了根本性改变，因为机器具有比自然循环过程快得多的速度，这种加速过程的重复性和无限性使工作被明显地打上了劳动的印记。这明显地表现在以劳动的方式生产出来的使用物上，这些东西由于太过丰富而变成了消费品。劳动过程的无限性只能靠消费欲求的无限性来保证，而要确保生产的无限性，就只能让生产物迅速地失去它的使用特征而变成消费对象。或者说，只有在使用频率极其之快，以至于使用与消费之间、使用物的相对耐久与消费品的转瞬即逝之间的客观差异几乎消失的情况下，生产的无限性才能得到保证。② 也就是说，"工作的劳动化"使世界上的使用物几乎都变成了劳动产品，即消费品。由此，"工作人"（世界制造者）的理想永续性、安定性和耐久性让位给了"劳动的动物"的理想——"富足"。③

第二，现代"劳动解放"不仅不能带来一个给所有人自由的时代，相反，它第一次强迫全人类都处在必然性之轭下。阿伦特指出，当马克思主张革命的目的不是停留于已经完成的劳动阶级的解放，而是必须最终把所有人都从劳动中解放出来时，他就已经清楚地感觉到了这个危险。因此，即使这个理想（阿伦特在此使用了"乌托邦"这个概念）多么令人向往，它也不能改变生命循环过程本质上不能建立世界的空虚性。生物学生命不绝的循环必须经历劳动和消费这两个阶段，"劳动解放"也许会让人类几乎所有的劳动力都花在消费上，继之而来的则是"闲暇"这个严重的社会问题，即如何为每日消耗提供足够的机会，以维持消费能力的完整。④ 阿伦特认为，激励着马克思的希望是，自由的时间最终将把人从必然中解放

---

① ハンナ・アレント. 人間の条件. 志水速雄，訳. 東京：筑摩書房，1994；157.
② 同①186 - 187.
③ 同①188.
④ 同①192 - 193.

出来，并让"劳动的动物"富有创造性。这源于一种假设，即劳动力是守恒的，劳动力如果在生命的劳苦上没有被耗尽，就会自动地产生其他"更高级的"活动力。在马克思那里，指引着这个希望的榜样便是伯里克利时代的雅典，而且马克思相信，通过人类劳动生产力的显著增长，城邦理想不需要奴隶来维持就可以变为现实。然而，阿伦特认为，"劳动的动物"的闲暇时间不会使用在消费之外，留给人的闲暇时间越多，人就越贪婪，人的欲望就越精细，以至于消费不再被限定在必要物上，而主要集中在多余的奢侈品上，其结果就是世界客体全部暴露在被消费吞噬的威胁下。①她进一步指出："未来自动化的危险与其说是自然生命令人哀叹的机械化和人工化，不如说是所有人类生产力都被吸收到一个极大地被强化了的生命过程中（尽管是以人工的方式），自动地、无痛苦地重复它周而复始的自然循环。"②

第三，劳动处于自身循环之中，无所谓手段与目的，工作劳动化将这种无限循环引入了工作领域。阿伦特指出，这也就是为什么我们经常能听到一些不满，即现代社会里手段与目的颠倒，人们被自己创造的机器支配，并不是使用机器来满足人的需求，而是被迫适应机器的节奏，这些不满实际上就根源于劳动的现实状态。在劳动中，生产首先是为消费做准备，手段与目的的划分毫无意义，"工作人"发明出来的用于帮助"劳动的动物"的器具，一旦被"劳动的动物"使用，就失去了它们的手段性特征。因为劳动始终是生命过程无法超越的背景，在生命过程之内，质问以手段与目的范畴为预设的问题，如问人活着和消费是为了获得劳动的力气，或者相反，劳动是为了获得消费的手段，都是没有意义的。③

---

① ハンナ・アレント. 人間の条件. 志水速雄，訳. 東京：筑摩書房，1994：194－195. 关于阿伦特对马克思劳动理论的批判，学界大致有两种反驳。第一种是从阿伦特忽视社会经济问题的角度做出的反驳。陈伟则从阿伦特对政治议题的独特理解角度进行了回应。[陈伟. 汉娜・阿伦特的"政治"概念剖析. 南京社会科学，2005（9）：40－50] 第二种是从阿伦特对马克思"劳动"概念的误解角度做出的反驳。白刚认为马克思的著作清楚地表明，阿伦特所说的"劳动"在马克思那里应归为"异化劳动"，它是社会生产组织的一种特殊历史形式，正是马克思要超越的。[白刚. 劳动、革命与自由——马克思与阿伦特政治哲学比较. 马克思主义与现实，2011（5）：70－74]

② ハンナ・アレント. 人間の条件. 志水速雄，訳. 東京：筑摩書房，1994：193.

③ 同②234－235.

第四，如果考虑一下这种根据人的行为来清晰地区别手段与目的的能力的丧失，那么我们便可以说，为了获得特定的最终生产物而自由地使用器具的状态，已经被劳动的身体和器具的有节奏统一所代替。劳动为了取得最佳效果，需要劳动者按节奏进行劳动，即需要所有个人运动的有节奏配合。在这种运动中，器具失去了它们的手段性特征，人和器具之间的区别、器具和目的之间的差异变得模糊了。支配着"劳动过程"和"以劳动的方式进行的工作过程"的，既不是人有目的性的努力，也不是人想要的生产物，而是这个过程自身的运动，以及强加在劳动者身上的节奏。劳动器具也被卷入这个节奏中，直至身体和器具都在同样的重复运动中循环。也就是说，不再是身体的运动决定器具的运动，而是器具的运动反过来支配身体的运动。关键在于，没有什么东西比"劳动过程"的节奏能更自然地加以机械化。或者说，"劳动过程"与同样自动循环的生命过程、生命与自然的新陈代谢过程的节奏相对应。①

当然，近代以来工作的劳动化并不直接意味着社会性领域的兴起，因为工作和劳动都是私的领域的活动，社会性领域的兴起意味着工作和劳动同时从私的领域扩展到社会性领域。但是，我们在谈论近代社会性领域兴起的现实状况时，就会发现社会性领域的兴起与工作的劳动化是同时发生的。对于社会性领域兴起的深层原因，阿伦特认为是"使用物"向"交换物"的转换，或使用价值向交换价值的转换。就"工作人"制造使用物而言，他是在独立状态中生产，同时也是为了私人的使用而生产。当使用物变成交换市场上的商品时，它们就从私人的使用中脱离，出现在公的领域。当"工作人"从独立中走出来，他就以商人身份出现并进入商品交换的市场。这个市场在产业阶级兴起以前就存在，而产业阶级崛起之后，"工作人"便只为市场而生产，也就是只生产交换对象而不生产使用物。②换言之，当"工作人"只生产交换对象而不生产使用物时，他们就变为劳动者，工作的劳动化也就发生了。在这一意义上，阿伦特指出马克思就是从使用价值向交换价值的转化中看到了资本主义的原罪。

---

① ハンナ・アレント. 人間の条件. 志水速雄, 訳. 東京：筑摩書房, 1994：235 - 236.
② 同①258 - 259.

　　阿伦特认为，在交换市场上不存在绝对价值，一切事物之内在价值的丧失都始于它们向商品的转化，因为从那一瞬间起，它们就只在与其他事物的关联中存在，而不再具有独立于绝不变化的供求关系的客观价值。就其整个活动力都是由标尺、尺度、规则、标准的经常使用决定的而言，"工作人"不能忍耐"绝对性"的标准、尺度的丧失。这也表明了交换市场的相对性与从"工作人"世界和制作经验中产生的手段性有密切的联系，实际上，前者就是直接从后者发展而来的。① 也就是说，工匠世界或"工作人"世界陷入手段与目的的无穷链条之中，导致使用物缺乏内在价值；进入劳动社会或商业社会之后，这种内在价值的缺乏就一贯地变为交换市场上商品交换价值的相对性。由此可知，阿伦特对社会性领域的兴起的批判具有强烈的人文关怀，相对于社会性领域兴起前后使用物世界一贯的内在价值缺乏，她真正关注的是社会性领域的兴起对体现人的意义的活动的威胁。

　　社会性领域的兴起对人产生了极大的影响，在社会中，到处都是相同的利益和全体一致的意见在以纯粹数量的方式起作用。原有的"君主统治"在社会中转化为一种"无人统治"。当然，"无人统治"并不意味着无统治，它甚至可能演化为最专制的统治形式之一，其显著表现为顺从主义。近代以前，活动的可能性只是被从家庭领域中排除了，社会性领域的兴起则在所有方面都排除了活动的可能性，取而代之的则是，社会期待从它各个成员那里得到某种行动，社会通过施加无数多样的规则，使它的成员都"规范化"。随着大众社会的出现，社会性领域在经过数个世纪的发展后，最终达到了能以同等程度包围和统治特定共同体内的所有成员。②

　　以上分析与批判，是为了进一步分析近代以来社会性领域的诞生与公共性土壤的丧失之间所存在的内在关系，以及公共性衰落是如何造成的问题。如前所述，阿伦特将公共性定义为一种具有尽可能地向最大多数人公示而显现的性质。然而，近代以来，在社会性领域中出现了极权主义以及后来走向大众消费社会的病理现象，使公共性的空间逐渐走向没落。

① ハンナ・アレント. 人間の条件. 志水速雄，訳. 東京：筑摩書房，1994：261-262.
② 同①64.

　　具体地说，近代以来的社会出现了一种普遍倾向，那就是本来被封闭在家庭、家族这种私的领域的经济性诸问题，成为共同体所有成员关心的事情。其结果是，本来允许复数性并以此为基础的言论与活动空间之公的领域，被劳动这种生命的必然性所制约，被以划一性行动样式为基轴的社会性领域所侵蚀。在此，劳动被赋予了至上的价值，使工作劳动化[1]，从而让通过活动而被创造的人们共通的世界逐渐衰弱。也就是说，在社会中，私的领域与公的领域之间的区别本来是同家庭领域与政治领域相对应而存在的，两者至少在古代城邦国家兴起以来，是作为各自独立的实体而存在的；近代大众社会所出现的均质性、划一性的特征却让人们被动地满足于消费生活，从而使人们自发地守卫自己之私的领域的欲望逐渐减落，进而使其对于公的领域的自发性政治活动的参与意愿也日益丧失。复数的人放弃了自己在拥有无限差异的多数者形成的世界中的存在，整个社会被组织得像一个人的存在那样，大众只是为了追求经济、消费、娱乐而存在。在这里，等同于共通性的公共性的真实感在人们的意识中逐渐变得稀薄。由于人们放弃了对于世界的能动作用，所以世界成了与人毫无关系的存在，从而使人丧失了公共性。

　　与人之公共性丧失相伴随的是人的实在性的丧失。阿伦特认为，在世界共通的条件下，保证实在性的不是构成世界的所有人的共通本性，而是如下事实：每个人虽然都有自己的不同立场和视角，但却总是关注同一对象。然而，从消费社会的观点来看，检验实在性的标准不在于他人的公开在场，而在于需求的紧迫性，但除了对此具有需求的人之外，没有其他人能够证明它们是否存在。在现代世界，公众称赞正每日以越来越大的数量被消费，以至于货币这个所有存在事物中最空虚的东西反而显得更带有客观性和现实性。与这种客观性完全不同，公共性领域的实在性只有在无数视角同时存在的场合才能被确证，在其中，共通世界自然地得以呈现，对此是无法预先设计的。被他人看到或听到的意义在于每个不同的人都是从不同的角度来看的或听的，这就是公共生活的意义。只有事物被众人从不

---

　　① ハンナ・アレント. 人間の条件. 志水速雄，訳. 東京：筑摩書房，1994：193.

同的角度观看而不改变事物的同一性，世界的实在性才能真实可靠地出现。①

　　社会之所以能产生这种影响，源于一个事实，那就是现代消费社会的出现伴随着前述的工作的劳动化，或者说，现代消费社会的本质是劳动社会，这就导致了人的高度一致化。因为"虽然工作不能建立一个自主的，在其中人之为人显示自己的公共领域（因为与他人隔绝是工作的必要前提），但它在许多方面都仍然与这个显现空间有联系；至少它始终关联着它所创造的一个真实可见的事物世界。因此，工作的生活也许是一种非政治的生活方式，但绝不是反政治的。但劳动的状况恰恰是反政治的，在劳动生活中，人既不是与世界在一起，也不是与他人在一起，而是单独地携带他的身体，独自面对生存赤裸裸的必然性"②。或者说，"从人身体与自然的新陈代谢活动中产生的社交乐趣（社会性），不是以平等为基础的，而是以同一性为基础的"③。在一个建立在劳动和消费之上的社会中表现出来的同一性，与劳动者共同劳动的肉体性经验有密切的联系。在共同劳动中，劳动集体被劳动的生物性节奏所统合，让其中的每个人都感到自己不再是个体，而是跟所有其他人相连的一分子。这种状况在根本上是反政治的。④ 如前所述，柏拉图等古典政治哲学家试图用统治或支配来取消人的复数性造成的危险，即将"活动制作化"（活动工作化），张汝伦、王寅丽、乐小军等学者从这一角度进行了细致的分析。⑤ 然而，实际上对活动之复数性的威胁，更大程度上来自劳动社会导致的同一性，或者说，柏拉图只是将工作导入公的领域，而更加危险的是劳动社会将生命过程（劳动）导入公的领域。在阿伦特看来，（古代）私的领域的一个特征就是，人在这个领域里不是作为真正的人而存在，而仅仅是作为人类物种的一个

---

① ハンナ・アレント. 人間の条件. 志水速雄，訳. 東京：筑摩書房，1994：85‑86.

② 同①339‑340.

③ 同①341.

④ 同①341‑342.

⑤ 张汝伦. 哲学、政治与判断. 复旦学报（社会科学版），2003（6）：38‑44＋58；王寅丽. "沉思生活"与"积极生活"——阿伦特对传统政治哲学的批判. 华东师范大学学报（哲学社会科学版），2006（4）：57‑62；乐小军. 政治、意见与真理——以汉娜·阿伦特的柏拉图解释为中心的考察. 哲学分析，2019（6）：119‑129.

样本而存在。社会的出现虽然改变了对这个领域的整体评价，但几乎没有改变它的本性。各种类型社会所看到的只是一块岩板的性格（一成不变），它只允许一种利益和一种意见的顺从主义，都根源于人之"类"的这种一者性。①

值得注意的是，社会性领域的兴起除了对公的领域和人的活动造成了巨大影响之外，还破坏了私的领域。阿伦特认为，大众社会不仅剥夺了人在世界中的位置，而且剥夺了人的私人家庭，使人失去了曾感到能以此来防止世界侵扰的避风港。② 她对此一针见血地指出："我们说在现代以前，私有财产被看成进入公共领域的不证自明的前提条件，这种说法并不精确，事实上它的意义远不止于此。私生活就如同公共领域的另一面，黑暗和隐藏的一面。既然成为政治的意味着获得了人存在的最高可能性，那么一个人没有自己的私人处所（像奴隶一样）就意味着他不再是人。"③

总之，阿伦特所揭示的近代以来社会的特征就是，社会性领域不断扩张，即经济社会无限扩大，侵入了私的领域与公的领域。这种扩张通过大众社会化的现象表现出来。这种大众社会化的发展，一方面是经济活动进入家庭的私的空间，另一方面也让政治活动受到经济活动的制约，就是经济伦理在政治领域的横行，最终使社会走向均质化、划一化。由于大众消费社会的诞生与政治大众化的出现，政治领域丧失了诞生公共性的土壤。公的领域形同虚设，人们对公共性的追求当然也就无从谈起。

此外，关于社会性领域中消费文化的娱乐化现象，以及娱乐的消费性、无文化性本质等，阿伦特也做了深入分析。

阿伦特认为，伴随着社会性领域的扩张、经济社会的形成，大众社会消费文化很自然地就开始流行。需要注意的是，在阿伦特看来，社会与大众社会存在着本质的不同，这种不同主要体现为文化与娱乐之间的本质差异。具体地说，社会植根于文化，在社会中文化性的事物是社会

---

① ハンナ・アレント. 人間の条件. 志水速雄，訳. 東京：筑摩書房，1994：70.
② 同①88.
③ 同①93.

性商品。大众社会所体现的特征是，为了社会自身的利己性目的，滥用了文化却没有进行具有文化意义的消费。也就是说，大众社会需要的不是文化而是娱乐，娱乐产业所提供的产品与其他消费材料一样，被整个社会消费。

众所周知，对于人来说，娱乐产品并不具有食品那样的必要性，然而，在大众社会中，娱乐却在人们的社会生活过程中被广泛追捧。当然，娱乐也是人们生活的一部分，也是人们需要的，但问题是，在现代大众社会中，娱乐只是作为填补空虚的时光（而不是闲暇）而被消费。那么，这就与浪费的性质一样，虽然其对消磨时间是有用的，但在这样空虚的时间中度过的时光，严格地说并不是真正意义上的闲暇。闲暇是人从生命不可或缺的物质需求中解放出来的生存状态，人在闲暇中获得世界的同时，也获得了具有文化意蕴的自由时间，如古代城邦市民们的闲暇。与此不同，娱乐从其本质而言，消费的是空虚的时间，那只是生物学意义上的时间，是劳动与睡眠的残留时间。并且，一旦出现消费至上的追求，娱乐往往就会吞噬人的生活所必需的时间，人在那些被娱乐消费充满的空虚时间里，充其量只是被附上生物学意义条件即不断为了满足动物欲望的劳动与消费的循环，其时间已经不具有本质性意义的闲暇性质。① 所以，阿伦特对此指出："'劳动的动物'所获得的闲暇时间，不再使用在消费之外，越有时间其食欲就越贪婪，变成了一种渴望。"②

然而，在近代以来的大众社会中被娱乐所充满的时间却日益增多，这种增多并不会给这种时间的本质带来任何变化。娱乐与劳动、睡眠一样，只是生物学意义上的生命过程的一部分。所谓生物学意义上的生命，指的是无论劳动、休息时间还是消费、消遣时间，都总是出现对于"物"的贪婪，并以此作为生命能量而活着的一种物质代谢的生命。特别是，娱乐产业所提供的商品也只是"物"，这些商品不具有抵抗动物性生命过程的能力故而不能通过这种能力使其人文价值得到判断，所以不能成为永恒地属于世界的文化对象。因此，娱乐产业生产的商品，既不是用这种能否抵抗

---

① ハンナ・アレント. 人間の条件. 志水速雄，訳. 東京：筑摩書房，1994：193.
② 同①195.

生命过程的标准来判断，也不具备因被使用、被交换而存在的文化价值，它只是一种时间的消耗品，与其他一切消耗品一样，注定会由于被使用而逐渐被消耗殆尽。

文化的尺度在于其耐久性，那是与功能性相反的东西。所谓功能性，是通过使用、功用，使对象从现象世界中再次消灭的性质。娱乐恰恰具有这种功能性的特质。比如，娱乐为了克服消耗，就必须不断地生产新的产品来补充消耗。因此，生产娱乐产品的人们，为了寻求适当的素材，就往往把过去文化中有价值的素材进行商品化转换。也就是说，他们把找到的素材，为了娱乐的需要进行变形处理，对其进行简单的、便捷的加工改造。比如，《西游记》这部经典在近几年被改编成各种不同版本的娱乐性影片，就属于这样的情况。在对经典的复制过程或者将之银幕化的过程中，对其进行改编、缩写，原来作为文化所具有的经典性、高贵性内容被转换成庸俗的娱乐产品，这种产品作为文化对象，其本性不可避免地受到了低俗趣味的影响。那么，不言而喻，这不是在大众中推广文化，而是为了娱乐产业的需要破坏了文化。虽然这也可能被当作一种娱乐文化，但其必然带来文化的腐败。在过去和现在，具有世界性影响的对象、事物，在社会的生成过程中仅被作为一种功能而被追求时，就会必然出现文化危机。① 近代以来大众社会所面临的文化危机，就源于这种社会性领域中大众所消费的娱乐文化，逐渐把本来具有耐久性的文化对象商品化、功能化，从而破坏了文化。当人们在娱乐化消费中醉生梦死时，布利津斯基（Zbigniew Brzezinski，又译成"布热津斯基"）所谓的"奶头乐计划"应运而生，娱乐消费就成为人的精神鸦片。人们对于通过活动而产生的公共性追求，自然地被这种娱乐至上的消费性追求所淹没。正因为社会性领域存在这种公共性危机，阿伦特在六十多年前就一针见血地指出："社会被增大的繁殖力之丰富性所迷惑，被没有终点的过程之圆滑的作用所捕获。这样的社会已经不能承认其自身的空虚性。"②

综上所述，阿伦特把活动置放在人的活动力的顶端，因为活动具有公

① ハンナ・アレント. 人間の条件. 志水速雄，訳. 東京：筑摩書房，1994：197.
② 同①198.

的性质，人们通过言论与活动开辟公的领域，让公共性在政治的公共空间中尽可能最大限度地被人所见、所闻，在公示中得以显现。然而，近代社会随着社会性领域的扩张，不仅经济活动渗透到私的领域，而且政治世界也被经济活动所裹挟，政治领域受制于经济活动，随着经济所推动的大众消费社会的形成，人们守护私的领域的欲望也被消费的均质性所左右，而对于公的领域的政治参与意愿也逐渐衰落，那么言论与活动所开创的公的领域也就逐渐走向形骸化。这就是社会性领域的形成与大众社会消费文化的盛行所带来的近代社会的公共性危机。

三、如何在大众社会中恢复公共性

如前所述，在阿伦特看来，在近代以来的大众消费社会，财产的丰富也好，劳动时间的缩短也罢，都并没有带来公共世界的确立。那些被社会化的人把来自劳动的自由时间使用在娱乐性的消费上，严格地说，这种自由时间，在私的、本质上无世界性的活动力中都浪费了。所以，她指出："'劳动的动物'所获得的闲暇时间，不再使用在消费之外，越有时间其食欲就越贪婪，变成了一种渴望。并且，此食欲越来越成为凝固的东西，其消费已经不限于必要之物，不如说主要集中在生命不需要的东西上，这件事情并非改变社会性格，相反地其意味着（其中）包含了最终让世界上的东西，由于所有的消费与通过消费而走向灭绝的重大危机。"①

那么，如何克服大众社会所包含的这种危机？根据日本学者桂木隆夫的理解，阿伦特认为克服这种危机的前提是，社会中的普通人都能克服其平庸性和无思想性。② 因为大众消费社会出现了社会的均质化与划一化，这造成了人们思考力的丧失，使人们安于平庸的生存之无思想性状态。让人们不能忘记的是，这种平庸性和无思想性曾经造成了第二次世界大战时期德国法西斯主义的抬头，进而由于人之"平庸的恶"所造成的灭绝犹太人计划实施者，即"平庸者"艾希曼（Adolf Eichmann）之对恶的麻木、

---

① ハンナ・アレント. 人間の条件. 志水速雄, 訳. 東京：筑摩書房，1994：195.
② 桂木隆夫. 公共哲学とはなんだろう. 東京：勁草書房，2005：45.

无真实感这样的灾难性结果。在近代发动亚洲侵略战争时期，日本全体国民对于军部极权的顺从也是平庸性和无思想性的产物，甚至甲级战犯东条英机也具有这种性质。① 桂木隆夫认为，阿伦特追求的是充分发挥人的复数性与对话性，在这样的公的领域中形成一种言论的多样化与活泼化，开创一种向所有他者开放的共同体。在这里，人们承担起对他者的应答责任，这也是政治之最根本的条件。

关于政治之最根本的条件在于"对他者的应答责任"，这也是日本学界关于现代政治论的基本立场。"向所有他者开放的共同体"，则被日本学界作为一种崭新共同体的理想形态。对于这样的共同体，森川辉一在《汉娜·阿伦特》一文中进行了如下分析：

> 由于人的各种各样新的诞生而拥有了与他者缔结崭新关系性的自由。但正是这个原因，人对他者的存在被赋予自发应答的责任。接受这种责任的人相互之间连带的时候，既存的共同体的统合原理被解体，私的属性（如民族性那样）之不同的人之间可以实现公的共同体，新的故乡被创立。②

确实如桂木隆夫所说，这个论断可以从"他者""共存""共同体"的角度来认识。那就是以人的复数性与对话性为根据的他者，可以通过应答、对话而形成一个开放的共同体。这个共同体也许不向敌人开放，但必然是向其他对话的他者们敞开的世界。这里的他者并不作为一种有用性而

---

① 据中国日报网 2018 年 8 月 14 日报道，记载着日本前首相东条英机在太平洋战争开战前向昭和天皇汇报过程的重要文献曝光，那是一份手写笔记，出自记录东条发言的内务次官汤泽三千男之手，汤泽三千男 1963 年过世后，这份笔记就一直由他的遗属保管至今。这份手写笔记中清楚地记载着，东条英机在准备向英、美两国开战前，向昭和天皇详细报告了开战的步骤与顺序，态度镇定，东条英机甚至在这个过程中说："您可以完全放心，以这种状态而言，我们可以说是已经获得胜利。"而根据日本共同社的报道，《昭和天皇实录》中记载了 1941 年太平洋战争开战前夕的 12 月 7 日，昭和天皇曾听取了东条英机汇报开战细节一事。此次是详细内容首度曝光。在笔记中，汤泽三千男描述东条英机"显得如释重负"，"带着微醺"并说"应该也可以得到陛下的表扬"等，此笔记所记载的东条英机对于天皇所表现的"如释重负""可以得到陛下的表扬"等奴颜婢膝之感，可以部分地体现日本国民道德中对天皇绝对服从的均质化与划一化。

② 富沢克，古賀敬太. 20 世紀の政治思想家たち. 京都：ミネルヴァ書房，2002：139-140.

存在，有用性认识必然陷入对手段的追求。他者是自己向世界显示过程中的应对者、见证者，是公共领域中之平等的、复数性的存在。只有这样的他者，才能防止大众社会均质化、划一化的极权主义的出现。①

　　然而，笔者认为仅仅这样理解显然不够，因为这样理解容易混淆差异性与他者性。在应答与对话过程中，人的他者性必定伴随人的差异性而展开。阿伦特明确指出，"人的差异性不是与他者性同样的存在"②。他者性是一切存在所具有的他性之奇妙的性质。最抽象的他者性，只能在无数非有机物之间看到。与此相对，有机生命中同种的个体之间都呈现着多样性与差异性。然而，能表明差异并能区分他者与自己的只有人。人拥有他者性，这一点是与一切其他有生命的存在共通的，而具有差异性意识则非一切有生命的存在所共通的东西。具有他者性与差异性，是人的唯一性。因此，所谓人的复数性，是作为唯一存在的一种悖论性的多数性。人只有通过言论与活动，才能使这种独特的差异性得以显明。因此，"言论与活动，不是把人作为物理性对象，而是作为人相互显现的样式。这种显现，与只是肉体的存在不同，与人通过言论与活动所显示的创造相关"③。

　　除此之外，人在公共空间中的有用性问题也是阿伦特在阐述活动力时一直强调和提醒读者注意的问题。在判断公共空间中的他者是否有用时，很容易忽略人的差异性，带有不可避免地把人的存在工具化的危险。因此，齐藤纯一指出，人的"'显现空间'，是把他者看成一种'开始'的空间，与一切的条件无关，是把他者作为自由的存在来对待的空间"④，"'显现空间'经常被比喻成'Agon'的空间"⑤。众所周知，Agon是古希腊雅典城邦举行戏剧等竞演比赛的空间。也就是说，在"显现空间"中一切他者的显现都具有不可预见性，从而给予了他者显现的自由。正因为如此，阿伦特把"公共的空间"定义为"人们可以用真实且不可交换的方

---

①　桂木隆夫. 公共哲学とはなんだろう. 東京：勁草書房，2005：46-47.

②　ハンナ・アレント. 人間の条件. 志水速雄，訳. 東京：筑摩書房，1994：286.

③　同②287.

④　齐藤纯一. 公共性. 東京：岩波書店，2000：43.

⑤　同④44.

式来显示自己是谁的唯一场所"①。在这里，"人们在行为、言说过程中，显示自己是谁，能动地展现出自己与他人不能相比的自我同一性，从而在人的世界中得以显现"②。

不过，有学者认为，对于这种把他者作为其自身来承认的他者，通过与这样的他者对话而确立的共同体，究竟应该如何建构，阿伦特并没有给出明确答案。比如，桂木隆夫就是持这种观点的学者之一。甚至有学者认为，阿伦特所描述的近代空间，即公共的空间，是一种绝望性的、不可实现的领域。③ 然而，这种理解能否成立，笔者仍然存有疑问。

首先，阿伦特反复提醒我们，人是具有独特性（差异性与他者性）的存在，正是这种独特性让人拥有了复数性存在的可能。她说：

> 每一个人都是唯一的存在，为此，每一个人的诞生都是为了把某种新的独特性带进这个世界。从这种唯一的存在之人的一个一个而言，确实可以说，此前是谁（这个问题）是不存在的。如果……把出生作为人的条件的现实化，言论则与差异化的事实相对应，同等者之间的差异作为唯一的存在而活着，是复数性之人的条件的现实化。④

人作为人的条件的现实化，需要通过言论来获得差异性，从而使人的复数性存在得以确立。然而，这种差异性却通过大众社会被消费了，消失在人的均质性、划一性的世俗化、社会化的现实中。那么，克服这种人的平庸性的、无思想性的存在，就只有通过人们对于人的差异性与他者性之独特性的觉醒。在此，人们追求在公共空间中通过言论与活动让自己的差异性与他者性得以显现就成为一种必然的选择。而前述阿伦特对于人的活动力的三种形态的区分以及对于活动之意义的揭示，是否已经包含了通过与"他者对话而得以确立的共同体"的路径指向，这是不明确的。

其次，阿伦特对近代以来所形成的大众消费社会的批判，以及对近代社会随着经济发展所造成的异化过程的揭示等，都是指向由于社会性领域

---

① ハンナ・アレント. 人間の条件. 志水速雄，訳. 東京：筑摩書房，1994：65.
② 同①291.
③ 藤原保信. 20 世紀の政治理論. 東京：岩波書店，1991：301.
④ 同①289－290.

的扩张而使人走向孤独所做的批判性揭示。需要注意的是，她在这种指涉之后，显然已经开出了一剂治疗药方，那就是她对于人的"思考"的信念。从某种意义上说，阿伦特最终要揭示的似乎是，人的思考可能是将人从平庸性与无思想性中拯救出来的唯一出路。她说：

> 无论未来带来什么，一定是从收缩开始，以无限增大的财富的蓄积作为特征的世界异化过程，如果今后也允许顺从固有的法则，将会比现在更加激烈地进展。那是因为人们无法像成为国民那样成为世界市民，生活在社会中的人像生活在家族中的人对财产的所有那样进行集团性的所有。由于社会的勃兴，公的领域和私的领域同时都衰退了。公的共通的世界消灭了，这成了形成孤独大众人的决定性要素，对近代意识形态性的大众运动的无世界性之精神状态的形成，发挥了危险的作用。公的共通的世界消灭的结果，比现在更为明确的事情，那就是失去了在世界中的私的所有的配额。①

社会性领域的扩张、经济对于一切领域的渗透与破坏，最终造成了人"失去了在世界中的私的所有的配额"的孤独黑暗的存在。那么，要拯救这种存在，只有"通过他人的存在之公的领域之光的照耀"② 才有可能。因此，她最终把可能性放在了人的"思考"能力上。在《人的条件》一书的最后，她宣言式地阐述了自己的希望：

> 这个思考，也是人们在政治性自由中活着，并且是可能的，不可怀疑地现存着。……作为活着的经验的思考，迄今为止一直认为只是被少数人所知晓的经验。但是，这大概是错误的。……如果只有活动性的经验，只有纯粹活动力的尺度，被活动性生活内部各种各样的活动力所使用，思考当然比那些活动力来得卓越。③

关于思考比其他活动力来得卓越，与上述人作为独特性存在的"差异性与他者性"问题相关。这两者是一切有机生命共有的，然而人作为其中

---

① ハンナ・アレント. 人間の条件. 志水速雄，訳. 東京：筑摩書房，1994：414 - 415.
② 同①372.
③ 同①503 - 504.

独特的存在，就源于人的思考，正是通过思考，人可以认识到自己的差异性存在。在这里需要注意的是，她指出思考并非一般所理解的"被少数人所知晓的经验"，那也就意味着这是一切人所共有的经验。那么，只要唤醒人们对于思考的觉醒，她所揭示的言论与活动的世界就会自然产生，在社会性领域中被大众消费所淹没的人的公共性空间就可以显现。她说："言论与活动，那是参加其中的人们之间创造的空间，几乎所有的时间、所有的场所都可以找到与此相适合的场所……这个空间，从最广泛的意义上说是显现的空间，即那是我在他人眼中显现、他人在我眼中显现的空间。人们不是仅仅像其他生物、无机物那样存在，而是鲜明地展示其外形的空间。"① 正如柏拉图在《理想国》中所指出的那样，人都是理性的存在，然而有的人拥有理性能力，也就是说理性之眼是睁开的，而有的人的理性之眼却是盲目的。这是理性之眼是否朝向本真世界所带来的结果。② 人的思考能力，正是理性之眼睁开的关键。在大众消费社会中被消费缓和、被娱乐消耗时间，从而被均质性与划一性所异化的人的社会存在，当自己的言论与活动相结合从而形成一种政治的、公共的领域时，人的平庸性与无思想性就自然可以被克服。这些问题，正是川崎修在《阿伦特：公共性的复权》一书中所揭示的阿伦特"评议会制度构想"的基础。③

综上所述，阿伦特对人的活动力进行了分类，并在此分类基础上揭示了人在活动中是如何获得自由的，这就是她所探讨的公共性视角。这种自由让人从肉体生存的自我循环之无世界性的劳动中，以及工作的手段与目的颠倒的无限循环的封闭性世界中得以解放，从而使她对于人的存在问题的把握饱含深刻的哲学意蕴。其中，阿伦特分析了活动中通过言论所开辟的公共世界即政治世界的重要性。不过，她的这些认识明确有别于自由主义者的政治立场。自由主义者认为，政治少了自由就多了，自由与政治是对立的关系。阿伦特则认为，正是在政治中人可以确认自由与活着的意蕴。自由只是纯粹的政治概念，不能限定于其内在的意蕴。自由与政治是一体的，自由才是政治存在的理由。在政治展望无法敞开的地方，也不存

---

① ハンナ・アレント. 人間の条件. 志水速雄，訳. 東京：筑摩書房，1994：320.
② 柏拉图. 理想国：508d.
③ 川崎修. アレント：公共性の復権. 東京：講談社，1998：315.

在人们参与政治活动的诱因，自由也就不存在了。虽然现代大众社会的产生，社会性领域的扩张，以及人的消费至上追求，让人丧失了对于自己的差异性与他者性的自觉感知和把握能力，但是只要唤醒人的思考能力，人的活动所具有的追求自由的精神就能得以恢复，公共性的复权就是人抵制消费社会的均质性与划一性的必经之路。正如柏拉图相信人的"理性之眼"那样，阿伦特相信思考的卓越性。就这样，人只要在通过言论与活动相结合而形成的政治世界的公共空间中，公共性所拥有的被人所见、所闻，尽可能最大限度地被公示的性质就能得以充分展现。

通过上述对公共性问题的考察，我们不难发现，关于公共性问题的思考，无论哈贝马斯所揭示的对话与协商的市民公共性，还是阿伦特所分析的人应该如何超越其敞开与封闭的存在，在言论与活动相结合的政治世界追求最大限度地得以公示的公共性，都指向同样的问题，那就是如何把握公与私的关联，在公与私的关系中，人究竟应该如何获得公共性，如何打开公共领域，如何构建向最大多数人敞开的公共世界，这也就是当今学界的公共哲学研究一致以公共性为基本探索对象的根源之所在。

在哈贝马斯和阿伦特各自所揭示的对话与协商、敞开与封闭这两对关系中我们认识到，公共性首先需要建立在对话性合理性或者活动的言论性基础上，只有这样，私的存在对于来自公的支配才可以始终保持具有批判性、对抗性的独立性地位。所谓的公共性，始终都应该是对于一切来自个体之私的暴走与极权之公的压制行使彻底的批判的理性功能。然而，需要注意的是，人们不能混淆自由民主社会的批判性合理性与协商性合理性，两者表面上似乎一致，但本质却有所不同。协商性合理性往往会为了达成某种所谓的共识，选择建立在表面看来似乎是公共利益最大化的妥协之上，在这里私的存在往往被公的存在所吸收，在表象的公共世界中成为公的附和性的、妥协性的存在。本来私在对话过程中可以向公共世界敞开，然而协商却相反，向公共世界敞开的私又向私的领域还原，朝着封闭的世界运动。那么，不得不说在协商性合理性的追求中所开创的公共性，只是私性或者公性在现代大众社会的一种变形，容易成为披着公共性外衣却没有公共性实质的所谓的公共性。

与此对应，关于在现代大众社会中如何让公共性真正实现向最大多数人敞开，首先必须认识到，在劳动或者工作的状态中，人总是被私所封闭，或者被社会分工所异化，人的活动力沦为私的自然或者非自然生命循环的过程。要扭转或改变大众社会中出现的消费均质化、划一化倾向，需要唤醒人们被平庸性与无思想性所剥夺的思考能力，让人们在言论（对话）与活动中，即在阿伦特所理解的政治世界中，获得真正具有活动的意义。此时的私才能向着世界性最大限度地敞开，让公共性从个人、集团或者组织乃至物质性的异化世界中解放出来，最大限度地向所有人开放，让所有人的存在获得真正的自由。

如果公共性的存在首先关乎如何处理公私问题，那么要进一步探讨公共哲学中的公共性问题，对公与私的历史考察就显然成为不可或缺的研究。针对这个问题，接下来笔者将对公私问题在中国学界与日本学界究竟是如何成为公共哲学研究的一部分的，其主要视角是什么，其中所形成的成果怎样等问题，展开梳理与考察。

第三章 中国思想史上的"公""私""公共"问题

如果说公共哲学是探讨公共性问题的学问，而公共性的产生与存续又都指向了如何把握"公"与"私"的关联的问题，那么就有必要首先着重考察"公""私"概念的内涵以及两者之间的关系。事实上，中国学界与日本学界在考察公共哲学问题时就是将公私问题作为重点来探讨的。本章将围绕中国思想史上的"公""私""公共"这三个概念展开阐述，而下一章将对日本学界的公私问题研究进行梳理。本章旨在通过对中国思想史上"公""私""公共"这三个概念之内涵的梳理，明确公私问题在中国的产生、发展、演变及其特点，并在此基础上把握中国思想史上所思考的公共性问题。

第一节 中国思想史上的"公""私"概念

在中国思想史上，"公""私"概念的内涵并不是固定的，它们从先秦到近代发生了很大的变化，故而很难简单地对它们做出绝对的定义。所以，从思想史角度研究"公""私"概念之内涵的演变就成为学界考察"公""私"概念的重要途径。目前学界从概念史或思想史角度研究"公""私"概念的著作中较有代表性的文献主要有，郑静等翻译的日本学者沟口雄三的《中国的公与私·公私》①、张立文的《中国哲学范畴发展史

---

① 沟口雄三. 中国的公与私·公私. 郑静，译. 孙歌，校. 北京：生活·读书·新知三联书店，2011.

（人道篇）》① 中的"公私论"、黄克武与张哲嘉主编的《公与私：近代中国个体与群体之重建》②、刘泽华与张荣明等的《公私观念与中国社会》③以及陈乔见的《公私辨：历史衍化与现代诠释》④ 等。此外，还有一部分论述涉及"公""私"概念之内涵在某些时期的变化，如黄俊杰的《东亚近世儒者对"公""私"领域分际的思考：从孟子与桃应的对话出发》⑤等。虽然这些论述各有不同的侧重，但是在论述中国思想史上的"公""私"概念时，基本都涉及了某些核心问题，本节将对关于这些核心问题的研究进行简单的梳理。

一、"公""私"概念的原义

在考察"公""私"这两个概念时，大部分学者都从厘清"公""私"概念的原义入手。许慎编著的中国早期字典《说文解字》则成为研究"公""私"概念原义的重要文献。沟口雄三在《公私概念在中国的展开》一文中将"公"的原义分为两组，其中一组就以《说文解字》为依据，认为"公"是《韩非子》中所谓的"背厶"，即作为"私，自环"的反义——"公，平分也"。⑥ 此外，黄俊杰的《东亚近世儒者对"公""私"领域分际的思考：从孟子与桃应的对话出发》以及葛荃、张长虹的《"公私观"三境界析论》⑦ 等论述也将《说文解字》的释义作为立论的重要参考。

针对《说文解字》中所论"公""私"二字，学界也存在疑义。《说文解字》中的解释为："公，平分也。从八从厶，八犹背也。韩非曰：'背厶为公。'……厶，奸邪也。韩非曰：'苍颉作字，自营为厶。'"对于韩非

① 张立文. 中国哲学范畴发展史：人道篇. 北京：中国人民大学出版社，1995.

② 黄克武，张哲嘉. 公与私：近代中国个体与群体之重建. 台北："中央研究院"近代史研究所，2000.

③ 刘泽华，张荣明，等. 公私观念与中国社会. 北京：中国人民大学出版社，2003.

④ 陈乔见. 公私辨：历史衍化与现代诠释. 北京：生活·读书·新知三联书店，2013.

⑤ 黄俊杰. 东亚近世儒者对"公""私"领域分际的思考：从孟子与桃应的对话出发//黄俊杰，江宜桦. 公私领域新探：东亚与西方观点之比较. 上海：华东师范大学出版社，2008.

⑥ 沟口雄三. 公私概念在中国的展开//沟口雄三. 中国的公与私·公私. 郑静，译. 孙歌，校. 北京：生活·读书·新知三联书店，2011：5.

⑦ 葛荃，张长虹. "公私观"三境界析论. 天津社会科学，2003（5）：134-139.

"背厶为公"的说法，徐中舒认为公象甕形，古时大家在甕旁取酒共饮，而私为农具，像耒耜之耜形，是农夫用以耕作，作为自己私有的工具，甕与农具不是一类事物，故无相背之理。他指出："厶与私亦当为耜引申之字，耜，私、厶，古同在心母（古韵耜在之部，私厶在脂部，之脂古不通用，或由声近相通）……私从禾，即耜之别体，耜为个人所有，故得引申为公私（或作厶）之私。《韩非子·五蠹》篇云：'古者苍颉之作书也，自环者谓之私，背私谓之公。公私之相背也，乃苍颉固以知之矣。'此说与古代社会情况不合。"① 此外，刘畅的《"自环为厶，背厶为公"辨析》一文在认可徐中舒观点的基础上做了进一步的补充，他认为从文字溯源角度考察，"自环为厶，背厶为公"有着重大缺陷：既云"背厶为公"，则"厶"字先出就是产生"公"字的必然条件，或者至少两者应同时出现，然而事实却是"公"字先出，"厶"字晚出，甲骨文中只有"公"字，"厶"字在各种甲骨文专著中无迹可寻，仅在李亚农的《殷契杂释》中见到 1 例，并且词义及来源不明。既然"厶"字晚出，那么"背厶为公"之说自然就不攻自破。② 此外，需要指出的是，沟口雄三引《说文解字》中的释义作为"公"的一组原义，并不是因为他不知道《说文解字》所谓"公"的说明与实际的甲骨文、金文不相符，而是因为他认为在许慎生活的东汉时期，公平、公义等带有伦理色彩的词的使用已经非常普遍，与其相反带有奸私、私邪等反伦理意义的词也通用于世，这些词全都能在《韩非子》中见到，他认为从战国时期到汉代，"公""私"作为"平分"和"奸邪"这种伦理与反伦理的对立概念被确立下来。③ 由此可以看出，沟口雄三在《公私概念在中国的展开》一文中所谓的"公""私"原义并非指"公""私"在甲骨文世界中的最初含义，而是指早期汉语世界中的"公""私"含义。

那么，如刘畅所考释的，既然《说文解字》中的释义并不能用来解释"公""私"的原义，同时甲骨文、金文又非常零散，那么若想确定"公"

---

① 徐中舒. 耒耜考//徐中舒. 徐中舒历史论文选辑：上册. 北京：中华书局，1998：93.

② 刘畅. "自环为厶，背厶为公"辨析. 内蒙古大学学报（人文社会科学版），2004（2）：66－71.

③ 沟口雄三. 中国的公与私·公私. 郑静，译. 孙歌，校. 北京：生活·读书·新知三联书店，2011：250－252.

"私"的原义，就必须直接考察早期传世文献中对"公""私"二字的使用。其中，在《周易》经部，"公"字出现 5 次，没有出现"私"字；在今文《尚书》中，"公"字出现 72 次，"私"字出现 1 次；在《诗经》中，"公"字出现 90 多次，"私"字出现 8 次。从"公""私"二字在《周易》《尚书》《诗经》中出现的次数来看，"私"字远远少于"公"字，这从侧面提高了"公"字早出现的可信度。学者在分析"公""私"的原义时，基本都依据《尚书》《诗经》中的"公""私"例子，较少引用《周易》。各种论述的研究结论虽对"公""私"在《尚书》《诗经》中的用例有不同的分层，但结论基本相近，下文将具体论述。

《周易》经部所见"公"字有："公用射隼于高墉之上"（《周易·解》），"中行告公用圭"（《周易·益》），"公弋取彼在穴"（《周易·小过》），"公用亨于天子"（《周易·大有》），"九四，鼎折足，覆公𫗧，其形渥，凶"（《周易·鼎》）。除了《周易·鼎》中之"公"外，其他"公"均指称某公，是具体的人。如"公弋取彼在穴"，王弼注："公，臣之极也。"古文《尚书》恐为后作，故学界主要参考今文《尚书》，《尚书·周书》中出现了大量"公"字，都指爵位，如周公、召公等，如"二公曰：我其为王穆卜。周公曰：未可以戚我先王"（《尚书·周书·金腾》）。"私"字仅出现 1 次："民之乱，罔不中听狱之两辞，无或私家于狱之两辞。"（《尚书·周书·吕刑》）孔颖达疏云："汝狱官无有敢收受货赂，成私家于狱之两辞，勿于狱之两家受货致富。"此处"私"字指听狱之人、私人。从《周易》《尚书》中可以看出"公""私"二字的含义都较为明确，基本都指具体的人。

相较于《周易》《尚书》中的"公""私"二字，《诗经》中"公""私"二字的内涵更深，"公"字除了指具体的个人、爵位，如"赳赳武夫，公侯干城"（《诗经·周南·兔罝》），还指与"公"相关的各种物、事。与"公"相关的物有"公廷""公堂""公所""公邑""公甸""公田""公车"，如"硕人俣俣，公廷万舞"（《诗经·邶风·简兮》）。与"公"相关的事指"公事"，如"肃肃宵征，夙夜在公"（《诗经·召南·小星》）。"私"字在《诗经》中共出现 8 次，含义分别释之：（1）指人。《诗经·卫风·硕人》："谭公我私。"《毛传》曰："姊妹之夫曰私。"《诗经·小雅·大东》："私人之子，百僚是试。"《毛传》曰："私人，私家人也。"《诗经·大雅·崧高》："王命傅御，迁其私人。"《毛传》曰："私人，家臣也。"（2）指与公田相对的私田。《诗经·小雅·大田》："雨我公田，遂及我私。"《诗经·周颂·噫嘻》："骏发尔私，终三十里。"《毛传》曰："私，民田也。"（3）指燕服。《诗经·周南·葛覃》："薄污我私，薄浣我衣。"《毛传》曰："私，燕服也。"（4）指私恩。《诗经·小雅·楚茨》："诸父兄弟，备言燕私。"《毛传》曰："燕而尽其私恩。"（5）指私有。《诗经·豳风·七月》："言私其豵，献豜于公。"《毛传》曰："豕，一岁曰豵，三岁曰豜。大兽公之，小兽私之。"可见，《诗经》中的"私"字基本都指人、事物，出现之私恩、私有等含义也并不带有价值意味。

通过考察《周易》《尚书》《诗经》，基本可以确定"公""私"二字在西周时期主要指具体的人、物、事。那么，《韩非子·五蠹》篇中所说的"背私谓之公"，这种"公"与"私"之间如此紧张的观念是什么时候产生的？围绕这个问题，学界仍存在一些争论，下文对此做一论述。

二、价值意味之"公""私"概念的出现

《尚书·周官》中有"以公灭私，民其允怀"一语，孔《传》曰："从政以公平灭私情，则民其信归之。""以公灭私"凸显了"公"与"私"之间紧张的对立关系。王中江在《中国哲学中的"公私之辨"》一文中认为中国哲学对公私关系的处理，占主导性的是以公为本位，并引《尚书·周官》中"以公灭私"之说，认为这是较早地将公私对立起来的说法，认为"以公灭私""大公无私"是中国文化中的基本观念。① 王中江应该是注意到了《周官》属于古文《尚书》，当为后作，故在文中使用"较早"一词。刘畅在《古文〈尚书·周官〉"以公灭私"辨析》一文中指出，王中江等学者对《尚书·周官》"以公灭私"论的引用偏离了文献史的事实，鉴于前人主要从官制角度证伪古文《尚书》，刘畅则从公私观念角度出发，另辟蹊径，重新证伪《尚书·周官》。② 笔者认为，虽不能以《尚书·周官》

① 王中江. 中国哲学中的"公私之辨". 中州学刊，1995（6）：64-69.
② 刘畅. 古文《尚书·周官》"以公灭私"辨析//刘泽华，张荣明，等. 公私观念与中国社会. 北京：中国人民大学出版社，2003.

为据证明西周之际就已存在公私关系的紧张状态，但这仍反映出秦汉之际公私之间的对立关系，不过探寻价值意味之"公""私"概念的出现必须以其他文献为依据。

学界对价值意味之"公""私"概念的出现仍存在不同看法。黄俊杰①、刘畅②等认为，"公""私"二字的含义发生转变，即从具体义走向包含价值褒贬的抽象义，始于战国时期，《荀子》《韩非子》在这种转变中占据重要位置。张立文③、陈乔见④等则认为，《左传》《国语》中就有公私关系的明确价值指向，出现了"无私"即"忠"的观念。事实上，在《左传》《国语》中确实出现了"以私害公，非忠也"（《左传·文公六年》）、"无私"这样的用语。那么，为什么黄俊杰等学者仍然认为此类用语并非价值意味的公私观念？从《左传》《国语》文本来看，"以私害公，非忠也"一语的背景是："贾季奔狄。宣子使臾骈送其帑。夷之蒐，贾季戮臾骈，臾骈之人欲尽杀贾氏以报焉。臾骈曰：'不可。'吾闻《前志》有之曰：'"敌惠敌怨，不在后嗣"，忠之道也。夫子礼于贾季，我以其宠报私怨，无乃不可乎？介人之宠，非勇也。损怨益仇，非知也。以私害公，非忠也。释此三者，何以事夫子？'"（同上）根据此文本，"私"指私怨，即憎恶贾季欲戮臾骈一事，"害公"指欲杀贾氏一事。由此可见，"以私害公，非忠也"在《左传》中是与具体的事情联系在一起的。此外，《左传》《国语》中多处出现"无私"，如《左传·成公九年》："晋侯观于军府，见钟仪，问之曰：'南冠而絷者，谁也？'有司对曰：'郑人所献楚囚也。'使税之，召而吊之……文子曰：'楚囚，君子也。言称先职，不背本也。乐操土风，不忘旧也。称大子，抑无私也。名其二卿，尊君也。不背本，仁也。不忘旧，信也。无私，忠也。尊君，敏也。'"此处的"无私"指楚

① 黄俊杰. 东亚近世儒者对"公""私"领域分际的思考：从孟子与桃应的对话出发//黄俊杰，江宜桦. 公私领域新探：东亚与西方观点之比较. 上海：华东师范大学出版社，2008.

② 刘畅. 古文《尚书·周官》"以公灭私"辨析//刘泽华，张荣明，等. 公私观念与中国社会. 北京：中国人民大学出版社，2003.

③ 张立文. 中国哲学范畴发展史：人道篇. 北京：中国人民大学出版社，1995：217.

④ 陈乔见. 公私辨：历史衍化与现代诠释. 北京：生活·读书·新知三联书店，2013：27-33.

因不顾危险，仍忠于楚国之事。《国语·鲁语下》："公父文伯之母朝哭穆伯，而暮哭文伯。仲尼闻之曰：'季氏之妇可谓知礼矣。爱而无私，上下有章。'"此处的"无私"指季氏之妇爱故去之亲人而无私情。除了以上两例，《左传》中还有不少在具体事情上将"无私"与"忠"联系起来的例子，这也许是黄俊杰等学者认为《左传》《国语》中"公""私"多指具体义的原因。不过，《左传》中也有一些抽象义更加明显的例子，如《左传·昭公二十八年》："心能制义曰度，德正应和曰莫，照临四方曰明，勤施无私曰类，教诲不倦曰长，赏庆刑威曰君，慈和遍服曰顺，择善而从之曰比，经纬天地曰文。"此处的"无私"已经与"德正应和"等德性并列，并非指某种具体的无私事迹。由此可见，虽然《左传》中大量"公""私"例子皆指具体的人、物、事，但是已经通过具体事例将"无私"与"忠"联系起来，并且出现了脱离具体事例直接将"无私"视为一种德性的少数例子。

《左传》之后，《论语》《孟子》《老子》《庄子》《墨子》等典籍中的"公"与"私"之使用常常含有抽象的德性意义。《论语·尧曰》："宽则得众，信则民任焉，敏则有功，公则说。"《孟子·滕文公上》："方里而井，井九百亩，其中为公田。八家皆私百亩，同养公田。公事毕，然后敢治私事，所以别野人也。"《老子》第十六章："知常容，容乃公，公乃全，全乃王，王乃天，天乃道，道乃久，没身不殆。"《庄子·大宗师》："天无私覆，地无私载，天地岂私贫我哉？求其为之者而不得也。"《墨子·尚贤上》："举公义，辟私怨。"这一时期的典籍中已经普遍出现先公后私、去私取公的观念，但真正把公与私对立起来，确立以公克私观念的重要典籍是《荀子》《韩非子》《吕氏春秋》。由于学界对此的看法较为一致，故笔者仅略引原文以论之。如《荀子·臣道篇》："争然后善，戾然后功，出死无私，致忠而公，夫是之谓通忠之顺。"《韩非子》如《说文解字》所引，有"背私谓之公"之论。《吕氏春秋》之《贵公》《去私》两篇明显带有以公克私观念。由此可见，从内涵来讲，这一时期的"公""私"概念除了指具体的人、物、事之外，开始具备《说文解字》中所谓的"公，平分也……厶，奸邪也"之义。

三、宋明时期的"公私之辨"

针对宋明理学家的"公私之辨",大部分学者采取的是依次介绍这个时期理学家们之公私观念的方式,如王中江的《中国哲学中的"公私之辨"》、郭振香的《宋明儒学公私观之初探》① 等,而刘泽华与张荣明等的《公私观念与中国社会》则少有涉及宋明理学家的"公私之辨"。此外,张立文的《中国哲学范畴发展史(人道篇)》中的"公私论"以及陈乔见的《公私辨:历史衍化与现代诠释》则比较完整地介绍了这一时期的"公私之辨"。由于范围甚广,笔者在此仅围绕朱子与王阳明的"公私之辨"进行简单的梳理,重点突出这一时期公私观念的变化。

朱子说:"人之有生,性与气合而矣。然即其已合而析言之,则性主于理而无形,气主于形而有质。以其主理而无形,故公而无不善;以其主形而有质,故私而或不善。以其公而善也,故其发皆天理之所行;以其私而或不善也,故其发皆人欲之所作。"(《朱子全书·答蔡季通》)从此说可以看出朱子将公与天理、善联系起来,将私与人欲、不善联系起来。如果仅止于此,那么朱子的公私观念与先秦思想家所主张的以公克私观念相比,其不同就主要体现在两个方面:第一,公、私具备了形而上的支撑;第二,公与性相关,私与性之发用即情相关。由此可以粗略窥见公私观念在宋明时期已经脱离具体事例,转变为对人主体品质的描述。当公、私与主体紧密相联,出现的变化就是,以公克私不仅是政治生活中的事情,而且开始变为主体自身道德生活中的事情,这体现为宋明时期以公克私方式的转变。

朱子"公私之辨"的目的是以公理克私欲。朱子说:"人之一心,天理存,则人欲亡;人欲胜,则天理灭。未有天理人欲夹杂者。"(《朱子语类》卷十三)可见,在朱子那里,以公理克私欲是主体内心时时刻刻都得注意的事情。那么,克服私欲的方式又是什么?朱子指出:"将天下正大底道理去处置事,便公;以自家私意去处之,便私。"(同上)"人心之公,每为私欲所蔽,所以更放不下。但常常以此两端体察,若见得时,自须猛

---

① 郭振香. 宋明儒学公私观之初探. 江淮论坛,2003(6):79-82.

省，急摆脱出来。"（《朱子语类》卷十三）朱子认为，克服私欲须在内侧之"意"上下功夫，不断体察反省，发现为私欲所蔽，便须猛醒摆脱。

在以公克私的方式上，王阳明与朱子具有相近之处，同样着重于主体内侧之"意"。《传习录》中有这样一段问答：

> 王阳明弟子澄问："好色、好利、好名等心，固是私欲。如闲思杂虑，如何亦谓之私欲？"王阳明回答："毕竟从好色、好利、好名等根上起。自寻其根便见。如汝心中决知是无有做劫盗的思虑。何也？以汝元无是心也。汝若于货色名利等心，一切皆如不做劫盗之心一般，都消灭了。光光只是心之本体。看有甚闲思虑？此便是'寂然不动'，便是'未发之中'，便是'廓然大公'。自然'感而遂通'，自然'发而中节'，自然'物来顺应'。"

由此可见，王阳明对私欲的防范较朱子更严，重视在意念产生的根处下功夫。

从以上对朱子、王阳明"公私之辨"的简单梳理中可以看出，他们同样主张以公克私，但是与战国、秦汉时期的公私观念相比，一个重要变化是以公克私的方式发生了变化。以公克私转变为主体内侧意念处的修养，而不仅仅是在面对公与私对立的事情时的具体选择。

四、"私"观念的抬头

学界一般认为，明清之际"私"观念开始抬头，但对于"私"的彰显到底何所指却有不同的侧重。沟口雄三认为应该区分个体欲望和社会性欲望，社会性欲望最早出现在明末清初，而且是以传统上作为负面概念的私的名义开始张扬自己的；同时，他认为明末思想家如顾炎武只肯定富裕阶层的社会性欲望，那么对于公，如"合天下之私，以成天下之公，此所以为王政也"（《日知录》卷三）所言，公要内含私，不只是皇帝一人之私，还要使民（富裕阶层）之私得到满足，之后戴震开始主张将佃户层的生存欲作为与自欲相对的他欲，自己与他者之间是相对的。① 王中江与陈乔见

---

① 沟口雄三. 中国的公与私·公私. 郑静，译. 孙歌，校. 北京：生活·读书·新知三联书店，2011：17 - 30.

则认为，明末之际对私的肯定并非仅限于富裕地主阶层，同时也包括下层庶民。① 王中江认为，明清之际所说的私包括以下四个方面的含义：第一，指人的自然心性或自然本性；第二，指人思考与追求自身利益（也就是欲望和欲求）的动机和行为；第三，指获得所有物及其对财产的所有权；第四，指作为所有权主体的私。② 此外，也有学者否定明清之际存在"私"观念抬头的现象，如张师伟在《崇公抑私：黄宗羲政治思想的主旨》一文中认为，黄宗羲"人各自私，人各自利"并没有为人的欲望奠定本体论的合理性基础，更没有提供人实现自己私利和私欲的大众化的公共参与渠道，黄宗羲的公私观仍然体现了传统儒家政治思想"崇公抑私"的王权主义特点。③ 笔者认为，这类观点并没有充分考察明清之际思想家公私观念的变化，而是以近代社会契约论为基准来审视明清思想家的公私观念。通过考察这一时期的著作，如学界主流观点所认为的那样，明清之际的公私观念与宋明时期的公私观念相比，变化是很明显的，笔者将侧重与前文的对比，分析最突出的两个方面的变化。

首先看李贽的一段论述："夫私者人之心也，人必有私而后其心乃见，若无私则无心矣。如服田者，私有秋之获而后治田必力；居家者，私积仓之获而后治家必力；为学者，私进取之获而后举业之治也必力。故官人而不私以禄，则虽召之，必不来矣；苟无高爵，则虽劝之，必不至矣。虽有孔子之圣，苟无司寇之任、相事之摄，必不能一日安其身于鲁也决矣。此自然之理，必至之符，非可以架空而臆说也。然则为无私之说者，皆画饼之谈、观场之见。"（《藏书》卷三十二）其实从这段文字已经能清楚地看到明清之际公私观念与宋明时期公私观念的显著差异。一方面，宋明时期注重在"意"上以公克私，李贽认为私是人之心，无私则无心，有对"秋之获"的私意，方能"治田必力"，可见，私意是行为的重要动力，这体

---

① 王中江. 明清之际"私"的彰显及其社会史关联//刘泽华，张荣明，等. 公私观念与中国社会. 北京：中国人民大学出版社，2003；陈乔见. 公私辨：历史衍化与现代诠释. 北京：生活·读书·新知三联书店，2013：155-156.

② 王中江. 明清之际"私"的彰显及其社会史关联//刘泽华，张荣明，等. 公私观念与中国社会. 北京：中国人民大学出版社，2003.

③ 张师伟. 崇公抑私：黄宗羲政治思想的主旨//刘泽华，张荣明，等. 公私观念与中国社会. 北京：中国人民大学出版社，2003.

现了将主体内侧意念上的以公克私转向为对私意的肯定。另一方面，可以从主体意识外侧来理解，"秋之获""积仓之获""进取之获""禄""高爵"等皆为外在的所有物，也就是说这一时期的思想家重新确立了私之外在的政治社会性意义，即沟口雄三所谓的社会性欲望或者王中江所说的获得所有物及其对财产的所有权。

那么，再来看公私结构的变化。顾炎武所谓的"合天下之私，以成天下之公"体现了一种新的特点，而这种特点必须与理、欲的变化联系起来理解，如王夫之所谓"人欲之各得，即天理之大同；天理之大同，无人欲之或异"（《读四书大全》）。也就是说，明清之际的思想家不再如宋明理学家那样将公与理理解为绝对的道德理念，在他们这里，公与理开始成为包含私、欲，同时作为调节个人之间不同私、欲的工具。① 笔者在此关注的是，由于公与理不再是宋明理学所讲的那种绝对天理，具有私意、私欲的主体需要观察不同主体间的不同"私欲"，所以主体间的互相观照便开始成为必要，或者说主体的道德修养就不再限于内侧意念上的以公克私，而需要在私上做到互相理解。这正体现了明清之际公私观念与宋明时期公私观念的巨大不同。

通过上述梳理不难看出，从思想史角度看，公与私的含义从先秦到明清经历了巨大的变化：如《周易》《尚书》《诗经》所体现的，西周时期的公与私主要指具体的人、物、事；《左传》中出现公的德性含义之后，先秦其他典籍中所使用的公与私就常常含有抽象的德性含义，而《荀子》《韩非子》在确立以公克私观念中占有重要地位；宋明时期以公克私转变为主体内侧意念处的修养，而不再仅仅是在面对公与私对立的事情时的具体选择；明清之际重新肯定了主体内侧的私意与外侧的私欲，依旧保持对公的追求，使不同主体之间的互相理解成为必要。

其实，公与私在中国思想史上的内涵具有更多的层次，这就是为什么学者们在论述中国的公私问题时观点往往不尽相同，不少学者在考察传统公私的总体价值观时出现了较大分歧，下节将从传统公私价值观的总体倾向这一角度进行论述。

---

① 沟口雄三与王中江都持此种观点。

第二节 "公""私""公共"的内涵层次

近代以来，不断有学者指出中国人"有私无公"，这与中国思想史上以公克私的总体特点相背，本节将围绕这一主题，考察"公""私""公共"这三个概念的具体内涵。学界关注"公""私"概念之具体内涵分层的主要著述有陈弱水的《中国历史上"公"的观念及其现代变形——一个类型的与整体的考察》①、钱广荣的《中国早期的公私观念》② 等。涉及"公共"概念的研究有蓝弘岳的《东亚中的"公共"概念——历史源流与展开》③ 等。以下将对此进行具体的梳理与阐述。

一、关于传统公私价值观的争论

近代以来，不少学人反思中国文化的传统，而中国人的公私观念开始成为被批判的对象。美国传教士亚瑟·亨·史密斯（Arthur Henderson Smith，中文名为明恩溥）在 1882 年所著《中国人的性格》（*Chinese Characteristics*）一书"缺乏公心"一节中指出："中国的道路状况很能说明政府对公共事务的不重视以及百姓缺乏公心。在这个国家，各地都曾有过宽阔的标准公路；这些公路用石子铺成，两旁种着绿树，连接着许多最重要的城市，但这些道路现在都已损坏……中国人就从没想过，一条路或其他什么东西是属于'公共的'。'河山'（即国家）被认为是当朝皇帝世袭的财产，他在位多久就占有多久。道路也是他的，若要修复什么的，让他去干……中国人对属于'公共'的东西不仅不当一回事，或不加爱护，或占用，甚至还偷盗。铺路用的石子被人拿去用了，城墙上的方砖日渐减少。"④ 明恩溥所谓的中国人的有私无公，侧重讲的是"公共"意识的缺乏，认为公共之物为皇帝之私物。

---

① 陈弱水. 中国历史上"公"的观念及其现代变形——一个类型的与整体的考察//许纪霖. 公共性与公民观. 南京：江苏人民出版社，2006.
② 钱广荣. 中国早期的公私观念. 甘肃社会科学，1996（4）：18-21.
③ 蓝弘岳. 东亚中的"公共"概念——历史源流与展开//黄俊杰，江宜桦. 公私领域新探：东亚与西方观点之比较. 上海：华东师范大学出版社，2008.
④ 亚瑟·亨·史密斯. 中国人的性格. 乐爱国，张华玉，译. 北京：学苑出版社，1998：94-96.

近代对中国人有私无公观念之最著名的论述是梁启超《新民说》"论公德"一节中的文字。梁启超认为中国人偏于私德而无公德，其中指出："人人独善其身者谓之私德，人人相善其群者谓之公德……吾中国道德之发达，不可谓不早，虽然，偏于私德，而公德殆阙如。试观《论语》《孟子》诸书，吾国民之木铎，而道德所从出者也。其中所教，私德居十之九，而公德不及其一焉……今试以中国旧伦理，与泰西新伦理相比较。旧伦理之分类：曰君臣，曰父子，曰兄弟，曰夫妇，曰朋友。新伦理之分类：曰家族伦理，曰社会伦理，曰国家伦理。旧伦理所重者，则一私人对于一私人之事也。新伦理所重者，则一私人对于一团体之事也。"① 从梁启超的论述中可以看出，他所谓的中国文化偏重私德是指偏重"一私人对于一私人"的道德，而缺乏"一私人对于一团体"的道德。明恩溥的观点与梁启超"论公德"中的观点具有相似性，他们所强调的中国人之有私无公主要侧重讲"公共"意识以及"公共"德性的缺乏，中国的道路被认为是皇帝私有而非"团体"共有。

费孝通在《差序格局》一文中也注意到了这一点，他举例说："苏州人家后门常通一条河，听来是最美丽也没有了，文人笔墨里是中国的威尼斯，可是我想天下没有比苏州城里的水道更脏的了。"② 对于中国人为什么缺乏"公共"团体意识，费孝通提出了"差序格局"论，他指出："我们的社会结构本身和西洋的格局不相同的，我们的格局不是一捆一捆扎清楚的柴，而是好像把一块石头丢在水面上所发生的一圈圈推出去的波纹。每个人都是他社会影响所推出去的圈子的中心。被圈子的波纹所推及的就发生联系……我们每个人都有这么一个以亲属关系布出去的网，但是没有一个网所罩住的人是相同的。在一个社会里的人可以用同一个体系来记认他们的亲属，所同的只是这体系罢了。体系是抽象的格局，或是范畴性的有关概念。当我们用这体系来认取具体的亲亲戚戚时，各人所认的就不同了。我们在亲属体系里都有父母，可是我的父母却不是你的父母。再进一步说，天下没有两个人所认取的亲属可以完全相同的。兄弟两人固然有相

---

① 梁启超. 新民说//梁启超. 饮冰室合集：专集第三册. 北京：中华书局，2015：12.
② 费孝通. 乡土中国. 北京：生活·读书·新知三联书店，1985：21.

同的父母了，但是各人有各人的妻子儿女。因之，以亲属关系所联系成的社会关系的网络来说，是个别的。每一个网络有个'己'作为中心，各个网络的中心都不同。"① 他认为在这种富于伸缩性的网络里，每一个网络都是个别的，就像梁启超所谓的是"一私人对于一私人"的，而其中每一个网络都有一个"己"作为中心，这其实是自我主义的。费孝通的"差序格局"论试图给予中国人有私无公观念一个理论性的说明。透过明恩溥、梁启超、费孝通三人的论述可以看出，他们所谓的中国人有私无公，核心问题都在"公共"意识之有无上。

当代有一些学者认为中国古代人主张的是"立公灭私"，并且存在公共理性的发展。如刘泽华在《春秋战国的"立公灭私"观念与社会整合（上）》中提出，先秦诸子从不同角度和不同理论出发，形成了一个大致相同的结论，就是"无私""灭私""废私"。② 至于公共理性的发展，他认为在春秋以前，重大的政治决定大都在庙堂里决定，都要与卜问、占龟等联系起来，因此称为"庙算"，参与庙算的只有极少数贵族与神职人员，而政治公共理性发展起来之后，政治就走向了社会，甚至走向了民间，以至于平民也可以论政。由此可见，刘泽华所谓的公共理性，指的是政治公共理性。同时，刘泽华认为"公国"或"公天下"是政治公共理性发展的极致，它否定了君主独占统治权的专制体制，否定了"家天下"。③ 刘泽华的观点与梁启超等人的观念存在较大的差异，梁启超认为中国人只知道有朝廷而不知道有国家，而刘泽华则认为当时存在一种国家至上观念。其实刘泽华关注的问题并不是明恩溥、费孝通等人关注的"公共"意识，也非梁启超的"一私人对于一团体"的团体意识。如他所说："在理念上公私的对立是公共理性与私人的对立，在社会关系上则是君主、国家与民间社会、个人的对立。"④ 可见，刘泽华的观点是基于他对社会结构所做的不同分类，他并没有关注明恩溥所谓的"公共"之"道路"、费孝通所谓

① 费孝通. 乡土中国. 北京：生活·读书·新知三联书店，1985：23－24.

② 刘泽华. 春秋战国的"立公灭私"观念与社会整合（上）. 南开学报（哲学社会科学版），2003（4）：63－73.

③ 刘泽华. 春秋战国的"立公灭私"观念与社会整合（下）. 南开学报（哲学社会科学版），2003（5）：87－95.

④ 同③92.

的苏州"公共"之"小河"、梁启超所谓的"一私人对于一团体"的关系。然而,虽然观点不同,但由于立论的出发点与基础也不同,所以笔者认为他们之间并非像陈乔见在《公私辨:历史衍化与现代诠释》一书中所说的那样决然对立。除了刘泽华之外,郭齐勇、陈乔见的《孔孟儒家的公私观与公共事务伦理》① 一文同样强调了孔孟儒家对于政治公共性的论述。

从以上的梳理中可以看出,学界对传统公私价值观的判断存在相当大的争论。通过分析可以发现,争论涉及的很重要的概念就是"公共",明恩溥等侧重讲社会生活中的"公共",而刘泽华、郭齐勇等则侧重讲政治"公共"性,其实,在梁启超那里,这两个层次的"公共"问题都是存在的,梁启超所谓的中国人只重视"一私人对于一私人"的关系,而不重视"一私人对于一团体"的关系,其中的"团体"不仅是社会的"公共"团体,还包括作为国家的政治"公共"团体。可见,分析传统公私价值观,必须明确传统"公""私""公共"概念的内涵。

二、传统"公""私"概念的内涵

通过对中国思想史上公私观念的考察,我们发现以公克私观念长期是思想界的主流观念。那么,为何到近代会出现对"公共"缺位的指责?笔者认为,要回答这个问题,首先得分析"公""私"概念的内涵层次。

陈弱水在《中国历史上"公"的观念及其现代变形——一个类型的与整体的考察》一文中整理出了中国传统五大类型的"公""私"概念:类型一之"公"的基本含义是朝廷、政府或政府事务,这一类型渊源于"公"字的国君义,到春秋晚期已经有区别于封建主的政府、政务含义,与它相对的"私",意思是民间或私人;类型二之"公"的基本含义是普遍、全体,这个观念伦理性强,经常被定义为"无私",与它对应的"私"具有负面意义,这一类型之"公"的观念萌芽于战国时期,是传统时代最有势力的"公"的观念;类型三之"公"从类型二演变而来,发达于宋明理学,这一类型的"公"可以直接代表天理、道、义,涵括了儒家鼓励的

---

① 郭齐勇,陈乔见. 孔孟儒家的公私观与公共事务伦理. 中国社会科学,2009 (1): 57-64.

一切德行，并且非常强调"公"体现于人无私、合于天理的心，与此对应的"私"主要是私欲；类型四之"公"是对类型二、三的反动，明末清初表现最明显，基本含义仍然是普遍、整体，但主张"公"的境界是由所有个别的"私"得到满足所达成的，与此对应的"私"具有正当性，是"公"的基础；类型五之"公"以共同、众人为基本含义，指涉政治、宗族、社会生活等场域的集体事物与行动，这一类型的"公"通常不与"私"并举，但在带有伦理意义时（多与政治相关），与它对应的"私"带有贬义，意指少数人的、私心的。① 与此相对，钱广荣在《中国早期的公私观念》一文中将先秦"公"的基本含义分为六种：一为对先祖的尊称；二为官位、爵位，属于政治范畴；三为公有、共同之义，属于道德范畴；四为整体代称，专指国家、朝廷之"公事"，兼有政治、伦理两层含义；五为公理、公义，具有社会道德意义；六为公平、公道，具有个体道德意义。同时，他将"私"的含义分为四种：一为个人身份、个人独处之义，不属于道德范畴；二为私利、私有；三为擅自、私自、自作主张等含义，如同今人所说的"背地里"；四为私心、私情、自私。② 陈乔见则在《公私辨：历史衍化与现代诠释》一书中提出，在先秦时代，后世"公""私"的基本含义都已具备，他将中国的"公""私"含义区分为对应的四组：第一组，"公"指君国、政府、官方，"私"指个人、庶民、民间；第二组，"公"指公正、公平、无私，"私"指偏私、自私、奸邪；第三组，"公"指共同（的）、普遍（的），"私"指个体（的）、偏私（的）；第四组，"公"指公开、开放，"私"指隐匿、私下、隐私。③ 沟口雄三也对中国传统"公"的内涵进行了分类，他认为"公"在甲骨文、金文时代指的是与共同体首长相关的东西或对它的尊称，还指共同体的设施、财物，其后逐渐派生出三组"公"的含义：第一组是由与首长相关的部分派生出了公门、朝廷、国家、政府的含义，第二组是由与共同体相关的部分派生出

① 陈弱水. 中国历史上"公"的观念及其现代变形——一个类型的与整体的考察//许纪霖. 公共性与公民观. 南京：江苏人民出版社，2006.
② 钱广荣. 中国早期的公私观念. 甘肃社会科学，1996（4）：18—21.
③ 陈乔见. 公私辨：历史衍化与现代诠释. 北京：生活·读书·新知三联书店，2013：92.

了公田、公开、共同的含义，第三组是由平分派生出了均等、公正的含义。①

以上学界对"公""私"含义的分类方式虽然各不相同，但从内涵上讲并无太大差异。如果以陈弱水的分类为参照系，则：类型一为一类；类型二、三、四为一类，其中的不同表现为"公""私"在不同时期的演变；类型五为一类。如果仅从"公"的角度来说的话，陈弱水的分类与沟口雄三的分类相似：类型一与沟口雄三的第一组相近；类型二、三、四与沟口雄三的第三组相近，不过陈弱水的分类更具有历史性；类型五与沟口雄三的第二组相近。同样，钱广荣、陈乔见的分类也可大致归入陈弱水的分类中，钱广荣"公"的第一、二、四种含义与陈乔见所说第一组含义跟陈弱水的类型一相近，钱广荣"公"的第三种含义与陈乔见所说第三、四组含义跟陈弱水的类型五相近，钱广荣"公"的第五、六种含义与陈乔见所说第二组含义跟陈弱水的类型二、三、四相近。可见，如果采取最少的分类方式，那么中国传统"公""私"概念的内涵至少可以分为三种不同类型：第一类，"公"指朝廷、政府、官方，"私"指私人、民间；第二类，"公"指普遍、公正、公理，"私"指偏邪、私己、个别；第三类，"公"指共同（附带公开的含义），"私"指个别，不过偏向描述性。

笔者在本章第一节从思想史角度考察了中国"公""私"概念内涵的演变，如果从"公""私"的这三类含义来看，主要涉及的是第一类和第二类，第三类"共同"含义偏向描述性，不常与"私"一起出现，故未涉及。

就第一类"公""私"含义来说，"公"指朝廷、政府、官方，"私"指私人、民间，"公"与"私"更多是领域性质的内涵，本身不带有伦理性。就第二类"公""私"含义来说，"公"指普遍、公正、公理，"私"指偏邪、私己、个别，并且公私关系展现为一种历史的变化，先秦、宋明时期强调以公克私，明末清初开始逐渐主张"合天下之私，以成天下之公"，总体上公都是高于私的存在。那么，何以出现中国人缺乏公共心之

---

① 沟口雄三. 中国思想史中的公与私//佐佐木毅，金泰昌. 公与私的思想史. 刘文柱，译. 北京：人民出版社，2009.

说？其实，第二类"公""私"含义虽然强调公高于私，但以公克私的道德完成过于个体化，如宋明时期以公克私主要需要主体在内侧意念处下功夫，它的完成不需要一种"公共"的不同个体间的互相理解。明末清初开始出现"合天下之私，以成天下之公"等主张，虽然这些主张使得"公"的完成需要不同主体之间互相理解对方的私欲（合理的私欲），但其中又存在一个悖论，即由于"公"是普遍的，包含天下一切个体的私欲，所以不同主体之间互相理解对方的私欲又成为一种形式，"公"实际上仍然限于合理的私欲，个体之间的互相理解实际上又成为多余的，故而个体之间"公共"的理解沟通是不存在的。可见，从第二类"公""私"含义，并不能发展出"公共"之心，也不能发展出个体针对团体的道德，因为不同个体之间不需要互相理解，或者说"公"的无所不包性使得"公共"的沟通理解成为不必要的，一切都可以包容在"公"之下，个体的修养也只需借助于"公"而达成，而不需要借助于"公共"的沟通以确立修养的方向。所以，从第二类"公""私"含义的特点出发，我们可以发现，在涉及私人与团体之关系时，容易走向团体的极限，即"公天下"，而个体与公共团体的道德关系则不太受重视。从第三类"公""私"含义，即"公"指共同（附带公开的含义）、"私"指个别来说，由于"公"之含义的描述性很强，前文并未具体涉及，并且所具有的"共同"含义与"公共"具有直接的相关性，所以需要对之做进一步的区分、考察。

三、"共同"与"公共"

实际上钱广荣、陈乔见等在给"公""私"含义分类时，对"公"的"共同"含义的研究并不充分。如钱广荣为"公"的公有、共同含义所举的例子是"退食自公，委蛇委蛇"（《诗经·国风·召南》），他解释这是退朝自公门而归食于家，舒心自得的意思，"公门"实际上与"公"的第一类含义更接近。陈乔见将"共同"含义与第二类的"普遍"含义相并列，并且认为："'公'之'共同''普遍'之含义经常以各种形式的'天之公'为表现形式，比如先秦的'天下为公''三无私'，以及宋明理学的

'天理之公'等等。"① 如果这样解释，那么"共同"含义与第二类的"普遍"含义就属于一类，"共同"实际上也并不是具体描述性的"共同"，而是抽象性的范围最大化的"共同"。陈弱水对不同于"普遍"的"共同"的研究比较充分。他将这一类"公"的"共同"含义的出现场合分为三种：第一种是政治领域，这一方面最重要的词语是"公议""公论"；第二种是家族或宗族领域，这种"公"用来指称族内的共同事物；第三种是社会生活领域，如工商业同业公会，这种"公"出现得相对较晚。从钱广荣、陈乔见与陈弱水对"共同"含义的理解中可以看出一个分殊：当"共同"含义指向伦理意义时，它常常会走向"普遍"含义，而当"共同"含义表现为描述性时，它常常不与"私"对举，而是具有领域性的意思。由此可见，粗看起来，"公""私"的三类含义并不能产生"公共"心，而第三类含义的"共同"其实最具有连接领域性的"公"与伦理性的"公"的可能性。那么，为什么"共同"含义一旦具有伦理意义，就会转变为"普遍"含义？除了上文所说第二类自身的悖论之外，是否还有其他原因？笔者认为在此需要考察一下"公共"一词在中国思想史上的含义。

中国学界对"公共"一词之含义的梳理相对较少，主要涉及的是西语语境下的"公共"，代表性的论述有任剑涛的《公共与公共性：一个概念辨析》②、张康之与张乾友的《考察"公共"概念建构的历史》③ 等，对于古代汉语世界的"公共"之含义的研究则较少，较有代表性的论述是蓝弘岳的《东亚中的"公共"概念——历史源流与展开》。

蓝弘岳认为"公""共"二字连用最先出现在《史记》中："法者天子所与天下公共也。今法如此而更重之，是法不信于民也。"（《史记·张释之冯唐列传》）他认为，此外"公共"一词有共有之义，亦有君主、臣、民皆应无私地遵守、奉行法律之义，即应从垂直方向予以理解。他认为汉代至唐代的"公共"依然应当从垂直方向上予以理解，如陆赞的《谢密旨因论所宣事状》中出现的"公共"一词："此圣王所以宣明典章，与天下

① 陈乔见. 公私辨：历史衍化与现代诠释. 北京：生活·读书·新知三联书店，2013：92－93.
② 任剑涛. 公共与公共性：一个概念辨析. 马克思主义与现实，2011（6）：58－65.
③ 张康之，张乾友. 考察"公共"概念建构的历史. 人文杂志，2013（4）：29－39.

公共者也。"也就是说，唐代以前，"公共"受到天子所设之"法"的制约，是基于天子之法、名分的"自上而下的意义结构"，而并不是由水平的意义方向予以理解的"自下而上的意义结构"。到了宋明理学时期，他认为"公共"有着两个相位：A. 承继汉唐以来的"自上而下的意义结构"而有了基于理之垂直相位的"公共"概念，如"性，以赋于我之分而言；天，以公共道理而言"（《朱子语类》卷六十）；B. 水平相位之开放性、平等性、公平性的"公共"概念。理学中的"公共"常常作为相位 A 的"公共"概念而被利用，阳明心学中的"公共"则民众平等性、开放性的语感更强，如"夫学术者，今古圣贤之学术，天下之所公共，非吾三人者所私有也"（《王文成公全书》卷二十一）。蓝弘岳对中国古代思想中"公共"概念的论述到宋明时期为止，对明清之际公私观念发生了变化的"公共"观念并未涉及。①

在明清之际思想家的著作中"公共"一词并不多见，并且相对于公私观念的巨大变化，"公共"一词的内涵并没有发生显著变化。连用意义上的"公共"有：李贽的《藏书》中出现了 1 次，是转引《史记》中的"法者天子所与天下公共也"；黄宗羲对"公共"的使用较多，但集中出现在《宋元学案》《明儒学案》，"公共"一词主要用来形容"理""气"为天下"公共"之物，如"理气为天地间公共之物"（《宋元学案》卷六十八），"天下公共之理，人所同有者"（《明儒学案》卷四十二）等；顾炎武的《音学五书》中出现了 2 次，其中一次不同于宋明理学中"公共"的用法，顾炎武在解释"江"时说"小水流入其中所公共也"（《音学五书》卷一）；王夫之的《读四书大全说》中出现了 5 次，基本都指朱子的"公共之理"。戴震的著作中并未见到"公共"一词。

从明清之际主要思想家对"公共"一词的使用可以看出，只有在介绍宋明理学时他们才经常使用"公共"一词，在他们各自的主要代表作即反映他们公私观念转变的著作中基本没有出现"公共"一词，这也反映出"公""理"概念在将"私"包含其中之后，很难再用"公共"一词来形

---

① 蓝弘岳. 东亚中的"公共"概念——历史源流与展开//黄俊杰，江宜桦. 公私领域新探：东亚与西方观点之比较. 上海：华东师范大学出版社，2008.

容。这体现出明清之际"公"与"公共"之间的一种张力：一方面，如"合天下之私，以成天下之公"所言，"公"依然是最高的追求，并且将所有个体的"私"都包含其中；另一方面，包含了不同的"私"的"公"不再如宋明理学家所言，是"公共""共同"之物。这种矛盾在戴震那里表现得尤其突出，如他所言"人之有欲也，通天下之欲"（《原善》卷下），"仁""公"所表现的"通天下之欲"已经很难用"公共"来形容，所以在戴震的著作中找不到"公共"一词就可以理解了。

那么，通过上述对明清之际"公共"概念的考察，再来看蓝弘岳对"公共"概念的分类，便可以发现他所谓的 A、B 类在实质上是一致的，B 类所谓水平相位之开放性、平等性、公平性的"公共"概念，是以 A 类基于理之垂直相位的"公共"概念为前提和基础的，即开放性、平等性、公平性的"公共"概念是基于"理"的"公共"特性，可见 B 类也是"自上而下的意义结构"。明清之际思想家所主张的"合天下之私，以成天下之公"与"人之有欲也，通天下之欲"的观念，确实类似于从水平的意义方向予以理解的"自下而上的意义结构"，然而"公共"一词在明清之际却并未与这一"自下而上的意义结构"关联起来，"合天下之私，以成天下之公"仍仅仅依靠于"公"的"普遍"性来支撑。如上文所述，正因为无论什么样的个体的私欲都是被包含在"公"之中的，所以"公"仍然是形式的，"公共"的互相理解与沟通对方的私欲这一观念并未确立。或者说，明清之际确实存在从水平的意义方向予以理解的"自下而上的意义结构"的"公共"的需要，但这一时期"公共"概念的甚少使用也可以说明，这一"意义结构"的"公共"依旧没有产生，"私"仍然需要"自上而下"的、"普遍"的"公"来保障。

由此可见，"公共"一词在古代思想中的内涵仍然表现出"公"的第二类含义所具有的特点，即"公共"一词在宋明理学中是用来形容"天理"的。明清之际，随着"公""理"之内涵的转变，"公共"一词甚少使用，这其实与"公"的第三类含义即"共同"之义具有相似性：一方面在具有伦理意义时，它总是与"天理"等具有普遍意义的概念相关联，但在需要协同不同个体之私欲时，它又是缺位的；另一方面，在指向领域、空间时，它又变为描述性的，如顾炎武在解释"江"时所说的"小水流入其中所公共也"。

综上所述,笔者针对学界就近代以来中国人"公共"心之缺乏的指责,首先从"公""私""公共"概念的内涵角度进行了考察。通过对中国思想史上"公""私"概念的内涵的梳理,发现"公""私"概念的内涵至少可以分为三种不同的类型:第一类,"公"指朝廷、政府、官方,"私"指私人、民间;第二类,"公"指普遍、公正、公理,"私"指偏邪、私己、个别;第三类,"公"指共同(附带公开的含义),"私"指个别,不过偏向描述性。第一类"公"偏向领域性质。第二类"公"从宋明以后虽然具体内涵发生了变化,即到了明清时开始成为包含"私"的存在,但由于其无所不包的性质,故在本质上依旧是一个"形式"性的概念。第三类"公"与"公共"一词具有相似性,一方面具有第二类的"普遍"之义,另一方面又具有描述性的用法。从"公""私""公共"概念之内涵的特点可以看出,"公""公共"在具有伦理意义时,就不可避免地走向了最普遍的"全体""天下"之"公",但这种理解"公"的方式并不需要不同主体间互相沟通、理解对方之私欲。在明清之际,虽然存在这种互相沟通、理解的需要,但"公共"概念却是缺位的,当时的思想家仍然使用具有"普遍"之义的"公",由于其无所不包的性质,不同主体间的互相沟通、理解又成为形式性的存在。

第三节　作为领域的"公"与"私"

通过思想史以及概念分类的方式使"公""私"概念的具体内涵得以明确之后,接下来有必要具体考察中国的"公""私"领域,以及沟通、协调"公""私"领域的中间领域的具体特点。本节将以中国"公""私"领域之间的中间领域有无不同于西方的特点为核心来展开阐述。

一、"公""私"领域

黄俊杰、江宜桦在《公私领域新探:东亚与西方观点之比较》中指出,近年来"公私领域"研究热潮中的大部分理论架构或问题意识仍旧以西方当代哲学家的论述为依据,而少见非西方世界基于本身历史经验所发展出来的诠释观点，他们的意图是促进东亚地区之"公私领域"研究。①
笔者翻阅此书时发现直接论述中国"公""私"领域的文章仅有黄俊杰的
《东亚近世儒者对"公""私"领域分际的思考：从孟子与桃应的对话出
发》一文，此文侧重于"公"领域与"私"领域之关系的研究，其他文章
依旧侧重于"公""私""公共"概念的梳理。黄俊杰认为，中国的"公"
领域与"私"领域是具有高度相对性而不断展开的同心圆，相对于家庭中
的个人作为"私"而言，家庭是"公"，相对于个别家庭之作为"私"而
言，社会或国家是"公"。个人处于这种多层次同心圆的展开过程中，常
常面临多重身份与责任互相冲突的问题，然而东亚儒者又认为"公"领域
与"私"领域中的德行只有在"公"领域才能实现，所以提出具有超越性
的"天理"或具有普遍性的"天下"作为化解"公"领域与"私"领域之
冲突的概念工具。② 按照黄俊杰的观点，中国古代沟通"公"领域与
"私"领域的是具有超越性的"天理"即最大范围的"公"，那么这种多层
次的"公""私"领域结构以及作为超越性的"天理之公"就似乎意味着
中国古代并没有"公共"领域。并且，黄俊杰认为，在这种结构下"天
理"或"天下"概念的解释权被权力掌控者所垄断，于是"天理"或"天
下"概念所具有的超越性或普遍性被架空了，"天理"或"天下"被转化
为统治者镇压人民的工具。

　　相对于黄俊杰之协调"公""私"领域之矛盾的"天理之公"容易被
权力掌控者利用的观点，刘清平在《儒家伦理与社会公德——论儒家伦理
的深度悖论》一文中提出，儒家伦理在处理家庭领域的私德与社会领域的
公德之关系时始终坚持"血亲情理"的基本精神，特别强调家庭私德对于
社会公德不仅具有本根性，而且具有至上性，结果就使儒家伦理所提倡的
社会公德（仁）受到了家庭私德（孝）的严重压抑，而在两者出现冲突的
情况下前者甚至还会被后者否定。③ 刘清平在此文中引用了"父为子隐，

----

① 黄俊杰，江宜桦. 公私领域新探：东亚与西方观点之比较. 上海：华东师范大学出版
社，2008：1.
② 黄俊杰. 东亚近世儒者对"公""私"领域分际的思考：从孟子与桃应的对话出发//
黄俊杰，江宜桦. 公私领域新探：东亚与西方观点之比较. 上海：华东师范大学出版社，2008.
③ 刘清平. 儒家伦理与社会公德——论儒家伦理的深度悖论. 哲学研究，2004（1）：
37－41.

子为父隐，直在其中矣"（《论语·子路》）等儒家经典中的论述作为依据来证明自己的观点。并且，刘清平还在《美德还是腐败？——析〈孟子〉中有关舜的两个案例》一文中指出："孔子在这里就是把父慈子孝的特殊亲情置于诚实正直的普遍准则之上，因而主张，人们为了巩固这种至高无上的'天理人情'，可以在父子相隐中放弃正义守法的行为规范。"①由此可见，按照刘清平的看法，儒家凭借家庭私德否定社会公德的依据也是"天理人情"。刘清平对儒家"亲亲互隐"的批判引起了哲学界针对"亲亲互隐"以及孟子论舜问题的争论，如郭齐勇的《也谈"子为父隐"与孟子论舜——兼与刘清平先生商榷》②、杨泽波的《〈孟子〉的误读——与〈美德还是腐败〉一文商榷》③等文章就直接回应了刘清平。其后，郭齐勇等将围绕这一主题进行的争论编成了《儒家伦理争鸣集——以"亲亲互隐"为中心》一书。④ 笔者在此并非关注争论的具体内容，或者刘清平是否存在对儒家伦理的误读，而是关注引起争论的两个案例中存在的"公""私"领域的矛盾以及传统注解对此的解释方式。

由于两个案例表现出的矛盾都是一致的，故以第一个案例为例："桃应问曰：'舜为天子，皋陶为士，瞽瞍杀人，则如之何？'孟子曰：'执之而已矣。''然则舜不禁与？'曰：'夫舜恶得而禁之？夫有所受之也。''然则舜如之何？'曰：'舜视弃天下，犹弃敝蹝也。窃负而逃，遵海滨而处，终身诉然，乐而忘天下。'"（《孟子·尽心上》）从这个案例可以看出，舜父杀人将舜推入了"公"与"私"的矛盾中，舜的选择是"弃天下"，然后"窃负而逃"。那么，传统注解是如何解释这种行为的？对于"夫舜恶得而禁之？夫有所受之也"，赵岐注曰："夫天下乃受之于尧，当为天理民，王法不曲，岂得禁之也。"从舜作为天子来说，当"为天理民"。对于"舜视弃天下，犹弃敝蹝也。窃负而逃，遵海滨而处，终身诉然，乐而忘

---

① 刘清平. 美德还是腐败？——析《孟子》中有关舜的两个案例. 哲学研究，2002 (2)：44.

② 郭齐勇. 也谈"子为父隐"与孟子论舜——兼与刘清平先生商榷. 哲学研究，2002 (10)：27-30.

③ 杨泽波.《孟子》的误读——与《美德还是腐败》一文商榷. 江海学刊，2003 (2)：162-166.

④ 郭齐勇. 儒家伦理争鸣集——以"亲亲互隐"为中心. 武汉：湖北教育出版社，2004.

天下"，赵岐注曰："舜必负父而远逃，终生䜣然，忽忘天下之为贵也。"
那么，在赵岐看来，"窃负而逃"是必然的。朱子在注解中说："此章言为
士者，但知有法，而不知天子父之为尊；为子者，但知有父，而不知天下
之为大。盖其所以为心者，莫非天理之极，人伦之至。"（《四书章句集
注·孟子集注》）朱子在此以桃应论"为士者"，以舜论"为子者"而非
"为天子者"，可见"为子者"之优位，并以此为"天理之极"。从朱子对
此的解释方式可以看出，"孝"或者"私"在特殊情况下的优位依旧可以
借助于"天理"来确立。

从这一案例可以看出传统公私问题的两个特点：第一，"公""私"矛
盾时，如何化解取决于个体的选择，不存在个体间的公共讨论的问题；第
二，"公""私"矛盾时，"天理"可以成为选择的依据，这与第一个特点
是相关的，在应然意义上，个体应该通过对"天理"的觉悟而做出选择。
从这两个特点可以看出，"天理"在沟通"公"领域与"私"领域中是非
常重要的，并且个体是直接面对"天理"而在"公"领域或者"私"领域
中行动。的确如黄俊杰所说，一旦权力掌控者脱离应然，背离"天理"，
"天理"就有可能被利用，从而转化为镇压人民的工具。那么，是否有其
他途径维护"天理"，或者说，中国古代"公"领域与"私"领域之间是
否存在一个中间领域以协调"公""私"领域之间的矛盾？

二、公共领域

其实，对于中国古代协调"公""私"领域之间矛盾的问题或者防止
"公""私"领域互相侵犯的中间领域是否存在的问题，不少学者是以近代
西方"公共领域"理论为参照来考察的。那么，在研究传统中间领域是否
存在的问题之前，有必要先简略考察一下西方的"公共领域"理论。[①] 在
西方思想界，关于"公共"的思想可以追溯到古希腊城邦时代，而真正提
出公共领域理论的是美国政治哲学家阿伦特，而德国哲学家哈贝马斯则对

---

　　① 　关于"公共领域"这个概念，日本学界基本采用"公共性"或者"公共圈"来翻译，
为此，这里展开的关于"公共领域"问题的论述，可以参照本书第二章所梳理的关于公共性
问题的论述来阅读。由于本章主要梳理国内学界的相关研究，国内学界采用的是"公共领域"
这个翻译，故本章同样采用"公共领域"这个概念，而不用"公共性"这个概念来展开阐述。

公共领域理论进行了较为系统的论述，在此，我们主要以哈贝马斯为例展开考察。

在这里首先需要说明的是，笔者在本书第二章考察公共性问题时，已经梳理了哈贝马斯的市民公共性理论。但在这一章，笔者将进一步探讨前面尚未涉及的相关问题。如前所述，哈贝马斯所说的"öffentlichkeit"，我国学界一般将之翻译为"公共领域"，而日本学界则一般都把öffentlich、öffentlichkeit、publicité、publicness翻译成"公共性"，也有把öffentlichkeit、public sphere翻译成"公共圈"的。其实这个概念的本义就是"公共圈"，翻译成"公共领域"应该更为贴切。只是对于探讨公共哲学而言，公共性问题的探索不可或缺，而这种公共性只有放在公共领域中才能得以阐述与把握。因此，在前一章，笔者采用了日本学界的翻译，从公共性角度展开分析。但在这一章，涉及国内的相关研究，故而采用国内熟悉的翻译"公共领域"来展开阐述。

国内关于公共领域理论的论述很多，出于上文的问题意识，笔者在这里仅关注哈贝马斯所说的公共领域的功能，即公共领域到底是私人领域的延伸，还是公权领域合法性的来源，抑或公权领域、私人领域之间媒介性的存在。许纪霖在《近代中国的公共领域：形态、功能与自我理解——以上海为例》①一文中，侧重从政治合法性来论述哈贝马斯的公共领域，他认为哈贝马斯区分了现代政治的两个不同过程，一个是以选择政治代表和政治领袖为中心的民主选举，这不足以构成权力合法性的公共意志。另一个是公共意志的产生，是在政治领域的外部即公共领域中，由自由的公众通过社会舆论所进行的公共监督和批评而实现的，这一以公众舆论为基础的政治合法性，正是公共领域的价值和意义之所在。任剑涛在《公共的政治哲学》一书中认为，哈贝马斯的公共领域专门由那些抗衡国家权力、试图保证其公共性品质的人构成。②杨仁忠在《公共领域论》一书中也认为，哈贝马斯的公共领域强调的是，私人聚在一起议论、讨论公共事务，

① 许纪霖. 近代中国的公共领域：形态、功能与自我理解——以上海为例. 史林，2003(2)：77-89.
② 任剑涛. 公共的政治哲学. 北京：商务印书馆，2016：230.

形成意志，达成共识，从而为政治权力提供合法性基础。① 邵培仁与展宁在《公共领域之中国神话：一项基于哈贝马斯公共领域文本考察的分析》一文中提出，公共领域理论不仅在广度上超越历史范畴而成为规范概念，而且在深度上也成为以解决合法化危机为核心的政治系统的功能结构。② 还有部分学者侧重于从调和私人领域与公权领域之间矛盾冲突的角度论公共领域。黄皖毅在《哈贝马斯视域中的公共性研究》中认为，哈贝马斯的公共领域所处的位置是明确的，就是在私人领域与公权领域之间，它一头连接着家庭等私人领域，同时又追求公共事务，批判公共权力的运行，这又使它另一头连接着公权领域，它使得私人领域与政治国家领域之间保持着适度的张力，也使两者之间有一个矛盾缓冲地带以及意见信息传导地带。③ 韩升在《哈贝马斯：公共领域的现代转型及其启示》一文中，将哈贝马斯的公共领域理解为一种通过理性讨论、公开辩论而调和国家与社会需求的社会批判空间，即介于纯粹私人领域与公权领域之间的公民参与政治事务的空间，它包含着作为个体的社会公民与公共权力部门之间的互动关系，这种互动关系主要体现为公民个体通过一定的传媒手段对公共权力领域保持一种批判性的监督，以有助于国家与社会的良性互动和协调发展。④ 实际上黄皖毅与韩升虽然强调公共领域的协调功能，但最终都落脚于对公权领域的批判。

　　国内学界对哈贝马斯公共领域理论的研究虽然各有侧重，但并不存在过大的分歧，核心都是强调公共领域在沟通公权领域与私人领域时的批判功能。哈贝马斯对公共领域的界定是："所谓'公共领域'，我们首先意指我们生活的一个领域，在这个领域中，像公共意见这样的事物能够生成。公共领域原则上向所有公民开放。公共领域的一部分由各种对话构成，在这些对话中，作为私人的人们来到一起，形成公众。那时，他们既不是作为商业或专门人士来处理私人行为，也不是作为合法团体接受国家官僚机

---

① 杨仁忠. 公共领域论. 北京：人民出版社，2009：170.
② 邵培仁，展宁. 公共领域之中国神话：一项基于哈贝马斯公共领域文本考察的分析. 浙江大学学报（人文社会科学版），2013（5）：82-102.
③ 黄皖毅. 哈贝马斯视域中的公共性研究. 北京：红旗出版社，2018：52.
④ 韩升. 哈贝马斯：公共领域的现代转型及其启示. 社会科学战线，2011（5）：23-26.

构的法律规章的规约。当他们在非强制的情况下处理普遍利益问题时，公民们作为一个群体来行动；因此，这样行动具有这样的保障，即他们可以自由地集合和组合，可以自由地表达和公开他们的意见。"① 可见，哈贝马斯的公共领域是向所有人开放的，在公共领域中形成的意见并不是处理私人行为关系的，也不是表示对国家规章的服从的，而是具有强烈的批判性。②

哈贝马斯认为，资产阶级的公共领域表现为从文化公共领域到政治公共领域的转变，早期文化公共领域的突出特点是，在阅读日报或周刊、月刊评论的私人当中形成了一个松散但开放和具有弹性的交往网络，通过私人社团和学术协会、阅读小组、共济会、宗教社团等这种核心机构，人们自发地聚集在一起，剧院、博物馆、音乐厅，以及咖啡馆、茶室、沙龙等，为娱乐和对话提供了一种公共空间。③ 针对以文化公共领域为基础而形成的政治公共领域，哈贝马斯指出："资产阶级公共领域当中形成了一种政治意识，针对专制统治，它提出了普遍而抽象的法律概念和要求，最终还认识到应当将公众舆论当作这种法律的唯一合法源泉。"④ 可见，在哈贝马斯那里公共领域与公权领域的合法性具有相关性。

综合来讲，哈贝马斯的公共领域的功能大体涉及三个方面，有公共文化交流的功能，也有沟通、协调私人领域与公权领域的功能，但最终落脚在政治批判上，即为公权领域提供合法性依据。对于跨文化应用，哈贝马斯在《公共领域的结构转型》一书"初版序言"中谈到，不能把公共领域这一概念与源于欧洲中世纪的市民社会的独特历史发展隔离开，使之成为一种理想类型，随意应用到具有相似形态的历史语境中。⑤

然而，国内不少学者仍以哈贝马斯的公共领域理论为参照来考察中国古代是否存在类似于公共领域的空间。一种观点认为，如果将公共领域视为一种解释框架，废除了它的具体历史内涵，那么中国古代就存在哈贝马

---

① 汪晖，陈燕谷. 文化与公共性. 北京：生活·读书·新知三联书店，1998：125.
② 关于公共性所具有的批判性问题，本书第二章已经有所论述。
③ 哈贝马斯. 关于公共领域问题的答问. 梁光严，译. 社会学研究，1999（3）：35－36.
④ 哈贝马斯. 公共领域的结构转型. 曹卫东，等译. 上海：学林出版社，1999：57.
⑤ 同④初版序言 1.

斯所谓的公共领域。如许纪霖认为，在儒家政治哲学的影响下，中国古代的政治合法性既是超越的（天命），又是世俗的（民心）。超越的天命需要世俗的民心来证明，而子民本身是沉默的，皇帝是否代表天命或民心，取决于士大夫所制造的社会舆论。历代的中国士大夫总是力图在皇朝的体制内外建立自己的舆论中心，从东汉的太学到明末的东林书院，形成了中国士大夫独特的清议传统。如果按照许纪霖的理解，士大夫代表民心的社会舆论具有作为权力合法性的内涵，那么这就确实与公共领域存在着类似的一面。不过，两者之间的差异也是很明显的，许纪霖指出了两点：第一，皇权存在两重来源，既来自天命，又来自民心，这种模糊的二元合法性形成了皇帝与士大夫之间的非制度化的不确定关系，当皇帝处于强势时，他可以自称代表了天意，而不理睬士大夫的清议；第二，中国古代社会舆论的参与者不是市民，而是社会精英。① 还有一种观点认为，中国古代并不存在哈贝马斯所谓的公共领域。王中江在《化解"公共领域"与"私人领域"的矛盾》一文中认为，秦汉以后，公共场所或庶议根本上被统治者视为异己事物，而在乡村社会，于祠堂所议之事，基本被限制在私人领域。② 舒也在《中西文化分殊与公共生活差异》一文中认为，中国之所以缺乏公共领域或者较少有公共生活，除了受地理环境因素影响之外，最可能是因为中国的生产方式。中国的生产方式是一种相对单一的小农生产方式，它是一种以家庭为本位的自给自足的自然经济，因此，人们所赖以生存的经济生活往往围绕家庭即可进行，人们不必频繁出入一些公共场合。③ 以哈贝马斯的公共领域理论来考察中国古代社会，其结论虽然存在不同的偏向，但在根本上是一致的，即中国古代并不存在完全意义上的公共领域。然而，对于哈贝马斯的公共领域理论在近现代中国社会的应用，学界则存在较大的分歧，具体可参照杨仁忠的《公共领域论》④、赵红全

---

① 许纪霖. 近代中国的公共领域：形态、功能与自我理解——以上海为例. 史林，2003（2）：77 - 89.

② 王中江. 化解"公共领域"与"私人领域"的矛盾. 中国国情国力，1999（4）：38 - 39.

③ 舒也. 中西文化分殊与公共生活差异. 宁夏社会科学，2007（1）：129 - 131.

④ 杨仁忠. 公共领域论. 北京：人民出版社，2009：336 - 341.

的《公共领域研究综述》①、邵培仁与展宁的《公共领域之中国神话：一项基于哈贝马斯公共领域文本考察的分析》②，他们对公共领域理论在近现代中国社会是否能应用的争论做了较为全面的梳理。

三、公共空间

针对学界以哈贝马斯的公共领域理论来考察中国古代社会的研究，有学者提出了新的方向，如以"公共空间"概念替代"公共领域"来分析中国古代社会。如金观涛、刘青峰在《观念史研究：中国现代重要政治术语的形成》一书中，从现代公共空间的出现所需满足的三个条件出发来研究中国古代的公共领域，他们认为这三个条件分别是：条件一，要区分公共领域和私人领域，特别是那些既在家庭以外又不属于国家范围的新领域，并在观念上明确意识到这类领域的存在；条件二，主导这类新领域的价值和规范必须与私人领域不同；条件三，必须承认私人领域的正当性和相应价值。③ 他们认为，中国社会一直存在着既在家庭之外又不属于国家范围的领域，特别是明清以来，县以下基层社会主要依靠绅士和家族自治来管理，这说明中国传统社会具备条件一。对于条件二，他们认为中国社会自明清以来非常注重私，特别表现在肯定个人欲望和个别性等方面。由此，金观涛、刘青峰认为中国传统政治观念中并不缺乏条件一和条件三，而是缺乏条件二。至于原因，他们认为是汉代以来形成了家国同构的社会体制，而在思想文化方面可归为儒家把公共领域看作家庭（家族）的放大，特别是强调忠孝同构，如爱国被等同于忠君，君臣关系之"忠"的正当性，又是从父子关系之"孝"的逻辑中推出的。不过，他们还认为，明末清初，黄宗羲的《明夷待访录》冲击了忠孝同构的儒家伦理，提出了一种以家族为本位的公共空间构想，黄宗羲运用"理在气中"的哲学，把儒家伦理的有效性限定在同气即同血缘的人群中，君臣之间并无血缘关系，因

---

① 赵红全. 公共领域研究综述. 中共杭州市委党校学报，2004（4）：37-41.
② 邵培仁，展宁. 公共领域之中国神话：一项基于哈贝马斯公共领域文本考察的分析. 浙江大学学报（人文社会科学版），2013（5）：82-102.
③ 金观涛，刘青峰. 观念史研究：中国现代重要政治术语的形成. 北京：法律出版社，2009：74.

而不同气，所以由孝推不出忠，故而君王就不再处于最高的伦常等级。那么，对于他们所说的条件二，即家族以外公共领域的组织原则，他们认为黄宗羲是以对三代理想君王的描绘来说明其基础的，他把三代政治定义为"兴天下之公利"和"除天下之公害"。由此，金观涛、刘青峰阐明了以家族为本位（西方以个人为本位）、以绅士为代表的儒学式绅士公共空间。

笔者翻阅《明夷待访录》发现，即使忠孝同构开始出现松动，家族以外公共领域的组织原则也并未确立，如"兴天下之公利"和"除天下之公害"与其说是公共领域的组织原则，不如说是政治领域的组织原则，这也是对于群臣的要求，如："天下之大，非一人之所能治，而分治之以群工。故我之出而仕也，为天下，非为君也；为万民，非为一姓也。"（《明夷待访录·原臣》）这种"为天下"的精神其实属于"公"领域的原则。对于更接近公共空间的学校，如"天子之所是未必是，天子之所非未必非，天子遂不敢自为是非，而公其是非于学校"（《明夷待访录·学校》）所表明的，黄宗羲似乎赋予了学校评判是非的能力，然而问题的核心却是评判是非所依据的原则到底是什么。这个原则就决定了这一公共空间的原则，实际上从黄宗羲所设定的学校的教授任务可以看出其特点。黄宗羲基本将教学内容限定为五经、朱子《家礼》等传统经典文本，可见，学校的价值原则仍然是儒家传统的"公天下"的理想。此外，学校所具有的更多是对皇权的监督作用，如"政有所失，祭酒直言无讳"（同上），自下而上从私人领域提炼公共意见的作用则相对缺乏。所以，笔者认为，明清之际的公共空间虽然出现了新的特点，但公共空间自身的独立原则是缺乏的，其原则基本上与公权领域的原则是一致的，或者说就是为了监督公权领域是否按照"公"的原则来行动，所以儒学式公共空间很难获得独立发展。

由此可见，中国"公""天下""天理"等原理的高度发达使得公共空间成为一个相对从属的领域。在明清之际，公共空间虽然在一定程度上获得了发展，但由于其仍以"公"为最高原则，所以自下而上逐渐形成自身的独立原则就变得非常困难。

中国古代"公"领域与"私"领域在出现冲突时，都以"公""天下""天理"等为依据来互相对抗。对于"公"领域与"私"领域之间的中间领域是否存在及其自身特点的问题，通过与哈贝马斯公共领域理论的对比，我们发现，哈贝马斯的公共领域理论虽然并不适用于分析中国古代社会，但可以借此发现中国古代儒学式公共空间的特点，即虽然逐渐肯定"私"的地位，也具有独立于"公"领域与"私"领域的空间，但公共空间的原则却并非自下而上形成的，而仍以"公""天下""天理"为最高原则。

第四章　日本学界的公私问题研究

　　日本学者在研究公共哲学时首先遇到的是如何把握公私关系的问题，所以他们对于公共哲学的研究最初就是从严格区分"公""私"概念入手的，并以此作为公共哲学这一崭新学科的理论基础，企图构建"活私开共"的公共世界理论。因此，日本研究公共哲学的学者大都把公私问题作为本领域研究的首要问题和前提性问题，甚至核心问题。

　　当然，关于公私问题的研究不是在现代社会产生的，也不是某个国家的专利，早在欧洲的古希腊罗马时期、中国的先秦时期就已经有了关于公私思想的记载，宗教经典中也有不少关于公私问题的讨论，所以日本学界从欧美思想史、东亚思想史、宗教思想史的角度对公私问题展开了全面研究。除了比较思想史的研究，日本学界还致力于打破学科专业的局限，进行跨学科的横向比较研究，并从政治学、经济学、社会学、哲学等角度探讨了公私问题。日本学者所进行的关于公私问题的探讨是以日本社会公私关系的现状为基础的，所以对日本历史上"公""私"概念之内涵演变的探讨更是他们研究的重要部分。笔者在这一章将从以上三个角度对日本学界的公私问题研究进行考察。

第一节　从比较思想史的角度研究公私问题

　　在日本，研究公共哲学的学者从比较思想史的角度对公私问题所做的研究呈现出三条线索：一是按照历史发展的时间线索，分别从古希腊罗马时期、近代、现代这三个阶段研究欧洲不同国家公私观念的历史演变，代表性论文有福田欢一的《西欧思想史中的公与私》、久道义明的《为构筑公共社会的基本视角：从西欧社会思想史考察公共性概念》、田中秀夫的《近代英国公私观念的转变》、三岛宪一的《在德国公共性的三次结构转变》、宫岛桥的《现代欧洲公私观念的转变》等；二是按照不同国别的空间线索，分别研究欧洲国家以及美国、中国、印度等具有不同语言文化背景之国家的公私观念，代表性著述有沟口雄三的《中国思想史中的公与私》、奈良毅的《印度思想史中的公与私》等；三是按照不同宗教的文化线索，深入挖掘基督教、伊斯兰教等教教义中的公私思想，代表性著述有竹内裕的《〈约伯记〉的断层导读：在公与私或者演绎与归纳之间》、板垣雄三的《伊斯兰教思想史中的公与私》、柳桥博之的《伊斯兰世界的公与私》等。根据这三条研究线索和具体的研究状况，下面拟从欧美思想史、东方思想史、宗教思想史三个既能体现历史分期，又能体现不同语言、不同文化背景的角度对日本学界的公私问题研究进行考察。

一、欧美思想史中的公私问题

关于公共哲学的探索，日本学者首先从西方古典哲学入手，整理有关公私问题的讨论，力求为公共哲学体系的构建提供有力的学理支持。其中，对近代欧洲思想史的挖掘较为深入，有价值的成果也较为丰富，对现代欧美公私观念的探析因其处于经济全球化的时代背景而更具有直接的借鉴价值。需要指出的是，这里对公私问题的讨论仍然采用历史分期的方法，而没有采用感性主义、情感主义、理性主义式的方法归类，以防对公私问题的把握刻板化、标签化。

（一）古希腊罗马时期的公私观念

尽管"公共哲学"作为一个学术概念最早出现在 20 世纪，但公共哲学所讨论的问题诸如正义、公正、和平以及与此相关的公私问题却可以追溯到 2 000 多年前的古希腊罗马时期。毋庸置疑，与"公共""私有"对应的英语单词"public""private"本来就源于古希腊罗马。从这个意义上说，在古希腊罗马时期就有了公私观念。

福田欢一在《西欧思想史中的公与私》一文中，首先从"public"

"private"这两个单词在古希腊罗马时期的原义及其背景出发，对"公""私"概念进行了深入剖析。他认为，在古希腊罗马时期，人们的公私观念是与"公的奴隶制"和"私的奴隶制"相联系的。相对于古埃及等国家的政治制度属于"公的奴隶制"，古希腊罗马的政治制度应是"私的奴隶制"，即以家庭经济为单位，其下有若干奴隶。① 久道义明在《为构筑公共社会的基本视角：从西欧社会思想史考察公共性概念》一文中，对福田欢一的研究做了补充，他认为古希腊城邦中公共生活的特点是自由民从私的利害关系中脱离出来，站在自由的立场通过言论来形成公共判断，即在城邦中，不受命令等支配，以完全平等的关系，在广场中通过公开的讨论来决定公共事务。久道义明认为，如果没有奴隶承担私的领域的任务，这样的公共性就是不可能成立的。也就是说，古希腊的公共性虽然具有理想性的一面，但是只有一部分人参与，家庭内部的奴隶等是无法参与的。② 从久道义明的论述中可以看出古希腊时期公私领域的两个特点：第一，家庭生活即私的领域受生的欲望和生活必需品的制约，而奴隶则是家庭任务的承担者，这就是福田欢一所说的"私的奴隶制"；第二，城邦生活即公的领域则是自由的，自由民在广场上通过言论来形成公共判断与决定。其实，久道义明的观点基本延续了阿伦特与哈贝马斯的观点③，不过久道义明更关注奴隶被排除在城邦生活之外的事实，而阿伦特则更关注城邦生活所提供的自由，以及在此基础上形成的个性，她认为城邦是为个性而保留的，在那里，每个人总是不断地将自己和他人区别开来，希望与众不同。④

　　针对古罗马时期，福田欢一认为帝政以前的罗马是共和制罗马，公共的东西即指共和制罗马，并且只有成年男性才有参与公共性事务的资格，也就是说基本上延续了古希腊的特点。他认为，古罗马时期的"publics"

---

① 福田欢一. 西欧思想史中的公与私//佐佐木毅，金泰昌. 公与私的思想史. 刘文柱，译. 北京：人民出版社，2009：3.

② 久道義明. 公共的な社会を構筑するための基本的な視座：西欧社会思想史にみる公共性の概念. 北海学園大学経済論集，2009，57（2）.

③ 汉娜·阿伦特. 人的条件. 竺乾威，等译. 上海：上海人民出版社，1999：23-24；哈贝马斯. 公共领域的结构转型. 曹卫东，等译. 上海：学林出版社，1999：3-4.

④ 汉娜·阿伦特. 人的条件. 竺乾威，等译. 上海：上海人民出版社，1999：31.

一词意味着具有公开性。因此，在众人注视下，在自由民的视力所及的范围内接受审查，并且把这一形式转用于屋外和街头，就可以称之为在公共场所。相对来说，"privates"就是今天所说的非公开性、私生活，意思是躲避他人的目光，不接受他人监视的领域。因此，可以说"in privato"是由在屋内进行、不在街头进行、避开他人监视而产生的词语。① 福田欢一在论述"privates"时更侧重于当今的语境，阿伦特在论述古罗马晚期产生的隐私观念时，主要侧重于论述隐私意味着一种被剥夺的状态，她认为隐私意味着人被剥夺了人类能力中最高级、最人性的部分②，即人仅仅过着个人生活，而不是过着公共生活。

由此可见，古希腊罗马时期私人领域和公共领域是泾渭分明的，私人领域是受生的欲望和生活必需品制约的，公共领域则是脱离了私人领域而出现的自由的领域，自由民在公共广场通过言论等方式展现个性。

（二）近代欧洲的公私观念

近代欧洲思想史中具有丰富的公私思想资源，因此，日本公共哲学领域的许多著名学者，如田中秀夫、川出良枝、三岛宪一、纸谷雅子、今田高俊等，都对这一时期相关哲学家的公私思想产生了极大的兴趣，相关的讨论被整理成《欧美的公与私》一书，讨论的内容涉及英国、法国、德国等不同国家之政治学、经济学、社会学等不同学科领域中的公私关系以及公共性问题的产生、发展、现状等。

具体来看，田中秀夫梳理的主要内容是17—18世纪英国公私观念的转变，体现了从绝对主义的公共性向市民的公共性的转变：从霍布斯的绝对主义公共性和个人主义开始，经过洛克的自由主义，在亚当·斯密和苏格兰的启蒙中完成观念的转变，其转变的思想轨迹是由历来的政治公共性转向伦理的社会公共性，再进一步转向经济公共性。在这里，商业社会的公共性得到了肯定性评价。③ 川出良枝则描绘了17—18世纪法国路易十

---

① 福田欢一. 西欧思想史中的公与私//佐佐木毅，金泰昌. 公与私的思想史. 刘文柱，译. 北京：人民出版社，2009：5.

② 汉娜·阿伦特. 人的条件. 竺乾威，等译. 上海：上海人民出版社，1999：29.

③ 田中秀夫. 近代英国公私观念的转变——从绝对主义的公共性向市民的公共性//佐佐木毅，金泰昌. 公共哲学：第4卷 欧美的公与私. 林美茂，徐滔，译. 北京：人民出版社，2009.

四时期到达顶峰的"武的公共性"向"商的公共性"的转变。他通过论述孟德斯鸠、休谟、科耶（Coye）等思想家关于"商业"公共性的思想，指出了"商业"公共性模式的新的特点，即为了经济上的繁荣，个人从事作为利己性活动的生产或贸易对一个国家是有效的。① 三岛宪一结合德国哲学家哈贝马斯的观点，论述了作为公共讨论场所的公共性的成立、变迁、现状等问题。他的研究涉及德国的近代公共性和现代公共性，并且强调近代的公共性是与个人经验相联系，即与私的领域相关的公共性，它不同于之前王公贵族显示自己的财富和权力而普通民众只能隔墙观望的那种显示性的公共性，是一种以参加者原则的普遍性为特征的市民的公共性。②

　　日本学界通过对17—18世纪的英国和法国社会、18—19世纪的德国社会的公私观念及公共性问题做历史的考察，揭示了随着商人的出现和商业社会的发展，人们公私观念的两个转变：第一，近代的公共性是与个人经验相联系，即与私的领域相关的公共性；第二，近代的公共性建立在市民社会的基础之上，表现为市民的公共性。

（三）现代欧美公私观念的转变

　　随着现代化的推进，公私观念发生了新的变化，不少日本学者针对这些变化做了探讨，如纸谷雅子在《现代美国公私观念的转变——来自女权主义的挑战》一文中，以女权主义为研究对象，在批判传统公私二分论的基础上，探讨了在与公私观念的关系中美国最先出现的"性差"问题。她认为家庭作为私人领域是可以肯定的，但是由于公私关系的错综复杂性，家庭并不是绝对的终极之私。在必要的情况下，家庭内部需要"公"的干预。她批判了把家庭作为终极之私的领域而拒绝"公"的介入，认为这造成了放任家庭内部的暴力、虐待儿童等情况。正如纸谷雅子所说，拒绝"公"的介入实际上是姑息了家庭中存在的男性支配的逻辑，这在学界被

---

　　① 川出良枝. 近代法国公私观念的转变——从"武"的公共性向"商"的公共性//佐佐木毅，金泰昌. 公共哲学：第4卷 欧美的公与私. 林美茂，徐滔，译. 北京：人民出版社，2009.
　　② 三岛宪一. 在德国公共性的三次结构转变//佐佐木毅，金泰昌. 公共哲学：第4卷 欧美的公与私. 林美茂，徐滔，译. 北京：人民出版社，2009.

批判为暴力行使的正当化。"私"的这种主张使得家庭内部依然不透明，因为来自强者暴力的支配并没有暴露在外，所以从反省放任不管家庭内部来自配偶的虐待、暴力以及虐待儿童等问题开始，即使在家庭内部发生的事情也积极要求"公"的介入和干涉的动向得到了很多人的支持。① 不过，即使如此，也不应该否定家庭作为私的领域的绝对性，因此必须对公的领域有所限制。从警惕"公"的过度介入这一点来考虑，纸谷雅子的这种观点是值得肯定的。

此外，随着经济的全球化，网络信息技术的普及，国际交往的频繁，人们越来越感到地球正成为一个村落，对公的空间的思考也逐渐超越了国境。特别是欧盟的成立，用共同的法律和规则管理欧盟国家，使国家的主权相对化，让人感觉似乎形成了一个"没有国境的欧洲"，形成了一个超越国境的公共空间。基于这样的时代背景，宫岛乔在《现代欧洲公私观念的转变——从国家的公共性到超越国境的公共性》一文中，结合欧盟组织、人权保护、消除地区差距等问题，指出了现代欧洲从国家的公共性到超越国家的公共性的公私观念转变。根据他的观点，欧盟已经形成了超越国家的公共空间。尽管过去欧盟在相当程度上实现了国家主权的转让，但要让各个国家停止国家利益、国家主权，甚至做部分的放弃或转让都还是很难的。英国的脱欧在一定程度上预示了欧洲一体化的解体，超越国家主权的公是难以实现的。在人权保护方面，一方面，依照《欧洲人权公约》的有关规定，有关人道、人权的标准成为公，国家主权名义下的行为有可能成为私；另一方面，《马斯特里赫特条约》（Maastricht Treaty）的补充性条款对以公的名义对私的行为所进行的不合理干涉进行监督，体现了欧盟对私的行为的尊重，以及致力于在公与私之间搭建桥梁的努力。另外，在消除地区差距问题上，通过结构基金（structural funds），欧盟的各个发达国家负起"公"的责任，对发展中国家实施财富再分配。② 尽管在现

---

① 纸谷雅子. 现代美国公私观念的转变——来自女权主义的挑战//佐佐木毅，金泰昌. 公共哲学：第4卷 欧美的公与私. 林美茂，徐滔，译. 北京：人民出版社，2009.

② 宫岛乔. 现代欧洲公私观念的转变——从国家的公共性到超越国境的公共性//佐佐木毅，金泰昌. 公共哲学：第4卷 欧美的公与私. 林美茂，徐滔，译. 北京：人民出版社，2009.

代社会，世界各国人民的联系空前紧密，整个世界越来越成为一个命运共同体，但只要国家没有消亡，国家主权、国家利益就会永远存在，超越国家主权、超越意识形态的公共空间就难以构建。但这并不意味着国家之间应该老死不相往来，人们只要尊重各个国家和地区的独立发展，尊重各个国家和地区的文化传统，在网络安全、环境保护、科技发展等全人类不得不共同面对的问题上加强磋商和对话，就会取得共识性成果。

总之，从日本研究公共哲学的学者对欧美思想史上之公私观念的研究中可以看出，古希腊罗马时期家庭生活即私的领域是受到必然制约的领域，而城邦生活即公的领域则是自由的，家庭生活是公共生活的前提，但公共生活却是独立的。随着市民社会的形成，近代公共性与个人经验即私的领域联系紧密。随着现代化进程的推进，公私领域又不断向内外扩展，形成了新的特点。实际上日本学界在探讨欧美思想史上的公私问题时，总是结合欧美的现实社会、结合日本今天关于公私关系的现实状况而展开讨论的。这种研究方法有时会让人感到研究者似乎跑题了，但深入思考便会发现，研究者不但提供了理解公私关系的理论背景，还带有强烈的问题意识和关注现实的使命感，致力于从更宏大、更宽广的视野研究公共哲学的这一核心问题。

二、东方思想史中的公私问题

在日本公共哲学研究领域，以欧美思想史为基准进行公私关系的讨论是非常普遍的现象。但是，日本与同处于亚洲的中国和印度特别是中国的思想文化有着千丝万缕的联系，从词源学或语义学的角度探求"公""私"概念的原义，必须从中国思想史中寻找根源。这也是笔者在第三章着重从中国思想史角度梳理"公""私""公共"问题的缘由之所在。在日本学界，沟口雄三在这个问题的研究上走在了前面，其代表性研究成果，如《中国的公与私·公私》，引起了日本学者与中国学者的广泛注意，使很多学者重新以东方思想为背景，在东亚思想的脉络中重新思考公私问题。

(一) 从中国思想史上的公私思想审视日本的公私观念

不少日本学者关注过中国的公私观念,如难波征男在《朱子学中的公、私与公共》一文中对朱子的公私观念做了梳理,并围绕《朱子语类》论述了朱子关于"公共"的思想。① 沟口雄三在《中国的公与私·公私》《中国思想史中的公与私》等论述中系统考察了中国"公"字的词源、"平分"概念的由来,并从政治、社会、自然这三个方面对"天之公"进行了分析,提出了有利于研究日本公私问题的启发性观点。由于笔者在第三章已经专门阐述了中国思想史上的公私问题,故在此侧重于介绍中日公私观念的不同部分。

沟口雄三在《中国思想史中的公与私》一文中对甲骨文、金文之"公"字的演变情况和东汉许慎的《说文解字》对"公"字的词源解释进行了分析,从中得出了以下结论:"公"字在甲骨文、金文时代指的是与共同体首长相关的东西或对它的尊称,还指共同体的设施、财物,战国末期以来又新添了公正、公平等伦理上的含义。沟口雄三以这个结论为基础,对中国"公"字与日本"公"字的含义进行了比较研究,发现只有中国的"公"字才有平分的含义,于是专门研究"平分"概念的由来,从两个方面大胆推测原因。通过对大量中国经典文献的考察,提出中国的"公"观念中渗透有浓重的天下观念,并从政治、社会、自然这三个方面对"天之公"进行了解释。

沟口雄三认为,从国家的观点来看,朝廷、国家、政府、爵位等是公,大臣、民间区域、民间事务等是私,然而从天下观念来看,普通百姓是公,朝廷、国家则变成了私,这表明在"天之公"的政治方面存在着在国家之上、超越并包括国家的天下观念。从社会性的"天之公"来看,公容许各个私的欲望,通过均分原理可以把主体的私联合起来,并且各个私作为构成联合整体的一个单位规定着整体,同时又作为整体的一个部分受到整体的限制;从自然性的"天之公"来看,私指的是与万物的自然状态相对的某种社会性的东西的介入,公指的是自然的和谐秩序,或顺从这种

---

① 難波征男. 朱子学における公と私と公共. 福岡女学院大学纪要, 2004 (14).

秩序的自然的本来状态。① 他认为中国的"天之公"对构建日本的公私观念至少具有以下启示意义：（1）从政治之公来看，在处理国家的公共事务时应以国际观点为基础，不应陷入狭隘的国家主义；在处理地方的公共事务时应把百姓的权益放在第一位，并通过实现集团的权益来保护个人的权益。（2）从社会之公来看，应通过与他者的共存来谋求自己的利益，要努力摆脱狭隘的伙伴主义、横排队的均一志向。（3）"天之公"观念对于自然环境的破坏、人口过多等问题也都具有启示价值。

（二）在东方思想的脉络中挖掘印度古典思想中的公与私

奈良毅在《印度思想中的公与私》② 一文中关注印度古典中提倡的生活方式及其蕴含的共生智慧③，并从日本和印度的比较中阐明印度有益于21 世纪人类生存的公共理论和方法。他比较了印度"铁板烧型的文化"与日本"杂煎菜型的文化"的异同，并认为印度文化是收留了各种文化原型的多样性文化，与融合成一体的日本文化形成了鲜明对照。相比较来说，印度文化具有的多样性和宽容性，以不干涉为原则的共存、共生思想，或许能成为21 世纪世界重要的政治和社会理念。这种生活态度和中

---

① 沟口雄三对中国"天之公"之特点的描述实际上与其对中国的"天""理"等观念的论述是一脉相承的。他在《中国前近代思想的屈折与展开》一书中认为，天、人在中国并未走向分裂，随着人的社会性欲望的发展，天理非但没有解体，反而通过转变其内涵而获得了再生，即理开始作为自己与他人之间的欲望的社会性调和态而发挥机能。至于"天理"为什么能转变自身的内涵，他在《中国的公与私·公私》一书中认为，在中国，因为理的性格具有对自然的非超越性和非自立性，所以人的自然在任何时代都没有必要与理对抗，反倒是，当人的自然表现为社会性欲望或生存欲时，理甚至因此而变革自己。在《中国的思维世界》一书所收录的《中国的理》一文中，他更明确地将理定义为"本来的秩序观念"，他认为宋代的理不过是秩序的观念，宇宙自然自有其应有的法则性，政治、社会原本就应该有统一的秩序原理，人一出生就是一种道德性存在，所以本来就该如此，它是这样一种观念，它丝毫不是一种实体性的对象，理就是以秩序为本来状态的观念。理正因为是一种观念，所以才能具有理念性，也就是说，我们可以观察到理随着时代变化而被革新。

② 奈良毅.印度思想中的公与私//佐佐木毅，金泰昌.公与私的思想史.刘文柱，译.北京：人民出版社，2009.

③ 其实，除了奈良毅从公与私的角度思考印度古典文化的价值之外，长谷川诚一［长谷川诚一.古代インドの経濟思想とギリシヤへの影響：カウテイルヤ實利論を中心として.駒澤大學研究紀要，1955（13）］也认为，西方学者对印度古代文化的先进性认识不足，他认为印度古代文化远远高于古希腊文化，对古希腊文化和古罗马文化产生了非常大的影响，并且以古印度的《实利论》为核心依据，认为古代印度虽然形式上是专制国家，但实际上是法治国家。

国经典中倡导的"己所不欲，勿施于人"思想具有相似的价值，对于21世纪的人类来说，可能会成为具有重要意义的生活方式。

奈良毅探讨了印度基于家族尊重主义的公共性，他认为在一般印度人看来，"对于自己本身是否有益"的重要判断标准是带有精神的宗教意味的"净不净"和"对于自己的家族是否有益"。按照印度教的《摩奴法典》，一旦违反《摩奴法典》的教义教规成为不净的人，就不能被自己的家族接受；大家族中的每个人都要为保护大家族的利益做出贡献，甚至做出最大的牺牲，如果忽视或放弃这种责任，就一定会被家族共同体驱逐出去。一旦被家族驱逐，就意味着处于社会性质的死亡状态。对于这种把家族利益视为核心的印度人而言，家族以外的世界，如企业、社会、国家、地球等，统统都被视为局外的世界，他们认为没有必要为这类世界做出牺牲。或者说，如果将家族以外的社会、学校等公共机构或政府、国家等视为"公"的组织，那么就可以说他们没有个人对于"公"的组织的归属意识。当然，以不干涉主义为行动准则的印度人，绝不会无端做出威胁其他家族安宁和存在的事，因为为了自己的家族或自己居住的村落共同体的延续和发展，他们设想出了"阿特曼"（真我、灵魂），并且认为阿特曼存在于每个人的心中，存在于一切事物中，爱他人和自然中的一切事物就是爱"阿特曼"，也等于爱自己，伤害他人也等于伤害自己。也就是说，对于印度人而言，区别个体与全体，或者区别私与公，并没有什么意义，因为印度社会中的人最终是从属于大家族的一员，没有家族以外的存在的意识，同时存在于每个人心中的"阿特曼"与宇宙终极的"阿特曼"又是同一的。

日本学界除了关注中国、印度古代思想中的公私问题，还有不少学者开始关注现代亚洲出现的新的公私特点。田边明生在《民主主义与生存伦理的政治：关于中间集团的现代性之可能性的考察》① 一文中，论述了印度在被殖民时期所孕育的市民社会的状况，并以印度的事例为题材探讨了中间集团存在的可能性。除此之外，值得一提的是，在印度之外的东方社

---

① 田辺明生. デモクラシーと生モラル政治：中間集団の現代的可能性に関する一考察. 文化人類学，2006，71（1）.

会中，重富真一在《公共性与知的共同体——在泰国农村的共有地形成过程》一文中，以泰国农村共有地的形成过程为材料，说明了在开发过程中产生的新的公共性问题。[①] 以上这些研究，都是日本学界关于东方世界公私问题研究的重要资源。

三、宗教思想史中的公私问题

为了从研究方法上超越以往的西方（欧美）思想、东方（中国）思想的二元论思维，弥补被很多人忽视的宗教思想史的脉络，日本公共哲学界的不少学者开始探讨基督教、伊斯兰教思想中的公私问题，以下分别进行论述。

（一）基督教思想中的公私问题

针对基督教思想中的公私问题，不少日本学者是从欧洲思想史的脉络角度把握的，代表性论述有福田欢一的《西欧思想史中的公与私》等。此外，亦有不少学者从基督教自身的思想出发探讨其中蕴含的公私问题[②]，代表性论述有竹内裕的《〈约伯记〉的断层导读：在公与私或者演绎与归纳之间》。[③] 竹内裕的关注视角不同于以往对《圣经·约伯记》的研究，他侧重于从约伯与友人的争论中探讨基督教在神的至高无上思想背景下出现的自己与他者认识的错位，以及公与私的矛盾。

《约伯记》是《圣经》全书中最古老的篇章之一，讲述了上帝考验自己忠实信徒的故事，事情起因于上帝与撒旦打赌，上帝认为约伯是一位虔诚的信徒，而撒旦则认为如果上帝降灾难给约伯，约伯就不会再信奉上帝，于是上帝给了撒旦权力降灾难给约伯，约伯因此承受了众多的灾难。约伯的三位友人同情他的遭遇，陪了他七天七夜，友人虽然和约伯一样坚

---

①　重富真一. 公共性と知のコミュニティー——タイ農村における共有地形成過程. 公共研究，2007，4（3）.

②　除了基督教思想自身，宗教画也是体现基督教思想的重要载体，如今井澄子就在自己的一篇文章中主要是从宗教画的角度揭示了基督教思想中的公私问题。［今井澄子. ヤン・ファン・エイク作《ロランの聖母子》の社会的・宗教的機能：一五世紀宗教画における公と私. 美学，2001，52（4）.］

③　竹内裕.『ヨブ記』の断層を読む：〈公〉と〈私〉、あるいは〈演繹〉と〈帰納〉のあわいに. カトリック研究，2013-08-01.

守对神的信念，但他们不相信约伯的清白，他们认为约伯一家既然遭受天谴就必定有罪，而约伯自身却知道自己的义，于是他们之间进行了多次辩论。竹内裕关注的就是约伯与其友人之争论中存在的错位，对于约伯之义，神、撒旦、约伯是知道的，而友人却是不知道的；对于降灾难给约伯是一场考验，只有神、撒旦知道，约伯与其友人都是不知情的。所以，当不知情的友人和约伯围绕约伯之义进行争论时，友人是从作为支配全体之公理的因果报应原则出发来判断约伯眼前的困穷是由于约伯非义，而约伯是从个体生命的真实状况即自身之义出发来质问"全体"之义的贯彻。也就是说，友人是从公的角度出发，而约伯是从私的角度出发，但是友人又无法认识真正的公，这种错位与矛盾直接导致友人与约伯无法通过对话达成一致，所以约伯会产生"对话是空言"这样的感叹。本来对话是苏格拉底所提倡的"助产术"，但是友人与约伯都固执于自己的立场，使对话变为了沉默。不过，《约伯记》并没有以两者的沉默收场，神的登场打破了这种沉默，神终止了这场考验，使约伯恢复了健康，生下了同样多的子女，并获得了加倍的财富，赏善罚恶又恢复了。我们从中可以看到报应思想依然存在，神对约伯之义进行了追认，神对辩论进行了直接的裁决。以神的语言为契机，友人与约伯达成了和解。

由此可见，基督教思想中的公私问题基本上存在两个特点：第一，具有以作为观念的公压制私的极权主义倾向；第二，公与私存在两极化的倾向，神作为公，其意志是无法被个体之私所知悉的，而在公无法被私了解时，不同的私之间的认识就容易发生错位。

（二）伊斯兰教思想中的公私问题

板垣雄三在《伊斯兰教思想史中的公与私》一文中，从总体上梳理并审视了伊斯兰教思想体系及思想发展，并在此基础上讨论了公私问题。在讨论这个主题之前，板垣雄三首先讨论了贯穿于所有伊斯兰思想过程并对其起制约作用的基本立场——伊斯兰教思想的核心内容。在伊斯兰教中，《古兰经》和《言行录》是不容任何人改动的规范，因此，与其在伊斯兰教思想进程的各个阶段寻找关于公私问题的争论，不如关注公私问题在思想发展的总过程的"场"或基础（《古兰经》和《言行录》）上是怎样被反映出来的。基于这种认识，板垣雄三考察了阿拉伯语中的"公""私"

概念、信徒义务的本质，并从信仰与行为、社会与个人、教法与神秘主义、男女这四个方面对伊斯兰教中公私问题的相关情况进行了调查。通过对调查的分析，板垣雄三对伊斯兰教中的公私问题下了五点结论：一是把公共性意识伊斯兰教化的愿望始终不渝，因为在万物的创造者、统治者、最终主宰者之真主面前，个人的一切都在意料之中，在这种状况下，个人的存在直接作为其自身的公的存在，而政府和官员设定的公则黯然失色；二是伊斯兰教的城市生活、近代性，作为历史上公共性观念形成的基础而受到关注，在作为现实承认个人是受真主约束的宗教性存在的时候，自然就产生了公共性，从而必须从根本上改变把公与近代社会联系在一起、把私与近代的自我联系在一起的近代观；三是通过承包、"分额"权下降性分割的形式得以扩张、增值的"乌穆尔"之"公"功能，不可遏制地造成了私的领域蚕食公的领域，使私的领域无秩序延伸；四是注意保护作为社会之私的领域的"哈利姆"（女性的居住空间），这是实现公共性的关键；五是面对公私对立、公私双向相互渗透以及两者间的逆转现象，我们应当认真反省，以获得能够平衡分配、配置公与私的节度和智慧。①

除了直接从正面论述伊斯兰教思想中的公私问题之外，柳桥博之在《伊斯兰世界的公与私》一文中，侧重于从伊斯兰法施行的角度来讨论伊斯兰教中的公私问题。② 他认为，伊斯兰法的执行基本上也依靠政治权力，而在政治权力无法积极干预的场合，它的执行首先依靠信徒个人的良心，这是私的领域。在私的领域无法保证时，伊斯兰法的执行除了依靠政治权力之外，还存在另一种执行方式，即由信徒的共同体（不同于政治权力）来执行，比如对于通奸罪，是由信徒们共同以向通奸犯投石的方式将其处死。这也可以看出，伊斯兰教思想中公共性之伊斯兰教化的特征。

通过梳理日本公共哲学界所进行的研究可以看出，欧美、东方、宗教等思想发展史中的公私问题各有不同的特点：第一，就欧美思想史来看，古希腊罗马时期家庭生活即私的领域是城邦生活即公的领域的前提，但是

①　板垣雄三. 伊斯兰教思想史中的公与私//佐佐木毅，金泰昌. 公与私的思想史. 刘文柱，译. 北京：人民出版社，2009.

②　柳桥博之. イスラームにおける公と私. 史学雑誌，2012，121（1）.

公共生活不同于家庭生活，它是自由的领域，同时又是独立的，随着市民社会的形成，近代公共性与个人经验即私的领域开始紧密联系在一起，而此后公私领域又不断向内外扩展，形成了新的特点。第二，就东方思想史来看，中国的公私关系中，公相较于日本多了平分的含义，并且渗透着浓重的天下观念，而印度古典思想不怎么区分私与公，因为首先印度社会中的人最终是从属于大家族的一员，故而没有家族以外的存在的意识，同时存在于每个人心中的"阿特曼"与宇宙终极的"阿特曼"又是同一的。第三，就宗教思想史来看，基督教思想中具有以作为观念的公压制私的极权主义倾向，同时公与私存在两极化的倾向，神作为公，其意志是无法被个体之私所知悉的。伊斯兰教思想中存在将公、公共性伊斯兰教化的倾向。

第二节　公私问题的跨学科比较研究

如果说从思想史的纵向角度考察公私问题，以明确其在不同时代、不同地域、不同文化背景中的含义是建构公共哲学体系的首要理论问题，那么接下来打破学科专业的限制，进行跨学科的横向比较研究，在求同存异的基础上相互补充以达成共识，则是时代的要求，也是日本公共哲学界关注的重要问题。以下分别从政治学、法学、经济学、社会学、哲学等学科角度阐述日本学界公私问题研究的新视角。

一、政治学与法学中的公私问题

政治学、法学一般被认为是关于公的领域的学问。日本学界从政治学角度梳理公私问题较有代表性的著述是佐佐木毅的《从政治学的观点看公私问题》①、高作正博的《围绕"公共圈"的"公"与"私"：在表现的"场"中私的意义与界限》② 等。此外，还有不少学者从法学角度探讨公

① 佐佐木毅. 从政治学的观点看公私问题//佐佐木毅，金泰昌. 公共哲学：第 2 卷　社会科学中的公私问题. 刘荣，钱昕怡，译. 北京：人民出版社，2009.
② 高作正博.『公共圏』をめぐる『公』と『私』——表现の『場』におけるプライバシーの意義と限界. 關西大學法學論集，2013，62（4/5）.

私问题，如千叶真与小林正弥编著的《日本宪法与公共哲学》①、宫泽俊昭的《针对集合性·公共性利益在私法上的权利法构成的一种考察》② 等。

佐佐木毅在《从政治学的观点看公私问题》一文中首先提出了"作为关于公领域之学的政治学"，他在文中主要从四个方面讨论了公私问题。第一，佐佐木毅讨论了公、私以及政治学的特点。他认为公的对象具有一般性，即一般性的、共通性的东西是公的东西，公的世界是制度的、人为的世界；私的对象具有特殊性，其内容是具体的、隐秘的（被隐藏的世界），私的世界是自然的、生物的世界；而政治学一直与围绕着私对公的篡夺的不可回避性及其否定的故事有关，因为人无法避免特殊性、具体性，而一旦由那样的人（私）掌握政治权力，就无法保证不发生私对公的篡夺，政治学致力于避免这种现象的发生。第二，佐佐木毅探讨了公的承担者或者实现公的方法，一是通过制度来解决，即根据规则选出当权者和代表，一旦通过制度确定下来，如在一定时期内是代表的话，就"被认同"是代表；二是根据判断内容来解决，因为不能把公的领域全部还原为制度论，比起以制度为中心的想法，政治学也一直认为有更合适的思想或者人物会承担起公。第三，佐佐木毅讨论了私对于公的接近方式，他认为我们必须有意识地持有公平、中立、稀薄这几个视角，而对于公的承担者，除了用制度论的方法进行确认与约束之外，要更多运用伦理性、道义性的感觉。第四，佐佐木毅从人与政治的角度探讨了公的领域应以何种形式与"具体性"相结合的问题，公共性也可能有停留于意识形态和抽象信息的阶段，但最后还是取决于社会上的判断，即公共性、普遍性通过带有具体性的内容而归结为一个判断形式，所以应当发掘想要对公的领域下判断的人，以此来促进围绕公的领域的判断领域即公共空间的形成。从佐佐木毅对政治学中公私问题的关注可以看出，他强烈地意识到公与政治其实是非常靠不住的东西，他所讨论的解决方式主要有二：一是通过制度的约

---

① 千叶真，小林正弥. 日本宪法与公共哲学. 白巴根，等译. 北京：法律出版社，2009.

② 宫泽俊昭《针对集合性·公共性利益在私法上的权利法构成的一种考察》一文连载于《近畿大学法学》杂志，分别发表于 2006 年第 12 期、2007 年第 3 期、2008 年第 12 期、2009 年第 6 期、2009 年第 9 期。

束，二是向作为私的个人注入公的意识。

相对于佐佐木毅关注私对公的篡夺问题，高作正博在《围绕"公共圈"的"公"与"私"：在表现的"场"中私的意义与界限》一文中，更加关注在参加选举与投票等民主主义及制度性的过程中出现的个人的"私"性的问题。如在公开投票制下，他一方面认为个人的隐私权在公共之善、责任、义务面前不被承认，"私"性也被剥夺了，他另一方面又认为投票者具备在公开条件下表达自己意见的能力，是"强的市民或个人"，而在秘密投票制下，就需要排除社会性、地域性压力，以保障投票者按自己的意志自由决定，从而又预设了"弱的市民或个人"。无论在何种投票制下，他都认为最重要的是在民主政治的实现过程中确保个人的"私"性。

政治学中所担忧的私对公的篡夺、公对私的侵犯等问题，其背后所需要的制度建设实际上与法学密切相关，日本法学界尤其关注其中对"私"性的确保问题。千叶真与小林正弥编著的《日本宪法与公共哲学》一书，从宪法角度重点考察了立足于日本宪法的立宪民主主义与和平主义的公共哲学，他们认为第二次世界大战后公布的日本宪法主要是根据主权在民、尊重基本人权、和平主义三原则制定的，在显示民主主义与和平主义结合这一点上可以说是特殊的公共哲学。千叶真等人将和平宪法、和平理想、教育立法等理解为一种公共哲学，认为它是一种针对现实支配体制的，具有批判性、福利目标与和平志向性的公共哲学，是一种具有教育意义的公共性以及公共伦理。他们所探讨的宪法与公共哲学的问题实际上也包含公与私两个向度：从私的向度说，他们注重宪法对人权的保护，认识到公共领域因其固有的权力作用可能会威胁个体的自由，所以必须对权力过剩与权力的残酷性保持敏感；从公的向度说，他们不仅关注政治领域，同时也关注作为整体的世界主义，致力于"为实现和平"的公共哲学研究。除了宪法上对人权的保障，不少学者亦从个人之私权的构成、性别平等角度探讨私的问题。如宫泽俊昭在《针对集合性·公共性利益在私法上的权利法构成的一种考察》一文中，以环境利益为例，探讨了集合性、公共性的利益如环境利益是否可以作为个人的私权即环境权的问题。三成美保的《从性差论思考公与私》①、中山道子的《性》② 等论文，则对近代法中的公私二分倾向做了反思。三成美保批判了"市民的公共圈＝公·政治＝主＝男""对抗的公共圈＝私·生活＝从＝女"这样非对称的社会性别角色规范，探索了"公（政府）-共（新的共同体）-私（个人/市场）"这样新型的社会结构。

总的来说，从政治学角度探讨公私问题，一般学者关注的重心是私对公的篡夺以及个人之"私"性的确保问题，而法学则更多从制度层面探讨如何保障个人之私权以及私权之构成的问题。

二、经济学中的公私问题

日本公共哲学界有一批学者研究经济学与公私问题这一主题，产生了大量有价值的研究成果。其中，具有代表性的论述有间宫阳介的《从经济学的观点看公私问题》③、猪木武德的《公私问题与自发性中间组织》④、本间正明的《从财政问题看公私问题》⑤、井手英策的《对于财政学中"公"与"私"的考察》⑥、佐藤郁夫的《关于社会性责任之所在的考察：公与私边界的下降》⑦ 等，学者们围绕与制度的社会性选择相关联的公私问题、公共性问题以及经济学与现实的关系问题等，进行了深入的讨论。

这些论述讨论的问题主要包括：在经济（意识、活动和体系）中，公与私具有怎样的意义？应该怎样把握公共性？作为探究经济（意识、活动

---

① 三成美保. 公と私をジェンダー論から考える. 学術の動向，2007，12（8）.

② 中山道子. 性//佐佐木毅，金泰昌. 公共哲学：第5卷 国家·人·公共性. 金熙德，唐永亮，译. 北京：人民出版社，2009.

③ 间宫阳介. 从经济学的观点看公私问题//佐佐木毅，金泰昌. 公共哲学：第2卷 社会科学中的公私问题. 刘荣，钱昕怡，译. 北京：人民出版社，2009.

④ 猪木武德. 公私问题与自发性中间组织//佐佐木毅，金泰昌. 公共哲学：第6卷 从经济看公私问题. 崔世广，译. 北京：人民出版社，2009.

⑤ 本间正明. 从财政问题看公私问题//佐佐木毅，金泰昌. 公共哲学：第6卷 从经济看公私问题. 崔世广，译. 北京：人民出版社，2009.

⑥ 井手英策. 財政学における「公」と「私」について考える. 三田学会雑誌，2015，107（4）.

⑦ 佐藤郁夫. 社会的責任の所在に関する考察：低くなる公と私の境界. 北海学園大学経済論集，2015，62（4）.

和体系）的学问的经济学，所谓成为公共的意味着什么？面对经济全球化的浪潮，作为与其对立的理念与社会气质，以内向性的、保护性的民族经济来应对到底行不行？这种对策中有多少现实的妥当性与开拓未来的实际效力？全力投入 IT 产业，真的能够开辟日本经济再生的道路吗？与此相反，仅以把重点放在国内市场的保护与对企业的公共支援上的国家经济战略，能够对抗全球化吗？基于以上问题，日本学界形成的共识性观点主要包括：在经济的公共性问题上，经济基本上包括公、私、公共性这三个方面；当经济的主要承担者是国家、政府或与其相关的辅助机构时，这样的经济就是公的经济，当经济的主要承担者是追求私利的企业时，这样的经济就是私的经济；对于公共的存在理由及其功能和作用应该具有这样的意识，即不过分依赖公（国家和政府）或私（市场和企业），为了自己生活的自立与生活质量的提高，必须确立信念，提高自己的能力，以这种觉悟与意志行动起来。从经济体系的基本结构来看日本经济，可以将之假定为"灭私奉公"型的国家官僚主导命令指导经济、"灭公奉私"型的巨大企业中心的自由市场经济，以及公私竞争的混合经济。

具体来看，日本学界对于经济学中的公私问题，最关注的是公共事业、公共利益、公共善的问题。实际上，在亚当·斯密以前，经济学作为私域之学，几乎从未论及公共性。亚当·斯密以来，经济学界一直讨论的都是市场内部与外部的关系，特别是国家、政府与市场的关系，至于市场内部是否存在公共性，这几乎从没有作为经济学的重要问题得到过正面讨论。就此来看，日本公共哲学界对这一领域的关注具有重要的意义。

关于经济学中的公共性问题，日本大部分学者首先是从公共财产、公共财政的角度来探讨的。藤井弥太郎在《交通业的公共性：公·共·私》一文中认为，在市场经济社会中谈公共性问题，意味着意识到了市场的局限，市场在完全竞争的条件下存在诸多问题，这是政府介入市场的依据，当然，其判断的基础依然是"私"性的选择，政府介入只是对市场的补正。① 他以兼具"公"性与"私"性的交通为例，论述了市场经济社会中的公共性。交通尤其是公共交通，其公共性主要体现在其涉及公共的利益。此外，间宫阳介也认为公共财产和公共部门是经济学中具有公共性的少数例子。② 井手英策则具体论述了财政的公共性，他认为财政是近代的创造物，指出财政从存在论来讲，与市场经济对比，可以被定义为"公共的经济"，而从目的论来讲，可以被定义为"对货币的统治"，其运营主体是政府。他还对"公共的"到底指什么，以及"统治"表示怎样的状态等进行了进一步的论述，其后又从互酬（互惠）与再分配的角度对财政的功能及公共性做了论述。③

公共财产、公共财政可以说是经济学领域体现公共性的重要部分，除了对这一传统领域的关注，日本学界还非常重视新的中间组织的构建。猪木武德认为，只靠追求私人利益，公共善是无法实现的，所以提出了国家介入并按公共善的要求来制约追求私人利益的方法。他指出，现代经济学并不那么注意中间组织的功能和作用，而更多是以个人主义的竞争和由国家进行的统治这样的二元对立图式，来把握高度发达的产业社会的特征。他提出，不能仅靠政府来制约对个人利益的追求，还需要依靠自发性中间组织来进行自我规制。也就是说，国家和个人这样的二元结构是不完整的社会系统，要用自发性组织运用中间性的特性来对整体进行补充。因为自发性中间组织等小集团所追求的既不仅仅是个人的利益，也不仅仅是整体的利益，在照顾个人和整体双方的同时，有着对小集团的利益加以调整的判断力。④ 本间正明则从对日本养老金制度、财政赤字等问题的反思出发，提出今后非营利团体、非政府部门应当参与监督，与行政部门相配

①　藤井弥太郎. 交通事业の公共性：公・共・私. 三田商学研究，2000，43（3）.

②　间宫阳介. 从经济学的观点看公私问题//佐佐木毅，金泰昌. 公共哲学：第2卷　社会科学中的公私问题. 刘荣，钱昕怡，译. 北京：人民出版社，2009.

③　井手英策. 财政学における「公」と「私」について考える. 三田学会雑誌，2015，107（4）.

④　猪木武德. 公私问题与自发性中间组织//佐佐木毅，金泰昌. 公共哲学：第6卷　从经济看公私问题. 崔世广，译. 北京：人民出版社，2009.

合，他将其称为"新公共管理"（新公共经营）。① 相对于猪木武德、本间正明等学者关注的是非政府的中间组织，佐藤郁夫则探讨了将公私问题缩小化以解决公共问题的可行性，他提出以地域作为主体来解决水源、森林等公共财产存在的破坏等问题。②

总之，日本学界对经济学中公私问题的探讨，除了关注经济学自身作为私的领域之学问的基本特征之外，还致力于探讨体现公共性的公共财产、公共财政等问题，并积极探讨自发性中间组织对经济的介入问题，以此来弥补经济领域公私二分的缺陷。

三、社会学中的公私问题

回顾社会学界关于公私问题的讨论可以发现，这个问题经历了一个从热门到无人问津再到热火朝天的过程。在 20 世纪六七十年代，市民社会论和市民公共性曾是热门话题，随着大众社会状况下人们对政治漠不关心程度日益严重，人们围绕社会变革的方式进行了热烈的讨论；到了 20 世纪八九十年代，随着互联网的普及和经济全球化的到来，以及日本社会福利制度的完善，大众民主开始普及，通过在公开场合的讨论而形成公共空间的效果就必然会减弱，因此出现了公共性以及与之相关的市民社会的观点退隐江湖的状况；到了 21 世纪，随着经济全球化和社会信息化的进一步发展，又重新出现了对市民社会与公共性、个人与社会的存在方式进行思考的热潮。在对这些问题的讨论中，具有代表性的文章有今田高俊的《从社会学观点看公私问题——支援与公共性》③、长谷川公一的《NPO与新的公共性》④、佐藤庆幸的《支援部门与社会系统的变革》⑤ 等。

---

① 本间正明. 从财政问题看公私问题//佐佐木毅，金泰昌. 公共哲学：第 6 卷　从经济看公私问题. 崔世广，译. 北京：人民出版社，2009.

② 佐藤郁夫. 社会の責任の所在に関する考察：低くなる公と私の境界. 北海学園大学经济論集，2015，62（4）.

③ 今田高俊. 从社会学观点看公私问题——支援与公共性//佐佐木毅，金泰昌. 公共哲学：第 2 卷　社会科学中的公私问题. 刘荣，钱昕怡，译. 北京：人民出版社，2009.

④ 长谷川公一. NPO 与新的公共性//佐佐木毅，金泰昌. 公共哲学：第 7 卷　中间团体开创的公共性. 王伟，译. 北京：人民出版社，2009.

⑤ 佐藤庆幸. 支援部门与社会系统的变革//佐佐木毅，金泰昌. 公共哲学：第 7 卷　中间团体开创的公共性. 王伟，译. 北京：人民出版社，2009.

今田高俊首先指出了公共性的不同类型，包括城邦的公共性、文艺的公共性和政治的公共性等。他认为，在大众社会中发展的公共性，终归是以私为前提的，必须找出超越私的性质的公的可能性。因此，取代过去以与私相对的公为前提的"市民公共性"概念，构建在私的行为中发现公共性发展契机的理论，是不可或缺的。作为相应的理论战略，他提出用"支援"观念来代替"管理"观念，因为支援活动是以被支援者为前提的，所以如果以支援者为中心支援活动就不能成立，有必要追踪被支援者的状况是否得到改善，以此来检讨支援行为，与过去的利他行为不同，支援活动最终会带来支援者本人的自我实现。在具有自我实现的私的特征的同时，又以想他人之所想的形式兼有他者性这一点上，志愿者活动和NPO中的支援活动可以成为开拓新的公共性的契机。今田高俊进一步从支援者的立场提出了实施支援的四个条件：（1）这种公共性成为可能的条件是，社会处于后物质的时代；（2）由于支援行为只有在支援者和被支援者相对应时才有意义，所以必须经常反馈被支援者处于何种状态，如何接受支援行为的信息；（3）如果支援者的目的超出了被支援者的目的，支援活动就不是真正的支援，有必要控制支援者突出自己的目的或意图；（4）不得把支援强加于人。但从被支援者一方来看，绝不能滋长支援依赖体质。若指望别人支援而放弃了自身的努力，就不是真正的支援。[1] 今田高俊从支援活动中开拓出实践公共性，这是极其重要的。迄今为止，关于公共性的讨论都远离了普通生活，一提到公共性，就要求为了社会、为了他人或者为了天下国家。今田高俊的主张，不仅是公共舆论、讨论等言论体系的公共性，而且在日常行为中开拓了志愿者活动、NPO等实践体系的公共性，拓展了以个人实践为前提的公共空间，有利于吸引更多的人积极参与。

此外，除了认为志愿者活动和NPO中的支援活动在具有自我实现的私的特征的同时又兼有他者性之外，今田高俊在《中间团体开创的公共性》一书的前言中提出，从志愿者活动和NPO所具有的独立于政府的特

---

[1]　今田高俊. 从社会学观点看公私问题——支援与公共性//佐佐木毅，金泰昌. 公共哲学：第2卷　社会科学中的公私问题. 刘荣，钱昕怡，译. 北京：人民出版社，2009.

点来看，日本传统上的公共性都是由"官家"来做的，由国家来进行行政管理的公共性占据核心地位。这种类型的公共性的根据就是在完善公共事业和社会资本中常见的限制私权，相当于所谓的"官家的事"。日本存在着业界团体这一具有很大影响的中间团体，不过它虽然发挥着通过利益诱导把个人和私人企业与中央政府连接起来的功能，起着强化行政管理之公共性的作用，但是它往往与政府紧密联系在一起，公共性的大前提是对所有人开放，由大家讨论，信息公开，而业界团体则缺乏这种精神。他认为需要重新构筑源于市民力量的公共性，中间团体的再生和搞活必不可缺，而志愿者活动和 NPO、NGO 中的支援活动所体现的面向志愿者的意志，摆脱了已有的公私二元论，具有开拓新的公共性的力量，同时也体现了人们在公益性较高的服务供给上不是靠政府，而是用自己的力量来解决的倾向。①

从今田高俊的研究可以看出，社会学领域所关注的志愿者活动和 NPO、NGO 等中间团体具有两大特点：第一，以追求自我实现的私为前提，同时又兼有考虑被支援者的他者性；第二，是独立于政治的力量。除了今田高俊对志愿者活动和 NPO、NGO 等中间团体所开创的新的公共性有总体的把握之外，还有不少学者也对它们的类型以及运行等进行了具体的论述，如长谷川公一的《NPO 与新的公共性》、佐藤庆幸的《支援部门与社会系统的变革》、安立清史的《NPO 开创的公共性——福祉 NPO 的开展与课题》② 等论述具体论述了 NPO 产生的背景以及日本 NPO 的发展状况和作用。石原俊时的《Stockholm 慈善调整协会：从 19 世纪末到 20 世纪初的瑞典之公与私之间》③，以及冈村东洋光的《约瑟夫·拉文托利的"公益"思想：以三企业联合的活动为中心》④ 等论述，则进一步关注

---

① 佐佐木毅，金泰昌. 公共哲学：第 7 卷　中间团体开创的公共性. 王伟，译. 北京：人民出版社，2009：前言.

② 安立清史. NPO 开创的公共性——福祉 NPO 的开展与课题//佐佐木毅，金泰昌. 公共哲学：第 7 卷　中间团体开创的公共性. 王伟，译. 北京：人民出版社，2009.

③ 石原俊时. ストックホルム慈善調整協会：19 世紀末葉から20 世紀初頭にかけてのスウェーデンにおける公と私の間. 経済学論集，2012，78（1）.

④ 冈村东洋光. ジョーゼフ・ラウントリーの「公益」思想：三トラストの活動を中心に. 経済学論集，2012，78（1）.

民间慈善团体等民间非营利机构的志愿活动。

四、公私问题的哲学考察

对于哲学中的公私问题，不少学者首先是从政治哲学角度展开思考的，如福田欢一的《公私问题的政治哲学的基本问题》。① 他在此文中回顾了近代政治哲学中讨论的公私问题，认为这个问题在近代宪法中表现得最为清晰，其中最有代表性的哲学家是洛克、卢梭、黑格尔等。洛克主张，通过劳动创造自己财富的"私"，和以相互性、承认他人与自己同样拥有欲望，以此为媒介之所谓理性的、勤勉的存在，以此为前提就能确立共存的市民社会。这种情况下的公共、公的内容能够与私的共存。对于洛克来说，人民才是形成市民社会的主体，最高权力归人民所有。卢梭主张按照契约建立国家，以此来破坏、控制结社。在黑格尔的模式中，"市民社会"一词是作为与公共社会相对应的用语使用的，将其作为欲望的体系进行定义，但又认为这种社会并不是真实的人的秩序。因为市民社会仅仅被赋予了私的动机，所以在市民社会之上设置了国家。使用"国家"这一绝对主义的词汇来克服私的动机，这实际上与卢梭的契约论是一致的。欧洲的公法学是共通的，虽然一方面存在着抽象意义上的共通性和具体意义上的重大差异，但正是在这里，近代的政治哲学实现了从霍布斯到黑格尔的转变，其中在把拥有财产和教养的人作为公法的抽象性的承担者这一点上，可以说大体是共通的。

除了公私问题的政治哲学史的研究，福田欢一在此文中还论述了现代公私问题的焦点——市民社会。市民社会是哈贝马斯在 1990 年才开始使用的概念，他在 1962 年出版的《公共性的结构转变》一书具有较大的影响，其副标题是"对市民社会的一个范畴的探讨"。因为对哈贝马斯的立场有许多不太清楚的地方，福田欢一感到还存在各种各样的问题，就没有做更加深入的探讨。金泰昌也表示，在日本并不存在西欧社会所说的市民社会，而用国民社会可能更合适。为了弄清我们对子孙后代的生存条件所

---

① 福田欢一. 公私问题的政治哲学的基本问题//佐佐木毅，金泰昌. 公共哲学：第 2 卷社会科学中的公私问题. 刘荣，钱昕怡，译. 北京：人民出版社，2009.

负的责任，审视关于"公共"的思考方式也是绝对必要的，这也正是公共哲学研究会的宗旨之一。尽管人的一生归根结底只能由自己负责，自己本身也并不是自己选择的，完全不是由自己的作为或不作为来决定的，但是应具有接受既定自我，并只有在此基础上才能构筑自己一生的觉悟。由此，才能产生个人真正的精神上的自立。福田欢一认为，为子孙后代应该做的最重要的事情不是积累财富，而是牢固地培植人作为人所应有的存在方式。在日本社会里，如果用"公共"发言，政府就总以为那是出于私的利害关系的对行政的妨碍，从一开始就以拥有公共性而进行独断的处理。因此，官方顺理成章地独占公的资源，这种习惯在日本确实是根深蒂固的。正如福泽谕吉在《丁丑公论》中所说的："立国为私，而非公耶。大义名分为公，礼义廉耻在于私，存于一身。集一身之品行，乃为一国之品行。其业绩，彰显社会之事实而目睹其盛况，乃称道德品行之国耶。故大义名分，不足以为衡量一身之品行之器耶。"因此，福泽谕吉呼吁"一国之独立基于一身之独立"，为子孙后代确立个人的独立精神，在现实的基础上建立真正的公共性。

　　福田欢一基于政治哲学史反思日本公私问题，提出了日本公共哲学应该使"私"的独立精神从官本位的传统中脱离出来，以此作为确立新的公共精神的基础。除了政治哲学领域对公私问题的研究，日本学界真正从哲学角度探讨公私问题的论著非常少见，这也许是公共哲学界仍需进一步推进的研究。其实，日本公共哲学共同研究会成立的意图就是从哲学角度思考公共性问题，在《公与私的思想史》一书的前言二中，金泰昌曾提及日本成立公共哲学共同研究会的初衷，他指出这里所说的哲学，就是从本原上对事物提问、重新对事物进行审视。它不限于大学里的教授们研究和讲授的专业哲学（学院式哲学），也包括普通人在日常生活中对遇到的各种问题的思考、判断及实践活动的反省和再考察。① 也许正是基于从现实性的反思角度来看哲学，所以也可以说所有学科领域的反思都被包含在公共哲学共同研究会所指的广义的哲学之下。关于公共性问题，金泰昌认为，与按善恶、真伪的方式思考这些关系相比，从公与私的观点对其进行尝试

____

① 佐佐木毅，金泰昌. 公与私的思想史. 刘文柱，译. 北京：人民出版社，2009：前言二.

性的研究更有意义。这种研究，需要把公私问题作为新的公共性问题，从原点开始重新审视公共性与隐私性的相互关系。他认为，如果持国家与公同一或大致同一、公共性即公的观点，只讨论国家论，那么哲学就够了，没有另外再讨论公共哲学的必要。从分类上说，作为个体的人的存在状态是传统哲学讨论的问题，国家的存在状态是国家论或政治哲学讨论的问题，而从多角度多层面讨论广泛存在于国家与个人之间的各种生活、活动空间中所涉及的公私关系的组织、运动、职能、作用等，则是公共哲学讨论的问题。公共哲学所探讨的个人存在与国家的关系，不能再是通过某一方为另一方做出牺牲或被否定从而换取单独一方的形成、发展和繁荣了，"灭私奉公"和"灭公奉私"的理念都是不现实的。由此可见，日本学界从哲学角度对公私问题所做的探讨是基于特殊的现实关怀，除了对私的领域与公的领域之应然状态的思考，日本学界还非常关注公私领域之间的共媒性的中间领域。

综上所述，可知日本学界从政治学、法学、经济学、社会学、哲学等学科角度对公私问题进行了广泛的考察。具体来说，政治学关注的重心是如何防止私对公、公对私的侵犯问题；法学则更多从制度层面来探讨公私问题；经济学除了关注自身作为私的领域之学问的基本特征之外，还致力于探讨体现公共性的公共财产、公共财政等问题，并积极探讨自发性中间组织对经济的介入问题；社会学主要关注志愿者活动和 NPO、NGO 等中间团体的支援活动；哲学的关注则相对难以界定，如果从狭义的哲学角度来看，日本学界较少探讨公共哲学究竟是什么，该如何进行哲学界定，但如果从对现实的反思角度来看，日本学界对公私领域的研究本身就是致力于建构一门新的哲学。

日本学界对公私问题的跨学科研究，实际上是致力于打破学科过度封闭的界限，在一个更加开放的空间里进行深入对话，而这也是公共哲学应有的追求。正如金泰昌所说："当我们追求喜悦的'私'或者喜悦的'公共性'的时候，用有些夸大的话来说，必须要具有宇宙般的视野、宇宙文明的视野。我们不仅要用被吸附在地球这一行星上的人类的观点，还要用宇宙般的视野来看，追求怎样活着才能够变得幸福的答案。我认为这就是公共性的追求，既是'私'的追求，也是'公'的追求。"①

第三节　日本历史与社会中的公私问题

从前文的分析可以看出，不同时代、不同地域、不同文化和历史的国家与民族的公私观念有明显的差异。日本学者对公私观念进行了纵向史学考察，以及跨学科的横向比较，不过对他们来说最重要的是回到自身，立足于日本的历史和文化，梳理日本公私观念的发展变化，总结日本当代公私观念的基本观点。本节着重梳理日本学界基于思想史角度对日本公私观念之演变所做的研究。

一、日本近代以前的公私观念

对于日本近代以前"公""私"概念的变化，日本学界的观点基本是一致的，侧重于分析从大化时代到律令制时期的"公""私"概念，论述了日本"公""私"概念最初的特点，以及其在中世、近世的演变。其中存在争论的问题主要体现在两个方面：第一，是否存在非国家的社会性的公；第二，公是否具有伦理意义。以下在具体论述"公""私"概念在日本古代的产生及在江户时代的演变过程之外，还将围绕上述两个问题进行相关的探讨。

（一）日本"公""私"概念的产生

日本学界对于"公""私"概念最初产生过程的研究基本上参考的是吉田孝的《律令国家与古代社会》② 中的《家与公馆》一文，如水林彪的《日本式"公私"观念的原型与发展》③ 以及大津透的《关于日本古代的"公"》④ 等就是如此。笔者将以这些论述为参考，对日本"公""私"概念的产生过程展开阐述。

水林彪认为日本大化年代（公元 645—650）之前的大和语中并无

---

① 佐佐木毅，金泰昌. 公共哲学：第 2 卷　社会科学中的公私问题. 刘荣，钱昕怡，译. 北京：人民出版社，2009：270.

② 吉田孝. 律令国家と古代の社会. 東京：岩波書店，1983.

③ 水林彪. 日本式"公私"观念的原型与发展//佐佐木毅，金泰昌. 公共哲学：第 3 卷　日本的公与私. 刘雨珍，韩立红，种健，译. 北京：人民出版社，2009.

④ 大津透. 日本古代における「公」について. 史学雑誌，2012，121（1）.

"公""私"这组概念。"私"好像是语源不详的训读语。在日本古人知道中国的公私观念时，日语中还没有表现"私"的适当的词语。根据吉田孝的研究，最初"オホヤケ"（ohoyake）意为大的ヤケ（yake），而所谓的ヤケ（yake）就是地方豪族的建筑用地、建筑群的一小块设施。根据豪族大小的不同，由ヤケ发展出了表示大设施之意的"オホヤケ"和表示小设施之意的"ヲヤケ"（oyake）。此后，8世纪初日本吸收了中国的律令制度，重新改革制定国家制度，形成了律令国家制度。在这一过程中，"オホヤケ""ヲヤケ"这对概念逐渐消失了。虽然"オホヤケ"这个词流传至今，但是"ヲヤケ"这个词已经消失，取而代之的是"公"（オホヤケ，ohoyake）与"私"（ワタクシ，watakusi）这对概念。水林彪认为，日本古人在刚刚知道中国的公私观念时，把"公"和"オホヤケ"联系起来是可以理解的，同时可能感到"私"与"ヲヤケ"不同，于是创造了新词"ワタクシ"。他认为，在新出现的"公""私"这组概念中，"公"这个概念在大多数场合都用于表示国家以及支撑国家的统治阶级。当时，日本尚未形成社会与国家分离的国家制度，因此没有非国家的社会性层面的公共的"公"①，于是"公"被赋予了一元性政治社会最上层的含义。同时，这种"公"缺乏伦理意义上的合理色彩，他以《古事记》为核心进行说明，认为在《古事记》的神话里，统治这个国家的"高天原"里的诸神完全没有体现特别的伦理意义上的合理思想色彩。

　　水林彪认为，从8世纪中叶开始，日本的公私观念表现出两个方面的变化：第一，就土地制度而言，当时开始将个人开垦的田命名为私田，而国家分配给个人、个人死后由国家收回的口分田，由原来的私田变为公

---

　　①　水林彪认为，中国、日本以及欧洲诸国都经历过从地方各权力体多重结合的一元制国家制度，向社会和国家在结构上相分离的二元制国家制度的过渡。中国完成于秦汉时期，日本完成于明治时代，欧洲诸国在资产阶级革命之后才形成了市民社会和国家的二元性秩序。他认为，中国的国家制度直至清代，一直持续着作为"民"之领域的社会与作为"官"之领域的国家相分离的帝王政治国家制度。共通性的"公"便自然分化为社会与国家这两个世界，有了两个立场。拥有社会立场的"公"，可以视为舆论意义上的"公义""公议"等；而拥有国家立场的"公"，则表示政府机关的"公廨"、官僚礼仪的"公仪"、官府报告书的"公案"和高级官僚的"公卿"等。实际上，中国古代是否存在社会与国家的二分，中国古代的"公义""公论"等原则是否出自社会自身，学界仍然存在争论，没有形成确定无疑的公论。这些内容可参见本书第三章中的相关探讨。

田，这意味着，与国家相关为公，与国家不相关则为私；第二，"公民"①也发生了变化，在律令国家形成期，"公民"专指贵族阶层，天宁年间（公元729—749），耕作公管理下的公田的百姓也被认为是"公民"。他认为这一时期国家制度的根底部分已形成了具有公之意识的"公（国家）-公田·公民"的体系。公不单纯指狭义的国家机构或贵族统治阶层，在更广泛的国家关系中形成了公的意识。国家关系以外，私的领域也在展开，无论何种经营体，其核心部分都为公（公田·公民），周边部分则依附于私的结构，表明了包括私之层面的公之多重结构的成立。他认为，这一时期公私结构的特征表现为公只作为国家权力体系而存在，不承认非国家的社会性的公存在，并且公与私相互联系、渗透，每个主体都将公的地位作为法律根据，在其外缘开拓私的领域，私不能离开公而存在，没有可以离开公而存在的独立世界。

对于是否存在非国家的社会性的公以及公是否具有伦理意义这两个问题，水林彪的回答实际上都是否定的。就第一个问题来说，他承认公从律令制形成期的一元性政治社会最上层的含义转变为8世纪中叶的"公（国家）-公田·公民"的国家制度体系，但认为始终不存在非国家的社会性的公。就第二个问题来说，私作为从属于公的存在，本身并不具有独立性，公作为体系中的法律据点，并不具有伦理意义。

针对吉田孝、水林彪的研究，吴哲男在《古代日本的"公（ohoyake）"与日本书纪》一文中提出了异议。② 对于是否存在非国家的社会性的公，他认为作为"オホヤケ"原型的"豪族大公馆"具有公共的特点。他首先赞成吉田孝所主张的"オホヤケ"本来是对应于"小公馆"（ヲヤケ）的"大公馆"（"大宅"），也就是考古学上所说的"豪族大公馆"。不过，他认为需要注意的是，"豪族大公馆"并非仅仅是豪族阶层居住的建筑物，更重要的是，它是收纳谷物、武器等财物的独立的政治性设施。他指出，古文献中没有显示"オホヤケ"第一义意味（豪族大公馆）

① 《古事记》及宣命（天皇即位或改元之际，以文字形式记录下来的天皇讲话）中的"公民"与表示一般庶民的"臣民"以及"百姓"等词汇对应，是表示贵族阶层的词语。
② 吴哲男. 古代日本の「公（おほやけ）」と日本書紀. 相模女子大学紀要，2009，73.

的用例，所以应该以《日本书纪》中的"私家""郡家"为例来探讨"オホヤケ"的最初特点。《日本书纪》天武十四年（公元684）十一月条记载："丙午，向四方之国诏曰：'大角、小角、鼓、吹、幡旗与弩、抛之类，不可存于私家。咸收于郡家。'"他认为能装备这么大的武器的"私家"，不可能是个人的"イエ"（家）或者"ヲヤケ"（小公馆），而只能是地域首长的"オホヤケ"（豪族大公馆），而"郡家"则是律令制下天皇直属的地方机关。他从"オホヤケ"不同于天皇制直属的"郡家"的角度探索了其公共的意味，即"オホヤケ"（豪族大公馆）是氏族族长收纳谷物、武器等物品与设备的地方中的公共的部分，也就是说，是共同体成员可以自由出入的公共性的建筑部分，其延长线上必然能产生公共性（public）的意义。对于公是否具有伦理意义，吴哲男并没有明确论述，不过他在文中引用的圣德太子《宪法十七条》中的"背私向公"① 一语似乎暗示了这一意义。

实际上，吴哲男更多是从公共空间角度来论述所谓的作为公共的部分的"オホヤケ"（豪族大公馆）的，相对于水林彪的社会性的公共，它更多指场所性的公共，然而这种公共并不具有独立于政治的意味，如吴哲男在论述他自己所引的《日本书纪》中的"私家""郡家"时说，"大角、小角、鼓"等不能存于"私家"，而只能收于"郡家"，也就是说，虽然"私家"（豪族大公馆）存在公共的空间部分，但仍然统一于天皇制之下，并不存在独立于天皇制的公共领域。那么，圣德太子《宪法十七条》中的"背私向公"观念是否具有伦理意义？首先来看"背私向公"出现的原文，《日本书纪》推古纪十二年（公元604）四月记载了圣德太子的《宪法十七条》，其中第十五条出现了"背私向公"之说："背私向公，是臣之道矣。凡夫，人有私必有恨，有憾必非同。非同则以私妨公，憾起则违制害法。故初章云，上下和谐，其亦是情欤。"可见，私会导致恨，而公与制、法相关。也就是说，虽然可以说"背私向公"的提倡已经暗含了道德的褒贬之义，但就"公"概念本身来说，它指代表制度、法律的天皇制，并不

① 当时日本"背私向公"观念应该是受到了《韩非子·五蠹》的影响，《韩非子·五蠹》篇云："古者苍颉之作书也，自环者谓之私，背私谓之公。公私之相背也，乃苍颉固以知之矣。"

具有伦理意义。

综上所述，可知日本公私观念最初具有两个特点：第一，具有私主要依存于公的公至上性的特点①；第二，虽然具有"背私向公"这样的观念，但是"公"概念主要指国家权力体系，并不具有伦理意义。

（二）江户时代公私观念的演变

对于江户时代的公私观念，水林彪认为具有与 8 世纪中叶形成的公私观念一样的特点，多重公私结构仍然持续着。他认为在这一时期，私在各个层面被极度压缩，而公则得到了扩大。中世纪各层面的权力体系全部呈现为公的形式，国家制度整体也是由公的多重结构组成的。并且，将军家（"大公仪"）希望把大名改造为符合自己意向的、公的性质的存在，只是将周边的局部小问题委任于大名进行私的处理。在庶民的世界也是一样，杀死父母、杀死主人等皆非私事，这样的死罪会受到公的性质的审判，这意味着"大公仪"将庶民的家族关系视为具有公的性质的东西。② 也就是说，按照水林彪的理解，江户时代延续了公至上性的特点。渡边浩在《"おほやけ"、"わたくし"的词义——"公"、"私"与"public"、"private"的比较》一文中也基本上持此观点，并且对江户时代的公私关系做了论述，他认为大的"おほやけ"（オホヤケ）中有复数的"わたくし"（ワタクシ），而这个"わたくし"相对于匣中较小的"わたくし"也是"おほやけ"，形成相对的"おほやけ""わたくし"的锁链，一直到最小的"わたくし"。"下"为"上"做事是"奉公"，有主人的武士叫"奉公人"。当时日语おほやけ与其汉字形式"公"的中心意思与中国王朝所代表的"公"不同，不标榜自己是为"民"的存在，"奉公"经常是向上的，

---

① 实际上，作为最高的公的天皇，也曾因为"太上天皇"的出现而表现出权力分裂的情况，太上天皇与天皇在法制上具有同等的权能，实际上在孝谦太上天皇与淳仁天皇、平城太上天皇与嵯峨天皇的情况下，太上天皇对天皇具有优位。奈良期的太上天皇与天皇都是"统治权的总揽者"，平安期的太上天皇放弃了公的地位，作为私人而存在，太上天皇通过给天皇私信的形式表明意志，太上天皇的意志反映到国政上，是作为天皇的命令而被实施的。〔春名宏昭. 平安期太上天皇的公与私. 史学雑誌，1991，100（3）〕

② 水林彪. 日本式"公私"观念的原型与发展//佐佐木毅，金泰昌. 公共哲学：第 3 卷日本的公与私. 刘雨珍，韩立红，种健，译. 北京：人民出版社，2009.

索性说"民"是为"おほやけ"而存在的。① 也就是说，江户时代的公私关系基本是私以公为目的。

此外，对于江户时代的"公""私"概念是否具有伦理意义这一问题，水林彪与渡边浩亦持否定立场。渡边浩认为，"おほやけ""わたくし"不是伦理上的善恶、正邪，而与权力上的大小、强弱有关系。渡边浩过于强调中文的"公""私"与日语"おほやけ""わたくし"的差别，他在使用"公""私"二字时主要指中国的公私观念，而在谈论日本的公私观念时，要么直接使用训读语"おほやけ""わたくし"，要么在公、私之前加上限定，如"汉字形式"的"公"。江户时代，中国朱子学经过朝鲜传入日本之后，逐渐成为日本官方的统治思想，并产生了大量的朱子学者。那么，日本朱子学者思想中的公私观念到底具有怎样独特的特点？实际上，日本朱子学者受到朱子的影响，将公视为一种德性，如对于朱子主张"仁"是"爱之理，心之德"，大塚退野②认为人之爱应该区分为"爱之公"与"私之爱"，"爱之公"是由仁发露而导向道义并立足于公利、公欲的心之爱，"私之爱"则是仁为利所蔽而不断追求私利、私欲的心之爱。也就是说，爱通过义与利被区分为公与私。贝原益轩也认为私就是不爱人只爱己这样的利己主义，公则是忘记人我之别的境地，就是无私。并且，他认为人如果想成为真人，那么从私到公的功夫就是必不可少的。③ 在江户时代，虽然公具有一定的德性意义，但是不像朱子学那样强调以私为主体来完成以公克私的德性修养，这一时期存在的私以公为目的的内外上下结构使私不具有独立性，这就削弱了公的德性意义。

通过以上分析可以看出，日本近代以前的公私观念基本上具有两个特点：第一，具有私主要依存于公的公至上性的特点；第二，公主要指国家权力体系，但江户时代后期，在一定程度上开始包含德性的意味，但是私以公为目的的结构仍然存在使公的德性意义受到了限制。

---

① 渡边浩. "おほやけ"、"わたくし"的词义——"公"、"私"与"public"、"private"的比较//佐佐木毅，金泰昌. 公与私的思想史. 刘文柱，译. 北京：人民出版社，2009.

② 大塚退野（1677—1750），受李退溪影响，从阳明学转向朱子学。

③ 難波征男. 朱子学における公と私と公共. 福岡女学院大学紀要，2004（14）.

二、日本近代的公私观念

近代以来，随着西方思想不断传入日本并对日本的旧有观念产生非常大的冲击，日本传统的公私观念发生了一定程度的变化。针对这种变化，日本学界主要从两个角度进行了考察：第一，日本近代的公私观念是否发生了倒转，从公至上的观念转变为以私为基础的、自下而上来理解的公私关系观念？第二，日本近代是否出现了独立于公的领域与私的领域的公共领域？

第一个问题其实还包含其他相关问题。近代社会并非无私公民的集合，而是具有私利、私欲的自私市民的集合，那么，日本近代对于国家（公）的理解是不是从协调私与私的关系这样一种自下而上的角度来把握国家的建构的？对此，日本学界的主流看法是，日本近代公私关系的特点仍然是国家自上而下保护着拥有私之自由的国民。

比如，小路口泰直在《日本式的公私观念与近代化》一文中认为，由于近代社会是从人的私利与私欲的冲突中来理解国家的建构的，所以近代日本就面临着前所未有的矛盾，因为此时国家的承担者由圣人转变为俗人即私人，国家原本是由摒弃个人私性才获得公务员资格的人来承担的，是一个被神圣化的团体，也就是说，国家是由其能力可以被质疑但其道德不能被质疑的官僚来承担的，这与近代社会的公由私人来承担就构成了一种矛盾。[①] 因此，他认为近代日本并没有将国家的建构奠基于这种理解之上，而是将主权者非人格化，将现实的君主代理化，如日本宪法就体现了向祖法寻求最高规范的方法（祖法主义），这种倾向实际始于藤田幽谷，他将拥有君主始祖的人视为主权者，将祖宗之法视为主权者之法，使用血统规则，把主权者追溯到遥远的过去，并由此将其神圣化。同理，使用同样的血统规则，将现今的君主视为主权者的代理人，由此赋予其权威。也就是说，在近代日本，国家并非基于人民主权与权利意识自下而上组建成的，人民虽然是主权者，但并非因自身希望而成为主权者（公民）的，他

---

① 小路口泰直. 日本式的公私观念与近代化//佐佐木毅，金泰昌. 公共哲学：第3卷 日本的公与私. 刘雨珍，韩立红，种健，译. 北京：人民出版社，2009.

们自己仍然希望继续做私利、私欲的民（市民），不过却因另一极的巨大行政国家的要求而被强制成为主权者。对此，黑住真在《"公共"的形成与近世日本思想》一文中也认为，在日本近代国民国家中，统治者负有照顾、管理民众的责任，他基本也是自上而下来理解公私关系的。① 蓝弘岳在《东亚中的"公共"概念——历史源流与展开》一文中，从"公共"的特点出发分析了日本近代的公私关系。他认为日本近代的"公共"可以从两个方向来理解：第一，从垂直相位的意义方向理解，即君主主权的国家中所管理、保护的拥有私之自由的国民；第二，从水平相位的意义方向理解，即基于人民主权与权利意识所组成的国家、集团。他认为，在日本近代的天皇制国家中，"公共"一词主要是在第一个方向的意义上使用的，而对于第二个方向的意义来说，在福泽谕吉与中江兆民的思想中出现了基于人民主权、权利意识的"自下而上的意义结构"发展的契机，但是这一发展似乎并不顺遂。

日本近代并没有真正形成基于私的自下而上的公私关系，不过在思想性层面确实存在这种倾向，但是发展并不顺利。福泽谕吉关于公与私、国家与个人思想的转变很明显地体现了这种特点。他在早期著作如《劝学篇》《文明论概略》等中，一方面主张国家通过个人订立契约而构成，另一方面又表现出国家主义倾向，且其后期著作明显地转向了国家主义。

福泽谕吉在《劝学篇》中指出："用个人有限的力量来对付和防止多数的恶人却是很费力的。即令有相当准备，也要花很大的费用，并且不会有什么效果。所以就如上述那样，订下了这样的约束：建立代表全体国民的政府，以尽其保护善人的职责，而官吏的薪俸和其他政府的各项费用，都由国民来负担。既然政府代表全体国民而行使政权，那么政府所做的就是国民的事，国民也就必须服从政府的法令，这也是国民和政府间的约束。因此国民服从政府，并不是服从政府制定的法令，而是服从自己所制定的法令；国民破坏法令，并不是破坏政府制定的法令，而是破坏自己所制定的法令；国民因违法而受到刑罚，也并不是被政府处罚，而是由自己

---

① 黑住真."公共"的形成与近世日本思想//黄俊杰，江宜桦. 公私领域新探：东亚与西方观点之比较. 上海：华东师范大学出版社，2008.

所制定的法令处罚。"① 在此，福泽谕吉构想了个人（私）以主人的身份
订立约法，设立政府代表人民办理事务的国家建构论，并且在《劝学篇》
第三篇中提出了"人人独立，国家就能独立"的命题。他在《文明论概
略》中的分析体现出他对这一命题的重视，并在此书中提出了具体的途
径，即学习西洋文明的独立精神，培养个人的智慧。他将西洋文明的独立
精神分为四种：第一种是私德，即属于内心活动的笃实、纯洁、谦逊、严
肃等品质；第二种是公德，即与外界接触而表现于社交行为的廉耻、公
平、正直、勇敢等品质；第三种是私智，即探索事物的道理而能顺应这个
道理的才能；第四种是公智，即分别事物的轻重缓急，轻缓的后办，重急
的先办，观察其时间性和空间性的才能。② 福泽谕吉最看重的是第四种即
公智，他认为如果没有公智，就不可能把私德、私智发展为公德、公智。
由此可见，在他构想的"人人独立，国家就能独立"或者基于个人的国家
建构论中，私人是通过公智克服其自私性的。

由此可见，在福泽谕吉的思想中确实存在基于人民主权的"自下而上
的意义结构"发展的契机，而且他还提出了个体在国家中克服其自私性的
途径，但是其早期思想仍表现出了国家主义的特性。③ 此后，福泽谕吉逐
渐放弃了从"自下而上"的角度来理解国家，他在《时事小言》第一编的

---

① 福泽谕吉. 劝学篇. 群力，译. 东尔，校. 北京：商务印书馆，1984：32.
② 福泽谕吉. 文明论概略. 北京编译社，译. 北京：九州出版社，2008：114.
③ 具体说来，第一，考察福泽谕吉"人人独立，国家就能独立"的前后文发现，《劝学
篇》第三篇分为两个部分，第一部分论述"国与国平等"，第二部分论述"人人独立，国家就
能独立"。他在第二部分开篇就指出："以上指出国与国是平等的，但如国人没有独立的精神，
国家独立的权利还是不能伸张。"（福泽谕吉. 劝学篇. 群力，译. 东尔，校. 北京：商务印书
馆，1984：14）显然主题是很明确的，那就是国家的独立。第二，就福泽谕吉所强调的智德
也具有这样的特点，即他重视的是作为总体的国家的智德，他在《文明论概略》的序言中就
指出，提出"文明论"的目的不在于讨论个人的精神发展，而在于讨论广大群众的总的精神
发展，所以文明论也可称为群众精神发展论。可见，福泽谕吉关注的文明具有重视总体的特
性。另外，福泽谕吉认为，一国的文明取决于这个国家的风气，而国家的风气是全国人民智
德的反映。但在这里他强调的智德不是个人的智德，他说："这种智德，或者也可以不称为人
的智德，而叫做国家的智德。所以称为国家的智德，是由于指全国人民的智德的总量而言。"
（福泽谕吉. 文明论概略. 北京编译社，译. 北京：九州出版社，2008：71）由此可见，福泽谕
吉的"文明"除了关注个人的智德，还具有侧重于作为总体的国家的智德的特点，也就是说
他的"文明"概念本身就具有国家主义的特性。

开头写道："天然自由民权为正道，人为之国权论为权道。"① 同时，他声明自己是"从权道者"。他在《帝室论》《尊王论》中认为，应把帝室置于"收揽日本人民精神之中心"的地位，也就是说他逐渐认可了日本近代确立的以天皇为首的政治制度。

从福泽谕吉思想的特点以及转变中可以看出，日本近代基于个体（私）的立场来构建国家的"自下而上"的道路走得并不顺利。从日本近代史的角度看，随着日本宪法以及《教育敕语》的颁布，天皇被置于国家元首和统治权的总揽者的地位，可以说，日本近代的公私关系以及国家与个人的关系是沿着相反的方向发展了。

那么，日本近代是否出现了独立于公的领域和私的领域的公共领域？公共领域发展的状况又如何？日本学界的主流观点认为，日本近代确实出现了公共领域赖以存在的市民社会，但是并不存在公共领域的自觉，如水林彪的《日本式"公私"观念的原型与发展》以及东岛诚的《"公"就是Public吗？》② 等论述认为，日本在明治时代出现了国家与社会的分离，并出现了市民社会，但是"公共"一词并不对应于市民社会。东岛诚根据日本近代的报纸版面来分析日本社会的结构，他指出当时一般报纸版面的上半部分是布告公闻，下半部分是新闻，这意味着报纸的上半部分是公共权力的领域，下半部分是市民社会的领域，可以说"国家与社会的分离"状态恰好体现在报纸的版面结构中。当时《东京日日新闻》版面的下半部分即"新闻"部分冠名为"江湖丛谈"，这也可以体现出当时市民社会公共圈并非以"公共"来表示，而更多以"江湖"来指代。东岛诚进一步以中江兆民为例来说明这一点。被称为"江湖浪人"、有"江湖之风"的中江兆民自己说过，他向"江湖君子"这个名字来阐述自己的主张，是在他于1881年作为《东洋自由新闻》的主笔为报纸写社论期间，后来《东洋自由新闻》被立宪自由党收购，先后改名为《立宪自由新闻》《民权新闻》，此后中江兆民逐渐不用"江湖君子"这个名字了。对于他来说，如

　　① 福澤諭吉. 福澤諭吉全集：第 4 卷. 東京：岩波書店，1959：103.
　　② 东岛诚. "公"就是 Public 吗？//佐佐木毅，金泰昌. 公共哲学：第 3 卷　日本的公与私. 刘雨珍，韩立红，种健，译. 北京：人民出版社，2009.

果没有《东洋自由新闻》的言论活动，那"江湖君子"就不复存在了。从东岛诚的分析中大致可以看出，日本近代社会确实出现过类似于市民社会的空间，并在此基础上产生了市民言论的活动，但是日本学者并没有自觉地意识到这一新的公共领域，而更多以"江湖"来指代。

实际上就像穆勒的"社会"与"个人"的结构在中村正直那里被调换成"政府"与"人民"的关系一样①，日本近代"公共"一词更多被理解为政府。蓝弘岳的文章对此也进行了说明，他指出福泽谕吉曾在《民间经济录》第二编中说："有关铁道瓦斯等其他的大事业皆归政府之公，公共之事让公共一手执之可省去竞争而产生之徒费徒劳的议论渐盛。"他由此提出日本亦当由政府来承担"公共事业"，可见福泽谕吉所使用的"公共"一词含有"政府之公"之意。此外，中江兆民的《民约论》第四章中有"以公共之体即政府为主"一语，"公共之体"的原文"personne publique"本当是主权者人民的结合体（国家）之意，而中江兆民却将之译为"政府"，所以中江兆民在写《民约论》的时候，似乎弄混了主权者与受到主权者委托的政府之间的关系。② 以福泽谕吉为例，他实际上并非仅仅将"公共"一词理解为"政府"，他在论述国家与个人的关系时提出了分权论思想，但并没有自觉意识到沟通国家与个人的公共领域。

福泽谕吉的分权论大致关涉到两个层面：第一个层面是中央与地方的分权，第二个层面是官与民的分权。就第一个层面来说，他在《分权论》一书中将国权区分为政权与公共管理权，政权包括立法、颁布征兵令的陆

---

① 穆勒《论自由》（*On Liberty*）的主题是"市民或社会的自由"，或者说社会对个人可能正当行使的权力的本质和诸种限制，与此相关的主要命题是"社会性暴虐"。穆勒认为，在社会就是"暴君"的时候，即作为集团的社会君临于构成社会的每个人之上的时候，施加虐待的往往并不限于公务员，再者，如果社会不能发出正确的指令，或者社会对其不得干涉的事项发出了指令，那么社会就会进行比种种"政治性压迫"更为恐怖的"社会性暴虐"。而中村正直在其翻译的穆勒《自由之理》（即《论自由》）中，将"society"译为"同伙、同伴（即政府）"，并一直将穆勒所警惕的"社会性暴虐"问题归结为如何处理人民自主之权与政府管辖之权的关系的问题，这样就把"作为集团的社会"的暴虐这一穆勒的论题搞得无影无踪了。（狭间直树. 梁启超·明治日本·西方——日本京都大学人文科学研究所共同研究报告. 北京：社会科学文献出版社，2001：129-133）

② 蓝弘岳. 东亚中的"公共"概念——历史源流与展开//黄俊杰，江宜桦. 公私领域新探：东亚与西方观点之比较. 上海：华东师范大学出版社，2008.

海军权、征税权、外交关系的决议权等，而公共管理权是指因地制宜地保持地方的正常秩序并为地方谋取幸福，如设立警察法、学校、公园等。①他认为政权在全国范围内是一致的，必须集中到中央，而公共管理权则可以分给地方。那么，公共管理权到底属于地方政府还是属于人民？这涉及第二个层面的分权。福泽谕吉在《通俗民权论》中对地方公共管理权的归属问题有明确的说明，他指出地方自治权应当完全由地方的人民自己掌握。②也就是说，分权论的两个层面实际是统一的，中央与地方的关系就是官与民的关系，福泽谕吉在这一关系中强调的并不是上下如何沟通、协调的问题，而是"分限"的问题。他在《通俗民权论》中指出民权即是人民相对于政府之权所拥有的"一分"，也就是说他并非在官与民对抗的意识下谈论民权，而是在强调"分限"的意识。由此可见，福泽谕吉一方面在"政府之公"的意义上使用"公共"一词，另一方面又将地方性的公共管理权赋予地方人民，而政府之"公共"与地方人民之"公共管理权"之间又存在明显的"分限"，故而可以说，福泽谕吉的思想中并不自觉存在沟通国家与个人的公共领域意识。然而，他在《劝学篇》第四篇中强调了学者在沟通国家与个人方面的作用，并且创办庆应义塾，以《时事新报》为阵地进行言论活动，这也体现了他实际上在进行沟通国家与人民的公共活动。

综上所述，对于日本近代社会的公私关系，日本学界出现了基于个体（私）的立场来构建国家的"自下而上"的意识，但是其发展并不顺利；随着日本近代天皇制国家的确立，公仍然体现出至上的特点。"公共"一词在日本近代社会也经常被理解为政府，日本学界对于公共领域并不具有思想上的自觉意识，但是作为公共领域之基础的市民社会在日本近代社会也确实逐渐出现了，并且福泽谕吉、中江兆民等近代思想家也进行了广泛的公共言论活动。

三、日本现代的公私观念

在第二节中所阐述的日本学界基于政治学、法学、经济学、社会学、

---

① 福澤諭吉. 福澤諭吉全集：第4卷. 東京：岩波書店，1959：264-265.
② 同①579.

哲学而对公私问题所做的考察实际上已经涉及日本现代的公私观念，这些跨学科的公私问题研究多出于建构意识，即如何建立合理的公私关系。在这个部分，笔者主要侧重的是日本从近代到现代的公私观念发生了怎样的变化，或者说笔者关注的是现代日本社会的公私观念是怎样的问题。

相对于第二次世界大战前日本社会公对私的压制，日本学界一般认为战后日本社会出现了"灭公奉私"的思想倾向，如金泰昌在《以"活私开公"的公共哲学构筑"世界-国家-地域"之共働型社会结构》一文中认为，从明治维新开始到太平洋战争（第二次世界大战）结束，整个日本社会崇尚"灭私奉公"的社会理想，战后日本社会则呈现出"灭公奉私"倾向的特殊状态，这一时期的私是只服从自我的意志，无限地放大自我，无视社会群体与他者的存在。[①] 千叶真与小林正弥编著的《日本宪法与公共哲学》一书对于日本现代社会的"灭公奉私"观念从两个层面上进行了论述：第一，在个人层面，"灭公奉私"指只要私生活快乐即可，对于人们的公共生活无兴趣的心理状态和生活方式，在此没有珍惜他人的想法以及通过他人使自己得到帮助的思想；第二，在组织层面，"灭公奉私"指无视公共性的营利至上主义。[②] 也有一些学者认为，除了作为主流的"灭公奉私"观念，"灭私奉公"观念仍然存在于日本现代社会中，如在日本公司中，常常存在为了公司而牺牲自己与家庭的情况，川人博在《过劳自杀》[③] 一书中就分析了日本社会存在的过劳死现状，他指出日本社会的过劳死范围广，超越了各种形态、各种行业、性别、年龄和岗位，不管是正式还是非正式员工的雇用形式，它有可能存在于所有人之中。这种潜存于公司中的"灭私奉公"，将公从曾经的国家转换为了现代社会的企业、公司。

从"灭公奉私"和"灭私奉公"两个观念来分析日本现代社会的公私关系可能过于极端，"灭公奉私"体现的是日本现代社会私不关心或者无

---

① 金泰昌. 以"活私开公"的公共哲学构筑"世界-国家-地域"之共働型社会结构//黄俊杰，江宜桦. 公私领域新探：东亚与西方观点之比较. 上海：华东师范大学出版社，2008.

② 千叶真，小林正弥. 日本宪法与公共哲学. 白巴根，等译. 北京：法律出版社，2009：204.

③ 川人博. 過労自殺. 東京：岩波書店，2014.

视公的现状，而"灭私奉公"体现的则是私仍然在一定程度上受到公的压制。那么，造成这种状况的原因是什么？对于私不关心或无视公的原因，笔者认为可以从两个角度进行考察。第一，日本在 1946 年 1 月公布的宪法确立了主权在民、尊重基本人权等基本原则，确立了私的基础地位，然而此后在日本从"普通政治"进入"宪法政治"（国民质问国家的基本法、统治结构、基本政策正确与否的政治）的过程中，国民对"宪法政治"中修改宪法的问题并不是很关心，从严格意义上说，这是政府主导的"宪法政治"，带有较强的从上到下的疑似"宪法政治"性格。① 也就是说，一方面现代日本社会确立了私的地位，但另一方面在现实中个体却并不关心公的事物，由此出现了唯私主义的倾向。第二，除了政治这一角度之外，阿部洁在《日本在高度信息化社会中的"公"与"私"》② 一文中的分析也颇有意义，他认为活字媒体发明以后，不用音读而用默读的方式来解读个人的内面性，通过自我反省来追求文字中的自我，不必和他人搭话，通过自言自语的方式阅读活字媒体，就产生了个人的私人空间。或者说，阅读活字媒体的我们，使用相同的语言，通过阅读大量印刷的报纸、杂志、书籍、小说，就可以产生想象的共同体，这种共同体与民族国家无限接近。也就是说，通过活字媒体，一方面诞生了私的个人领域，同时另一方面也诞生了我们共同享有活字媒体的公的领域，如收看电视节目，收看电视节目基本是在家庭之私的领域中进行的，然而各家电视上却同时播放着世界形势或者街上发生的各种事情，也就是说，公共社会性的东西正在飞入作为私人空间的家庭领域。这与过去公共的体验只能在公共场所进行不同，现代社会通过电视，在家庭这样的场所也可以消费公共社会世界。阿部洁的研究带给我们的一个启发是，日本现代社会的个体通过媒体等信息化途径就可以关注到公的领域，而这一途径所带来的公的信息非常庞大，使个体在接收公的信息时具有选择性，使公的信息对于个体来说带有强烈的个体选择色彩，而这个选择过程又必然受到个人利益的影响，也就是说

---

① 千叶真，小林正弥. 日本宪法与公共哲学. 白巴根，等译. 北京：法律出版社，2009：66 - 67.

② 阿部洁. 日本在高度信息化社会中的"公"与"私"//佐佐木毅，金泰昌. 公共哲学：第 3 卷 日本的公与私. 刘雨珍，韩立红，种健，译. 北京：人民出版社，2009.

个体在关注公的信息时实际上是在关注作为私的自己。那么，在日本现代社会为什么私有时仍然受到公的压制？除了受日本传统社会中长期存在的公高于私的观念影响之外，阿部洁认为网络的扩大化是一个不可忽视的原因。阿部洁提出，对于现代日本公司而言，网络的扩大化使职员在家时也要被强制劳动。在网络化时代以前，下班后回到家就不需要工作了，家这个私人空间与工作毫无关系，但是在网络化时代，如果从一开始就在家里工作的话，私人家庭空间就被扩展为公共社会化的职业空间。① 这样一来，对于私而言，虽然处于私人空间，但却无时无刻不在完成公司（公）的任务。

对于日本现代社会的公私现状，如本章第二节所述，日本学界实际上提出了不同的解决途径，那么针对这里关注的"灭公奉私"和"灭私奉公"问题，金泰昌、山胁直司等学者提出了"活私开公"的构想。"活私开公"基于三元论的结构，传统的公私二元论主要将政府、国家、司法等视为公的领域，而将这些以外的领域都视为私的领域，而三元论则将所有的领域区分为"政府之公""民之公共""私的领域"。"活私开公"意味着有效地利用私即每个人，让"民之公共"开花，尽可能地打开"政府之公"，这里的个人不仅指传统意义上的个体，也包括"他人"的概念，即每个人通过与他人的交流来经营自己的生活，也就是基于"自己-他者-公共世界"的结构来理解自身，这就是"关系主义的个人主义"的立场。②

总的来说，日本公私观念的现状基本上是以私为基础的，同时表现出私不关心或者无视公的倾向，并存有私在一定程度上受到公的压制的情况，另外还存有"灭公奉私"和"灭私奉公"的极端情况。对于这样的现状，日本学界提出了"活私开公"的构想，同时从政治学、法学、经济学、社会学、哲学等学科角度进行了跨学科的研究。

本节从日本思想史的角度探讨了日本社会的公私观念从古代到现代的演变。日本近代以前的公私观念基本上具有两个特点：第一，公具有至上性，私主要依存于公并以公为目的，并且形成了相对的公私的锁链，一

① 阿部洁. 日本在高度信息化社会中的"公"与"私"//佐佐木毅，金泰昌. 公共哲学：第3卷 日本的公与私. 刘雨珍，韩立红，种健，译. 北京：人民出版社，2009.

② 山胁直司. 公共哲学とは何か. 公共研究，2004，1（1）.

直到最小的私；第二，公主要指国家权力体系，进入江户时代后，由于受朱子学的影响在一定程度上开始包含德性意味，但私以公为目的的结构使得私不具有独立性，这削弱了公的德性意义。近代以来，虽然日本学界出现了基于个体（私）的立场来构建国家的"自下而上"的意识，但是其发展并不顺利，随着日本近代天皇制国家的确立，公仍然体现出至上的特点。此外，随着日本近代社会作为公共领域之基础的市民社会的出现，福泽谕吉、中江兆民等近代思想家在此基础上进行了广泛的公共言论活动，但是"公共"一词近代在日本却经常被理解为政府。进入现代以来，日本社会的公私观念基本上是以私为基础的，同时表现出私不关心或者无视公的倾向，当然同时还存在着私在一定程度上受到公的压制的情况。

本章主要考察了日本学界对公私问题的研究以及公私观念在日本社会的历史演变，第一节论述了日本公共哲学界从欧美、东方、宗教等思想史的角度对公私问题的考察，第二节介绍了日本公共哲学界的学者结合自己的学术背景和学术兴趣从政治学、法学、经济学、社会学、哲学等学科角度对公私问题进行的探讨，第三节从日本思想史的角度探讨了日本社会的公私观念从古代到现代的演变。除了以上具体的考察之外，笔者还认为，日本学界开始于20世纪90年代的公私问题研究对推动公共哲学的建构具有重要的理论贡献和实践价值。

第一，对公私问题的历史考察和资料梳理为公共哲学研究奠定了理论基础。从前文的论述可以看出，日本学界的公共哲学研究是从对历史资料的梳理开始的，无论对"公""私"概念的词源学考察，还是对不同时代、不同国家、不同文化背景下的"公""私"概念进行资料梳理，都有利于我们从纵向的史学视野了解与把握"公""私"概念的发展源流、在不同时代的发展特征、在不同国家的发展地域特征以及如何被不同文化背景打上了深深的文化烙印。这些研究成果，既有古代的、近代的也有现代的，既有欧洲的、美洲的也有亚洲的，既有佛教的也有基督教、伊斯兰教的。因此，这对于我们拓展学术视野具有重要的意义，既可以让我们了解欧美诸国在这一问题上的最新研究成果，也可以让我们看到东方国家的文化对日本"公""私"概念所产生的深刻影响，以及学界关于公共性的研究中较少提及的宗教及灵性、精神性问题。

第二，对公私问题的跨学科研究，开拓了公共哲学借鉴多学科理论进行横向比较的研究视野。从历史传统入手，而又有意识地跳出传统，进行多学科的横向比较、对话，是日本公共哲学研究的又一个重要特征。如果只从一个学科角度来探讨公私问题，就容易产生把公共哲学当作管理哲学或者行政学来理解的错误倾向，最多把公共哲学当作政治哲学的一个研究领域。这种研究方法导致的后果可能是，这种视野里的公共哲学，各个学科缺乏横向联系，学科结构体系封闭，其实在本质上还是"公的哲学"的范畴，这里所理解的公共只是长期以来人们习惯了的把"公"等同于"公共"的历史产物。采取不同学科的学者对话互动的探索方式，打破了一个学科的局限，采取综合性、多学科的方法，借鉴政治学、法学、经济学、社会学、哲学等不同学科的相关研究成果，可以防止产生一个学科的学者自说自话、学者之间无法沟通对话的现象，这也值得我们参考和借鉴。

第三，立足于日本历史文化和时代特征的研究，使公共哲学从全球眼光回到自己当下的历史，这在研究方法上展示了对话性的开放视野。可以说，在当今世界的公共哲学研究领域，日本是公共哲学研究的重要推动者，特别是"公共哲学共同研究会"的成立，对日本公共哲学的研究和发展起了重要的促进作用。因此，立足于日本历史文化展开的有关公私问题的深入讨论，以及在此过程中诞生的崭新的公私观念，对于世界各国人民了解、理解日本，从而达成更多的共识等，都起到了非常重要的作用。当今日本公私问题研究的核心，既与同属东亚的中国和韩国不同，又与具有古希腊及基督教传统的欧美诸国有微妙的差异。因此，对日本关于公私问题研究的考察与把握，能为我国现代公共哲学的建构提供更宽广的思考角度和方向性线索。

第五章　中国学界区别于日本学界的两个视角

关于公共哲学的探索，有两个必然会涉及的问题，一个是"谁是公共性的承担者"的问题，另一个是马克思主义哲学中的公共性问题。然而，日本学界的公共哲学探索，对于这两个问题显然是不重视的。虽然部分学者的研究对这两个问题有所涉及，但是它们显然不是研究热点；虽然日本学者企图进行作为崭新哲学之公共哲学的建构，但是他们关于这两个问题的研究显然滞后了。与此不同，中国学界围绕这两个问题进行了深入的研究，相关的研究成果也有不少，这是中国学界与日本学界明显不同的两个视角。因此，本章作为对于探索中日学界公私问题研究的补充，专门对中国学界关于上述两个问题的研究现状做一下考察。

第一节　关于公共知识分子和马克思主义哲学中的公共性 问题的提出

在思考"谁是公共性的承担者"这一问题时，可以考察的对象很多，比如公共媒体、公共播放、公益组织、非政府组织、志愿者团体、公共财团、市民组织、各种公共设施等，然而，在这些公共团体与公共空间中都有一种不可或缺的身影存在，那就是"公共知识分子"。因此，在探讨公私问题的时候，公共知识分子就必然要成为一个考察对象。正如笔者在第一章的最后所指出的，关于公共知识分子的问题，在日本社会，特别是20 世纪 70 年代以后的日本社会，几乎成了无人关心的问题。因为日本学界一直以来倡导学者、知识分子必须保持批判性的独立精神，而知识分子之所以为知识分子，首先必须具备这种精神。日本知识分子的这种批判性的独立精神产生的背景，可以追溯到近代以前的江户时代。

众所周知，日本历史上没有科举。在古代飞鸟时代以前，日本就开始积极引进当时世界上最先进的中国文化，促进了"大化改革"的日本文明化进程。然而，特殊的政治运营形态（双重权力结构）决定了中国自隋代开始的科举制度在日本政治社会中没有生存的土壤，即使采用了中国的"律令制"，也尝试通过类似科举的形式选拔官吏，然而没有成功，从此以后日本政治社会便与科举绝缘。因此，读书人读书并非为了出仕，中国历史上所谓的"书中自有黄金屋，书中自有颜如玉"的读书梦在日本是不存在的。日本的读书人爱读书只是出于个人的兴趣爱好，在历史上成为御用学者的人是极少数的（如林罗山、熊野蕃山），并且御用知识分子总是成为学者们批判的对象。正是这种政治生态与文化土壤，催生了日本知识分子具有批判性的独立精神。

也许是上述原因使得公共知识分子没有成为日本公共哲学研究中的主要问题。虽然 20 卷本《公共哲学》论丛的第 17 卷名为《知识分子与公共性》①，但其内容不是探讨公共知识分子究竟应该是怎样的存在，而是选择了中、日、韩三国历史上的代表性知识分子，如康有为、横井小楠、福泽谕吉、金允植、余吉睿等，关于公私关系的思想等作为论述对象。

与此不同，在中国历史上，读书人的读书目的很明确，那就是科举出仕，为政治社会服务是读书人的根本理想。在日本谈到"士"指的是"武士"，而中国的"士大夫"则是社会政治、文化、历史发展的中坚力量，是社会制度的承担者、运营者与维护者。因此，在历史上发生了许多体现读书人之"君子人格"的可歌可泣的故事。那么，在中国学界，要探讨公共哲学问题，公共知识分子自然就成为不可或缺的一部分，除了研究具有公共良知的知识分子究竟有哪些思想与表现之外，更重要的是探索所谓的公共知识分子究竟应该是怎样的存在。在中国，并不是所有的知识分子都是公共知识分子，多数知识分子往往都是统治阶级的一分子，他们只是某个历史时期统治制度的维护者，这种知识分子不可能成为公共知识分

① 平石直昭，金泰昌. 知識人から考える公共性. 東京：東京大学出版会，2006.

子。只有少数的一些人，他们从公共的立场出发，成为整个社会良知的代言者。因此，中国历史上的公共知识分子究竟是怎样的存在，其发展的历史如何，学界迄今为止对此都有哪些研究，就是本章需要考察的内容。

马克思主义哲学中的公共性问题，是研究公共哲学不可回避的问题。因为马克思哲学作为近代西方哲学的重要组成部分，近代西方社会所产生的公私关系问题、公共性问题是其思考资本主义制度的重要基础。作为资本主义制度的批判性存在，对公共性的思考是马克思哲学的重要理论武器。然而，在日本学界有一种观点，那就是从公共性问题替代马克思哲学的社会主义论。有些学者认为，正是马克思哲学中所宣扬的社会主义思想的衰弱，作为近代社会的批判性存在，公共性问题才成为人们新的批判性武器而受到学界关注。比如，稻叶振一郎在《"公共性"论——市民的公共性》一书中指出："'公共性'这个单词，不如说其成为肩负着强烈的反体制性、批判性意味的存在，有其自身的理由，那就是它与'社会主义'理念的凋落背靠背而存在。……'现存的社会主义'体制，已经不能在批判以市场经济与多党制为特征的'资本主义'体制时提供基准。……事实上'资本主义'体制中生存的批判性知识分子也一样，作为'资本主义'批判基准的'现存的社会主义'已经靠不住了。……在这种状况下的'公共性'，替代了'社会主义'而成为'资本主义'体制之社会批判的基轴，被推上了（发挥）作为乌托邦理念的作用。"① 正是在这样的认识背景下，从马克思主义哲学角度研究公共领域或者公共性问题在日本学界就不被重视，前述的公共哲学共同研究会虽有邀请来自很多领域的学者参与"发题"、对话、探讨，但似乎唯独没有邀请马克思主义哲学方面的学者。可见，日本的公共哲学探索似乎与马克思主义哲学保持着一定的距离，日本学界只集中关注这个所谓的、作为"替代性"出现的、以哈贝马斯与阿伦特为代表的公共性思考，展开了与此相关的或者应用性的探索，产生了一系列与公共性相关的研究成果。

然而，与日本学界较少探讨马克思主义哲学中的公共性问题截然相

---

① 稻叶振一郎.「公共性」論——市民的公共性. 東京：NTT 出版，2008：10 - 11.

反，中国学界非常重视马克思主义哲学中的公共性问题，可以说关于公共哲学的探索，中国学界从马克思主义哲学视角进行的研究偏多，相关成果主要出自马克思主义哲学研究者之手，这成为中国学界之公共哲学研究的一大特色。中国学界关于马克思主义哲学中的公共性问题的研究，主要是把马克思主义哲学放在新的历史时期，从公共性角度展开研究，以便拓展马克思主义哲学研究新的增长点。这是因为中国研究马克思主义哲学的学者们意识到，当今学界的马克思主义哲学出现了被边缘化的趋势，正是源于这种危机感，他们把公共性问题作为研究马克思主义哲学的新的范式，挖掘马克思主义哲学中的公共性问题，并重新解读经典文本。其实，马克思主义哲学中的市民社会论与公共性问题密切相关，不过这方面的研究成果却比较少，哈贝马斯与阿伦特的公共性思想往往被作为批判对象而与相关研究发生关联。然而，无论怎样，这是中国学界公共哲学研究的一大特色，本章将对此进行梳理和呈现。由于笔者对于马克思主义哲学领域相关问题的认识有限，故而本章的内容仅仅停留在呈现相关研究成果以及各家的观点上，不做进一步的关联性指摘。

第二节　关于公共知识分子的研究

"公共知识分子"概念的正式提出可以追溯到 1987 年美国哲学家拉塞尔·雅各比（Russell Jacoby）所作《最后的知识分子》（*The Last Intellectuals*）一书。雅各比在此书中探讨了当时美国社会的时代变迁带给知识分子的影响，以及由此引发的知识分子与公共文化的相互作用。雅各比所谓的"知识分子"并不是校园里"直接面对专业同行"的高科技知识分子、顾问、教授，他用"最后的知识分子"这一概念主要是提醒世人注意，知识分子对公共文化、公共生活的关注正在逐渐弱化乃至消失。① 除却雅各比对于公共知识分子问题做出的贡献，马克斯·韦伯、阿伦特、罗尔斯、利奥塔、哈贝马斯等人也从政治学、经济学、公共哲学等学科角度对公共知识分子问题有所论述。他们的理论在 20 世纪末逐渐被中国学者关注，并引起了中国学界对知识分子与公共性问题之关联的讨

① 拉塞尔·雅各比. 最后的知识分子. 洪洁，译. 南京：江苏人民出版社，2002.

论，讨论的内容主要集中在以下三个方面：

其一，对中国传统知识分子的反思。中国的文人传统历史悠久，受儒家价值以及政治等因素影响，中国传统知识分子与家国社会具有紧密的联系。由于社会结构、文化传统的影响，中国传统知识分子与西方公共知识分子有所区别。那么，中国传统知识分子的上述特点对当代公共知识分子形象的建构有哪些影响或限制？与当代公共知识分子理论有哪些关联？对此，必须在历史事实的梳理方面确立明确的前提。

其二，对"公共知识分子"概念的讨论。雅各比在 1987 年就提出了"公共知识分子"这一概念，后来的学者从多个角度、不同层面对这一概念的内涵做出了讨论，但当前并无一个具有统一话语权的明确定义。学者们围绕"公共""知识"，对何谓公共知识分子的问题各有论述。有学者借鉴西方公共哲学理论对"公共知识分子"概念进行解读，通过辨析不同理论之间的优劣，选择性地吸收其中的理论；也有学者从社会现实的需要出发，结合社会学、伦理学等学科的特点，解读"公共"与"知识"的内在含义。

其三，在中国当代的社会背景下，思考公共知识分子的使命问题。公共知识分子在公共生活中应该承担什么样的责任，如何发挥作用，这是探讨公共知识分子问题的出发点与落脚点，这也是从雅各比开始，关于公共知识分子问题的研究所要阐明的问题。公共知识分子之所以与学院式知识分子有所区别，就在于他们对公共社会、公共生活、公众的关注与理解。要明确公共知识分子的使命，就必然要深入社会现实，触及公共领域的方方面面，这既需要论及公共知识分子自身的使命感、责任感以及能力，也需要论及外部社会为之提供的条件。

一、中国传统知识分子

中国不仅具有久远的文人历史，同时还有着文教与政治紧密联系的特点。中国知识分子自古就有着"修、齐、治、平"的理想抱负，但是对于社会的影响更多依附于政治权力。那么，中国古代是否形成了具有独立批判精神的公共知识分子？中国古代知识分子的特点如何？近代以来中国知识分子发生了怎样的变化？笔者认为这些是首先需要重点梳理的问题。

学界讨论中国古代的知识分子基本是围绕"士"来思考的，主流观点认为中国古代的"士"具有批判性的传统。余英时在《士与中国文化》一书的引言中对中国"士"的传统有一个思想史的概括：

> "士"在先秦是"游士"，秦汉以后则是"士大夫"。但是在秦汉以来的两千年中，"士"又可更进一步划分成好几个阶段，与每一时代的政治、经济、社会、文化、思想各方面的变化密切相呼应。秦汉时代，"士"的活动比较集中地表现在以儒教为中心的"吏"与"师"两个方面。魏晋南北朝时代儒教中衰，"非汤武而薄周、孔"的道家"名士"（如嵇康、阮籍等人）以及心存"济俗"的佛教"高僧"（如道安、慧远等人）反而更能体现"士"的精神……隋、唐时代除了佛教徒（特别是禅宗）继续其拯救众生的悲愿外，诗人、文士如杜甫、韩愈、柳宗元、白居易等人更足以代表当时"社会的良心"。宋代儒家复兴，范仲淹所倡导的"以天下为己任"和"先天下之忧而忧，后天下之乐而乐"的风范，成为此后"士"的新标准……一直到近代的梁启超，我们还能在他的"世界有穷愿无尽"的诗句中感到这一精神的跃动。①

余英时认为"士"② 在先秦是"游士"，这里的先秦主要指春秋晚期，这时贵族地位下降、平民地位上升，共同造成了"士"的数量激增。随着士庶合流，士阶层扩大，士从那种固定的封建关系中脱离出来，形成"士无定主"状态，无定主之士便是所谓的游士。他认为中国知识分子（先秦为游士）从出现在历史舞台上的那一刹那起便与所谓的"道"分不开，尽管"道"在各家思想中具有不同的含义。游士出现以前，士固定在封建关系中而各有职事，他们并没有一个更高的精神凭借可以批评政治社会、抗礼

---

① 余英时. 士与中国文化. 上海：上海人民出版社，2003：引言.
② 关于"士"的最初含义，学界的看法较为一致，基本认为是古代的某种官吏。如徐中舒在《士王皇三字之探源》（《"中央研究院"历史语言研究所集刊：第四本第四分册》，台北："中央研究院"历史语言研究所，1934）一文中认为"士""王"字源相同，一为官长、一为帝王。刘节在《辨儒墨》（《古史考存》，香港：太平书局，1963）一文中认为"士"为周代官名。

王侯，但这以后，士已发展了这种精神凭借，即所谓的道。或者说，这时道统与政统已分，而士正是道的承担者，因此掌握着比政治领袖更高的权威——道的权威。① 在余英时看来，先秦游士基本上奠定了中国传统知识分子的基本特点，即表现为道尊于势、以道抗势的倾向。

尤西林在《阐释并守护世界意义的人——人文知识分子的起源及其使命》一书中所持的观点与余英时相似，不过他是从"天下"的角度来探讨的。尤西林认为，先秦儒学对"天下"创造性的阐释正是一种责任承担，本由"天"-"天子"治理的"天下"形上化为道，从而转交儒士阐明与守护。儒士从此便成为"有德而不居位"的"素王"，领受"天爵"的"天吏"。此后，"天下"突出地保持着儒学道统与君权国家之间存在多重关系之对立的一面，如范仲淹"以天下为己任""先天下之忧而忧"的社会责任感，本质上乃是融"天下"于个体人格之中的心性之学。他认为"天下"反专制的民主含义是指"公有"与"共享"，并进一步指出"公天下"已近乎是中华民族的一种深层心理的集体无意识原型。②

从余英时、尤西林的观点可以看出，他们认为中国传统知识分子的批判性依据源于道统、天下等观念。本书第二章述及的黄俊杰的观点则认为"天理"或"天下"概念的解释权被权力掌控者所垄断，从而架空了"天理"或"天下"概念所具有的超越性或普遍性，并将"天理"或"天下"转化为统治者镇压子民的工具。笔者认为，余英时、尤西林的观点侧重于理想形态，而黄俊杰的观点则过于侧重中央集权背景下的现实形态。实际上，余英时在论述中国传统知识分子在不同历史阶段的特点时所侧重的方面已经有所变化，虽然他将道尊于势归结为中国传统知识分子的普遍观念，但在论述先秦游士时所侧重的是其所体现的以道抗势的特点，而在论述秦汉以后的士大夫时则侧重于他们"济俗""以天下为己任"的社会责任感。余英时在论述中国传统知识分子特点时侧重点的转换，恰恰说明了在中央集权体制下，尤其是在科举制确立之后，中国传统知识分子对政权的依赖性。或者说，在集权体制和科举制下，中国传统知识分子作为政权

---

① 余英时. 士与中国文化. 上海：上海人民出版社，2003：88-89.

② 尤西林. 阐释并守护世界意义的人——人文知识分子的起源及其使命. 上海：华东师范大学出版社，2017：146-157.

体制的一部分，以道抗势的难度大大增加，从而使其将关注的重点从以道抗势转向对万民的责任承担。

1905 年科举制的废除从根本上摧毁了士这一阶层，中国知识分子的角色担当发生了诸多变化。学界对于这一时期知识分子之特点的看法相对一致，不过也各有侧重。许纪霖等在《近代中国知识分子的公共交往（1895—1949）》① 一书中，主要从学校、社团、传媒这三个角度来论述中国近代知识分子；章清在《晚清中国"思想界"的形成与知识分子新的角色探求》② 一文中，主要从公众舆论角度来探讨新的知识群体；何晓明在《知识分子与中国现代化》③ 一书中，则侧重从"天下"意识的消失以及向知识（尤其是西学）回归的自我意识角度来论述近代知识分子。总结上述观点，中国近代知识分子大体上具有两个特点：第一，"天下"意识开始淡化，世界已不再是传统意义上的"天下"；第二，社会政治地位下降了，文化影响力增强了，而文化影响力表现在两个方面，一方面是在学术上的影响力，另一方面是在公众舆论上的影响力。

那么，随着"天下"或者"道统"意识的淡化，中国近代知识分子在文化上的影响力是否还具有对政治的批判性？笔者认为梁启超在《敬告我同业诸君》一文中的论述体现了近代知识分子批判性依据的转变。他指出："报馆者，非政府之臣属，而与政府立于平等之地位者也。不宁惟是，政府受国民之委托，是国民之雇佣也，而报馆则代表国民发公意以为公言也。故报馆之视政府，当如父兄之视子弟。其不解事也，则教导之；其有过失也，则扑责之。"④ 从梁启超的论述中可以认识到，他受到了来自西方契约思想的影响，并以此为基础赋予了报馆批判性的功能。

从古代的士到近代的知识分子的转变中可以发现，中国历史上的知识

---

① 许纪霖，等. 近代中国知识分子的公共交往（1895—1949）. 上海：上海人民出版社，2008.

② 章清. 晚清中国"思想界"的形成与知识分子新的角色探求//许纪霖. 公共空间中的知识分子. 南京：江苏人民出版社，2007.

③ 何晓明. 知识分子与中国现代化. 2 版. 上海：东方出版中心，2007.

④ 梁启超. 敬告我同业诸君//梁启超. 饮冰室合集：文集第四册. 北京：中华书局，2015：1011-1012.

分子在观念上基本保持了批判性的传统①，古代的游士在秦汉一统之后，逐渐转变为士大夫阶层，而随着隋唐以后科举制的建立，现实中中国传统知识分子的批判性功能大大降低了。近代以来，随着科举制的废除，士大夫阶层逐渐消失，新出现的知识分子阶层从以道抗势转向具有以西方思想为基础的批判意识。

二、何谓"公共知识分子"

在考察中国传统知识分子特征的同时，对于公共知识分子的讨论应该在什么范畴内进行，所谓的"公共知识分子"是具有何种特质的群体，这些也是我们在探讨公共性的承担者时需要厘清的问题。

所谓的"公共知识分子"，也可以说本来应该是一种"真正的知识分子"。对于"真正的知识分子"，爱德华·W. 赛德（Edward W. Said）在其《何谓知识分子》（*Representations of the Intellectual*）一书中进行了如是描述："真正的知识分子，从实用性的关心中超然退出这一点而言，是带有与其他人不同的象征性人格的存在。如果知识分子是这样，人数一定是有限的，不能每天被大量送往世间。总而言之，（他们）对于现状总是必然表达着异议。"② 他们"拥有稀有的才能，道德上也是卓越的存在，可以说是人类良心的哲人王，他们形成小规模的集团。……真正的知识分子构成圣职者集团，因为这个集团所奉行的真实与正义的基准，大凡脱离浮世，是这个世间所不具有的基准"③。与这个集团对照的是"俗人集

①　杜维明亦认为现代所谓的"公共知识分子"，与儒家所提倡的理想人格精神是吻合的。他认为儒家精神具有两面性："既在这个世界里，又不属于这个世界。在这个世界里是它的现实性，同时又有强烈的理想主义，要改变现实；在这个政治体系中又不接受它所代表的游戏规则，因为有另外一套理想的规则要改变这些现实的权力结构。"［杜维明. "公共知识分子"与儒学的现代性发展. 贵州师范大学学报（社会科学版），2001（1）：28］在这样的精神的引导下，儒者既是入世的，又是"不属于任何现实的权力机构"的，这里的"不属于"指的是不"随俗浮沉"，儒学提倡对人的反思。杜维明认为，这样的理想精神在文化中国的建设中仍然是适用的，他尤其强调"知识分子群体的、批判的自我意识"，这既是儒学进一步发展和创新的可能，也是当代中国发展所需要的。

②　エドワード·W. サイード. 知識人とは何か. 大橋洋一，訳. 東京：平凡社，1995：28.

③　同②25.

团"，俗人集团"不仅关心物质性利益或个人的荣达，而且对于机会也很敏感，是对世俗权力阿谀奉承之平庸的人们"①。我们不得不说爱德华·W. 赛德对"真正的知识分子"的界定是理想化的，当然中国历史上的确存在具有这种理想化人格的知识分子，比如屈原，一直以来成为中国知识分子的典范，被历代读书人奉为知识分子的楷模。不过，当代中国学界关于公共知识分子的研究，是否真正做到了从"真正的知识分子"角度来把握知识分子的存在，这是需要探讨的问题。对"真正的知识分子"的界定，中国学者主要围绕"公共"与"知识"两个要素提出了几个比较集中的关注点，包括专业知识、公共利益、公共价值、德性心智等。

杜维明认为中国的公共知识分子，无论来自学界还是来自企业以及各种团体，他们都应该"因为深入智慧的源泉而有活生生的风姿，由于内涵道德的大勇而有气昂昂的胸襟"②，"入世"而"不为世所转"，"具有批判的精神和高于现实政治的理想，同时又有'我不入地狱，谁入地狱'的苦情悲愿"③。这种观点从中国的文人传统中吸取了精华，突出了公共知识分子的德性。

许纪霖认为，理想的公共知识分子应有独立身份，同时兼备知识和精神的力量、公共关怀、公共良知、社会参与意识等，这不仅是中国近代历史的教训，也是当代公共知识分子应该努力营造和建构的形象。④ 许纪霖的观点关注了公共知识分子在公共生活中应该扮演的角色，指出了公共知识分子的自我确立问题，通过开展公共活动才能成为活生生的公共知识分子。徐贲引用雅各比的话，称"知识分子本来就负有某种公共的使命和政治意识，非公共的知识分子是难以想象的"⑤。也就是说，只要是知识分子，就必然具有"公共"的性质。徐贲在《知识分子和公共政治》一书中还分析了公共知识分子与专业知识分子的区别，进一步强调了"公共"的

---

① エドワード・W. サイード. 知識人とは何か. 大橋洋一，訳. 東京：平凡社，1995：26.

② 杜维明. "公共知识分子"与儒学的现代性发展. 贵州师范大学学报（社会科学版），2001（1）：29.

③ 同②30.

④ 许纪霖. 公共空间中的知识分子. 南京：江苏人民出版社，2007：导言.

⑤ 徐贲. 知识分子和公共政治. 北京：中央编译出版社，2016：356.

意义。

综上所述，在这些学者看来，公共知识分子指的是兼具"公共"与"知识"这两个元素的一类群体。由于具有"公共"与"知识"这两个元素，所以公共知识分子就必然需要具备一定的道德觉悟和心性品质。

关于"公共"这一元素，它涉及公共利益、公共关怀、公共生活等相关内容，根据这些相关内容，"公共"可解读出三层含义：第一，面向公众，公共知识分子对于社会的公共空间要有相对广阔的观察视角，并且要通过与公众的沟通、交流向公众传递思想①；第二，为了公众而思考，即从公共立场、公共利益而非从私人立场、个人利益出发；第三，实践所涉及的内容通常是公共社会中的公共事务或重大问题。

至于"知识"这一元素，首先指的是专业知识。如果没有超于常人的专业素养和技能，就不能针对公共问题进行理性分析并发表专业看法，因此这一点成为公共知识分子的前提。时立荣、王安岩借鉴米尔斯（Charles Wrights Mills）的观点，提出了知识在价值层面的应有之义，强调公共知识分子首先需要保持价值中立的态度。另外，在良好的学术能力和素质之外，公共知识分子还需要"阐明理性与自由背后的道德价值，从认知的良心出发，基于事实做出分析和判断，合理引导公众"②。

此外，知识必须是活的知识，而非刻板、僵硬、教科书式的知识。如徐贲在对公共知识分子之现状进行反思时，指出了当今很多学院式专业知识分子不愿做也做不来的一点："公共知识分子既要有自己的知识标准，又要能放下身段，既要有自己的目标，又要能考虑到现实社会、政治条件的限制和大众能接受的程度，并做出灵活的应对与调整。"③ 陈霞则通过

---

① 美国学者波斯纳（Richard A. Posner）在《公共知识分子——衰落之研究》（*Public Intellectuals：A Study of Decline*）一书中分析公共知识分子的定义时着重强调了面向社会公众写作这一方面，他认为罗尔斯的《正义论》虽然销售广泛，但并不是面向社会公众的写作，所以罗尔斯不能被称为公共知识分子。他认为公共知识分子的完美代表者是阿伦特，因为她围绕所处时代的重大政治主题，对哲学进行了恰如其分的运用。（波斯纳. 公共知识分子——衰落之研究. 徐昕，译. 北京：中国政法大学出版社，2002：22－24）

② 时立荣，王安岩. C·赖特·米尔斯的公共知识分子问题研究. 社会科学战线，2011（3）：175.

③ 徐贲. 知识分子和公共政治. 北京：中央编译出版社，2016：358－359.

知识在公共知识分子那里的输入、输出过程补充了知识这一元素对公共知识分子的要求："公共知识分子是经过系统教育而拥有专业技能和专业素质的知识群体，是拥有公共关怀精神而向国家和社会提供专业决策意见的公共事务参与群体，是具备批判思维而理性分析和客观评论公共问题的道义担当群体。"① 也就是说，公共知识分子既要有专业的和公共的知识，还要把这样的知识批判性地运用到公共活动中。

三、公共知识分子的使命与责任

研究公共哲学的意义在于，为社会提供一条通往自由而有序的共同体世界可能的、理想的路径，这一点也是公共知识分子进行公共活动的目的。在探索这一路径时，公共知识分子的主要活动是围绕公共知识、公共文化、公共生活展开的。具体而言，公共知识分子以什么样的价值信念、行为标准，运用哪些知识来展开公共活动，涉及了公共知识分子的使命与责任的问题。

中国学者在讨论公共哲学、公共性问题时有这样一个倾向，即非常关注当代中国社会。正是因为有这样的关注，与以哈贝马斯、阿伦特等人为代表的西方公共哲学家有所不同，中国研究公共哲学、公共性问题的学者所理解的公共领域的范围更加宽泛。一般认为，公共哲学的话语涵盖了社会的基本结构（政治体制、经济体制、文化观念形态等）、社会生活和公共事务等各个方面。② 也有人认为："凡是公共性的生活领域都可以称之为公共领域，或者说，除私人领域之外的活动空间和场所都属于公共领域。"③ 公共知识分子的责任与使命是在这样的公共领域中被讨论的，或者说，公共知识分子是作为公共性的承担者而存在的。

（一）公共知识分子与公共文化

如果从知识属性延展开来，公共知识分子问题必然会与公共文化存在

---

① 陈霞. 公共领域的构建与公共知识分子的责任. 北华大学学报（社会科学版），2014（5）：128.

② 万俊人. 公共哲学的空间. 江海学刊，1998（3）：62-65.

③ 杨清荣. 公共生活伦理研究——以中国的社会转型为背景. 北京：人民出版社，2016：41.

联系。公共知识分子对社会公共文化产生正面影响，这是公共知识分子作为一种社会主体的价值之所在。当前中国学者对文化公共性问题的理解，受到了马克斯·韦伯、戴维·钱尼（David Chaney）等人的影响，同时出于对中国社会现状的反思而开始研究相关问题，在文化多元化的背景下讨论中国社会的核心价值和文化导向问题。

比如，袁祖社关注了文化公共性在当代社会中的主流表现——"自由主义"；此外，他还从近代以后的历史来反思文化公共性问题，尤其是现代性本身带来的文化公共性的悖论与冲突。他认为，20世纪出现的"世界的分化确立了理性的权威，理性尤其是工具理性取代宗教、巫术变成真正的社会公共理性，近代社会出现了思想史上影响深远的所谓'文化公共性危机'现象"①。人们从封建、宗教的统一性中解脱出来，发现不再存在统一的秩序和原则，而是要自己从多元的价值中进行选择。然而，从只有一个立法者、一个权威的地方走来的，被剥夺了自己的精神需求的人，并不具备个人在道德实践中所应具备的责任、义务和正义观念，自身无法实现对价值的正确选择。要解决这一问题，一方面市场、政治生活等多方面需要从自由、平等的角度立法，另一方面文化应该对社会公共生活进行引导。

除此之外，袁祖社还关注到了当代公共文化生活的另一个特点，那就是伴随经济全球化而来的文化全球化问题。他认为："文化全球化意味着地域文化的纯粹性和民族文化的非单一性将在新的时代激流中消融和隐退，意味着民族国家作为文化单位之间互统性、互文性、互释性和互约性的急剧拓展直至能够形成一套完整的公共性话语。"② 文化的地域边界模糊化、公共化，使得传统的风俗习惯、审美意趣以及由"出身"而来的"意义感"与"归属感"等，都会不可避免地受到冲击，并带来一系列公共问题。如在当代中国，人们失去了方向感，缺乏时间导向，对于"我""我们"存在认知模糊，个人的理性与信仰模糊不清，生活方式、文化与价值观念发生了根本性转变。在这样的发展趋势下，如何对不同的文化因

---

① 袁祖社. 自由主义的"文化公共性"观念及其多元价值观的困境——现代"生存"本位之"文化转向"的公共哲学意义. 社会科学辑刊，2007（2）：17-18.

② 袁祖社. "公共哲学"与当代中国的公共性社会实践. 中国社会科学，2007（3）：156.

素进行兼容和辩证的认识，如何协调文化传统的独立性与公共文化的和谐发展之间的摩擦和冲突，作为文化直接参与主体的公共知识分子应该深刻反思，而同样作为参与主体的民众也需要有公共精神的觉醒。袁祖社尤其强调后者，主张通过参与、对话来化育民众普遍的合作理性与公共精神，认为民众只有生活在公共生活中，才能真正树立社会的公共性信念，承担社会的公共责任。

中国知识分子在面对公共文化问题时，缺乏可借鉴的历史和平台，如何发挥公共知识分子的力量，公共知识分子可以着力的范围在哪里，这些问题的答案还是不明确的。顾肃分析了中国传统的公共哲学理念，认为中国与西方关于公共哲学的理论差别较大。中国古代以"立公去私"为基本原则，否定私人领域和私人权利，同时反复强调纲常伦理，使得人们的等级观念固定化，使得私人领域的等级秩序观念与公共领域的政治等级制度一以贯之。这样的观念经过几千年的固化，对中国人的文化基因形成了十分深远的影响。近代以来，虽然人们开始追求自由、平等、科学、民主，但传统观念的存在仍然很普遍而不为人自知。因此，重建中国公共哲学，除了继承传统哲学的合理因素之外，还需要在自由理性主义的辅助下规范性地论述权力、权威、国家、主权、法律、正义、平等、权利、自由、民主、公共利益等最基本的政治和社会范畴。中国公共知识分子关注并探索着这些问题，在此基础上论述公共哲学的基本原则和结论。[1]

公共知识分子对公共文化的发展起到了较为突出的作用，这体现在两个方面：一方面是文化传播，另一方面是舆论监督。公共知识分子在传播领域的功能，一方面需要公共知识的前瞻性储备，另一方面需要扮演培育公民的公共性素质和知识的教育者角色。舆论监督则与社会问题、政治事务发生联系。正如哈贝马斯所说，公共知识分子所从事的关于公共问题的讨论和批判必然与单纯的学术讨论不同，公共知识分子所讨论的问题在很多时候是面向政府的，试图为政府提供建议或者针对现有的社会事实反馈意见。因此，在试图解决公共问题时，公共知识分子的立场与态度必须是独立、客观、坚定的。学者们对此也有所讨论，如陈霞主张公共知识分子

---

[1] 顾肃. 重建中国公共哲学的反思与设想. 中国人民大学学报，2005（2）：41-47.

应该站在代表和维护公共利益的立场上，以增加公共福利、维护社会基本价值为目标，理想的公共知识分子应该既具备专业素养，同时又要使自己的研究工作与社会问题接轨，另外，还要具备道德性、批判性等素质，具有公共关怀。①

（二）公共知识分子与公共理性

公共知识分子与公共理性的发展、走向有着双向的紧密联系。不同历史阶段的社会，不同文化传统下的社会，对于具有公共影响的核心价值的选择和理解有所不同。社会核心价值的选择并不由公共知识分子的意志决定，但公共知识分子既作为社会的一员直接受到社会核心价值的影响，又因为作为公共知识分子的使命有义务对社会核心价值保持审慎思辨的态度。

尽管学者们对于公共理性的解读不尽相同②，但在现有的相关研究中，公共理性是公共哲学研究的重要主题这一点是多数学者的共识。如万俊人提出："公共哲学就是人类对公共生活智慧的追求，公共哲学的主题是公共理性及其运用。"③ 袁祖社则认为，公共哲学观念的兴起是基于对美好生活的社会"治道"理想与公正秩序的追求，而现代公共哲学的主题是反思并探求全球化背景下社群共同体生活的公共理性基础与公共价值规范。④ 杨清荣则从公共生活伦理的角度，以中国的社会转型为背景和论述前提，从生活样式的转变中探索公共性、公共理性、公共精神得以确立的制度保障、个人德性保障及其与中华民族的民族性的关系。⑤

---

① 陈霞. 公共领域的构建与公共知识分子的责任. 北华大学学报（社会科学版），2014（5）：127 - 131.

② 有学者引用罗尔斯的公共理性观点称："公共理性是一个民主国家的基本特征。它是公民的理性，是那些共享平等公民身份的人的理性。他们的理性目标是公共善，此乃政治正义观念对社会之基本制度结构的要求所在，也是这些制度所服务的目标和目的所在。"（罗尔斯. 政治自由主义. 万俊人，译. 上海：学林出版社，2000：226）也有学者强调公共理性中的公共原则，参见谭安奎《公共理性与民主理想》（北京：生活·读书·新知三联书店，2016）。

③ 万俊人. 公共哲学的空间. 江海学刊，1998（3）：62.

④ 袁祖社. "公共哲学"与当代中国的公共性社会实践. 中国社会科学，2007（3）：153 - 160.

⑤ 杨清荣. 公共生活伦理研究——以中国的社会转型为背景. 北京：人民出版社，2016.

那么，公共知识分子与公共理性有什么样的内在联系？我们如果考察公共理性的建构问题，思考建构的主体是谁，如何建构，就会发现公共知识分子与公共理性的关系之所在。公共理性是以个人理性为基础的，无论在霍布斯、康德那里，还是在罗尔斯那里，公共理性的起点都是个人理性，而从个人理性如何形成公共理性，这是需要辨析的内容。公共理性并不是社会成员个人理性的简单相加，也不是从公众的个人理性中求得共识，公共理性源于公众，但并不被公众的个人意志所左右，也不由公共知识分子来决定。但公共知识分子相较于一般民众，更可能与公共理性相近。这是因为：一方面，公共知识分子具有较高水平的知识储备、判断能力；另一方面，公共知识分子具有较为客观、独立、广阔的视角。

（三）公共知识分子与公共生活

公共知识分子与公共生活联系密切。万俊人一方面认同公共哲学是关于公共生活智慧的哲学，另一方面则提出公共哲学的主体和范围要有所限定。公共哲学并不是"囊括一切社会问题和社会层面或方面的解释系统"①，这一点与日本学界的理解有所不同。同时他指出，要避免把它看作工艺化、知识化的学问，以保持解释公共生活或社会生活的可能性。在公共哲学涉及的范围中，公共知识分子作为对公共生活持有批判性思维的公共生活的直接参与者，对公众具有一定的话语权和影响力，因此公共知识分子如何对公共生活的有序构建形成有益影响，便是公共哲学作用于公共生活的角度之一。

中国学界之公共性探索的兴起，当然是受到了以哈贝马斯、阿伦特为代表的西方公共哲学的影响，但多数学者的研究都会落到中国特殊的历史和社会现实中。如袁祖社在谈到当前中国学界对公共性问题的研究时说，我国学界对公共性问题的研究具有明确的本土境域与意义指向意识，学者们在借鉴西方公共哲学理论来研究公共性问题在中国社会凸显的时代背景和契机是什么，中国社会公共性问题的表现、特性和实质是什么等问题时，注意到了中国社会的独特性，从现实的公共生活以及公共空间出发反思公共价值标准。

---

① 万俊人. 公共哲学的空间. 江海学刊，1998（3）：62.

此外，公共知识分子与公共生活发生关联的另一面在于公共知识分子的公共关怀。在论及公共知识分子的界定时，已经谈到作为公共知识分子，应该具有公共关怀意识，关注公共生活，代表公众的利益思考和发声。通过公共关怀将公共知识分子与公共生活连接在一起，这是公共哲学得以形成的重要环节。徐贲说："理性思考与公共关怀合为一体，那些原本似乎只属于知识分子的精英特征也就会获得普遍的公民社会意义，成为现代社会普通成员都可以具备的思想和行为特征。"① 现代社会的公共关怀涉及诸多问题，如自由与民主、现代性问题、个人主义与社群主义、经验主义与理性主义等。关注这些公共问题，结合自身的专业知识，进行理论研究和现实考察，得到相对理性、客观、可行的判断，表达公众的意愿或者对公众有所引领，这是公共知识分子在公共生活中所要承担的责任。

四、公共知识分子面临的问题与局限

依前文所述，所谓"公共知识分子"，与中国传统的士人、文人有所区别，同时与民主、自由、科学等近代、现代的主要问题相关联，由此引发了学界对中国社会结构的反思。一方面，改革开放后，在中国社会对知识高度重视与关注的背景下，知识分子群体发生了转变。另一方面，随着中国经济社会不断发展而凸显出的问题与挑战，也是促使公共知识分子问题受到学界关注与讨论的重要原因。尤其是中国社会转型带来的对公共性问题的关注，这既是公共知识分子思潮形成的重要原因，也是多数学者探索公共知识分子问题、公共哲学问题的立足点和出发点。处于社会转型阶段的公共知识分子虽然对自身的能力、素质、责任、使命有所省思，但无论理论标准还是其现实行动，都仍然存在问题和不足。

在关于中国公共知识分子重建的讨论中，隐含着公共知识分子所应坚持和提倡的根本价值，分别对应的是"公共"与"知识"。在当前的研究中，公共知识分子的公共关怀、德性品质受到关注，但是对于"德性"的

---

① 徐贲. 知识分子和公共政治. 北京：中央编译出版社，2016：2.

理解却不够深入、完备。既然公与私的界限具有相对性，那么公共知识分子面向"公共"的德性是什么样的存在？是道德意义上的善，还是亚里士多德所谓的人的理智德性？作为美德的德性，有助于缓解社会矛盾、关爱社会弱势群体，但只有美德作为内涵的德性缺乏相对客观可循的标准依据。为了具备相对开阔、普适的公共关怀，作为公共知识分子，要具备什么样的面向"公共"的德性，这对于公共哲学的构建其实是触及根本的问题之一，但尚未解决。

至于"知识"，当前的研究也少有对于知识本身的哲学性反思。知识与生活发生作用，对于人而言会形成对于生活的认识，这种认识是否真实、客观，与我们所运用的知识工具有很大的关系。作为在公共领域具有一定话语权和影响力的公共知识分子，除工具知识外，是否应在知性、理性的独立与发展程度上有所要求？在现实的公共生活中，公共知识分子要保持自身的独立性和批判性思维是极其困难的，这要求公共知识分子要具有足够独立、坚定、客观的理性思维能力。当前有学者关注到了独立身份的重要性，但大多从社会地位、社会关系等角度展开讨论，而很少回到知识分子本身的知性、理性问题去思考。

另外，理想的公共知识分子与现实的公共知识分子存在差距。陈霞从中国社会转型阶段的社会现实出发，对中国公共知识分子群体存在的问题，如知识体制专业化、功利主义侵蚀导致公共精神缺失等，进行了反思。她提出，公共知识分子应站在代表和维护公共利益的立场上，以增加公共福利、维护社会基本价值为目标，因此理想的公共知识分子应该既具备专业素养，同时又要使研究工作与社会问题接轨，另外，还要具备道德性、批判性等素质，具有公共关怀。[①]龚举善则指出，当下知识分子多自缚于知识书斋，具有功利泛化倾向，同时从公共知识分子所处的环境来看，公共平台并不完善，工具理性冲击着人文精神，多元消费观模糊了人的视线，因此重建中国公共知识分子的问题是艰巨而紧

---

① 陈霞. 公共领域的构建与公共知识分子的责任. 北华大学学报（社会科学版），2014（5）：127－131.

迫的。①

就公共知识分子的作用范围而言，也存在着现实的困难。首先，是公共知识分子发生作用的基础问题。公共知识分子之所以可以对公共社会产生影响力，直接依赖的是个体的公共活动，但更深层次的原因则是公共知识分子在专业领域所建立的知识权威。这样一来，公共知识分子作为知识分子而存在，在实践上却要避免让自己陷入专业知识分子，这在行为选择上往往存在两难的悖论。其次，是公共领域的问题。尽管前文谈到当代中国学界对公共领域的界定较为宽泛，但受到中国历史、国情等因素的影响，现实生活中的公共领域相较于理论意义上的公共领域范围非常有限。如徐贲所论"把知识分子和公共政治联系在一起"，既是为了"表明知识分子介入社会问题的责任"，也是为了主张"无论是谁，若要有效地介入公众问题的讨论，都需要尽可能地尊重知识学理，借助理性分析和实行独立判断"②。但公共问题往往是错综复杂的，存在不同利益主体的纠葛，如何在努力超越现实社会的意识形态限制，坚持普遍的道德价值的同时，对自身的限制保持清醒的意识，这也是公共知识分子面对的难题之一。

第三节 关于马克思主义哲学中的公共性问题的研究

公共哲学问题受到关注，反映了近年来学者对实际经验理路的转向，除了哲学理论体系的探索与构建，关注社会、与现实接轨的倾向成为很多学者的共识，这在马克思主义哲学的研究者中体现得尤为明显。中国马克思主义哲学对公共哲学的关注主要表现为对公共性问题的研究，并且关注视点不同于学界从其他视角对公共领域的研究，以下对此进行具体阐述。

一、马克思主义哲学中的公共性问题的提出

一般而言，公共性问题并不是马克思主义哲学研究中的主要问题，这

---

① 龚举善. 中国公共知识分子的当下状况及重建必要. 浙江工商大学学报，2009（6）：83－89.

② 徐贲. 知识分子和公共政治. 北京：中央编译出版社，2016：2.

一问题更多被置于西方哲学、政治哲学的框架下讨论。但从当前马克思主义哲学对公共性问题的已有研究来看，马克思主义哲学对公共性问题的关注并非偶然。这一研究方向的提出，既受到当前哲学研究转向的影响，也是马克思主义哲学理论自身发展的必然要求。马克思主义哲学中的公共性问题研究的意义大致可从哲学的转向、对马克思主义哲学的再审视以及对马克思文本的再挖掘三个角度得以确认。

（一）哲学的转向

马克思主义哲学对公共性问题的讨论，首先与哲学的转向、研究范式的转变相关。沈湘平提出，马克思主义哲学的两大主题是"形而上学批判与社会现实批判"，在当代"哲学的形而上学批判任务已经基本完成"，"在一个哲学本可以'终结'的后形而上学时代，公共性成为突出的问题，马克思主义哲学的视域也正因之转换"①。这是从马克思主义哲学研究方向转换的角度，提出了研究公共性问题的重要意义。郭湛则在《从主体性到公共性——当代中国马克思主义哲学的走向》② 一文中，对改革开放以来马克思主义哲学中国化进程中的范式转化进行了梳理，提出从根本上可以说，中国马克思主义哲学自改革开放以来关注的问题"是从主体性到公共性的范式转化"③。这里的"主体性"，根据郭湛的观点，基本等同于马克思所说的"以**物**的依赖性为基础的人的独立性"④，而公共性的实现既需要个别主体实现从主体性到主体间性，再到公共性或者共同主体性的发展，也需要对伴随主体发展而出现的公共性问题进行梳理。这样一来，公共性问题作为当前马克思主义哲学研究的重要内容之一，就从研究内容的转向角度得以确认。

（二）对马克思主义哲学的再审视

近年来，马克思主义哲学研究对自身内在理论进行反思的倾向较为明显，这一特征也成为公共性问题得到重视的原因之一。

---

① 沈湘平. 历史性转折与公共性吁求——马克思主义哲学的视域转换. 哲学动态，2008 (6)：28.

② 郭湛. 从主体性到公共性——当代中国马克思主义哲学的走向. 中国社会科学，2008 (4)：10-18.

③ 同②11.

④ 马克思恩格斯文集：第8卷. 北京：人民出版社，2009：52.

根据贾英健的观点，近年来马克思主义哲学出现了被边缘化的趋势，究其原因，"一方面，马克思主义哲学缺乏对现实的深刻解释力；另一方面，马克思主义哲学研究也因为存在的概念化、形式化、玄学化等倾向而遇到了冷落；还有就是马克思主义哲学发展过程中存在的'泛意识形态化'倾向遇到了其他学科的嘲讽"①。因此，在思考马克思主义哲学在当代该以何种面貌出场这一问题时，贾英健提倡回归马克思，主张运用马克思所提出的哲学思维方法重新审视、挖掘其哲学思想，其中的一个方向就是从公共哲学、公共性的角度重新解读马克思文本，重新审视马克思关于公共性问题的论述。

沈湘平则通过对马克思哲学特征的分析，指出了当代马克思主义哲学从公共性角度进行建构的必要性。他强调了马克思主义哲学应该具备的方法论特征，并借用恩格斯的话指出："马克思的整个世界观不是教义，而是方法。它提供的不是现成的教条，而是进一步研究的出发点和**供**这种研**究使用**的方法。"② 另外，马克思主义哲学应建立在"历史"的基石上，世界是历史的、生成的存在，科学理论离开了现实的历史就没有任何价值。由于"方法"和"历史"两大原则的限定，在21世纪初全球化背景下的中国，"公共性的呼求应该也正在成为马克思主义哲学视域的中心"③。

（三）对马克思文本的再挖掘

对马克思文本的再挖掘是学者们讨论公共性问题的出发点之一。总的来说，一方面是研究马克思关于公共性问题的直接讨论，另一方面是研究马克思思想中所隐含的对公共性的关注与考察。

贾英健称"马克思文本中隐含着大量的公共性思想"，比如，"马克思在很多场合提到'公共权力''公共利益'等概念，在对这些问题的阐发中，就明确地表述了权力和利益的公共性问题；马克思从'现实的人'出发对自然、人、社会以及他们之间互动关系的总体性论述，马克思的世界

---

① 贾英健. 公共性视域——马克思哲学的当代阐释. 北京：人民出版社，2009：3.

② 马克思恩格斯选集：第4卷. 3版. 北京：人民出版社，2012：664.

③ 沈湘平. 历史性转折与公共性呼求——马克思主义哲学的视域转换. 哲学动态，2008（6）：32.

历史理论等论述也表明了马克思哲学所具有的公共性视野；如果不考虑生产力落后和制度等因素，马克思在对平等、自由、民主等概念的批判性阐释中，蕴涵了对这些问题的正义理念，这表明，马克思对作为正义的公共性价值是持肯定态度的；至于马克思对未来理想社会的描述更能说明他在公共性问题上的态度"①。

郭湛认为，马克思没有明确谈"公共性"概念，但其著作中有诸多关于公共性问题的论述。郭湛结合马克思集中论述近代公共性问题的文本，从公共性问题的角度考察了马克思的市民社会思想、公共利益思想以及自由人的联合体思想。另外，谭清华指出"公共利益"这个概念非常重要，它能够体现马克思具有丰富的公共性思想。② 沈湘平、袁祖社等人则通过对马克思主义哲学中关于历史、人等重要范畴的讨论，提出"公共"向度是马克思主义哲学的本有之义。③

基于上述观点，学者们以公共性问题为切入点重新解读马克思主义哲学的具体工作大致分为两个方面：其一，从马克思主义哲学中关于公共性问题的思考入手，寻找马克思主义哲学自身变革的切入点；其二，从马克思对人类社会的考察与判断入手，揭示公共向度在当代马克思主义哲学中应该如何展开，如何与实践相结合，从而对我们生活的世界产生作用。

二、公共性与马克思主义哲学经典范畴

因为马克思并没有专门使用过"公共性"这一概念，所以学界往往从马克思关于公共活动、公共利益等的论述入手，去探求马克思对于公共性问题的看法。马克思主义哲学具有内在的理论统一性，故在展开具体的论述之前，有必要略述"公共性"概念与"人""历史"这两个马克思主义哲学经典范畴的关系。

（一）公共性与人

高宏星在讨论马克思主义哲学作为时代精神的原因时称马克思主义

---

① 贾英健. 公共性视域——马克思哲学的当代阐释. 北京：人民出版社，2009：25.
② 郭湛. 社会公共性研究. 北京：人民出版社，2009：第一章"马克思关于公共性的思想"。
③ 沈湘平. 历史性转折与公共性吁求——马克思主义哲学的视域转换. 哲学动态，2008 (6)：28-33；袁祖社. "公共哲学"与当代中国的公共性社会实践. 中国社会科学，2007 (3)：153-160.

哲学是"公共性的","是对人类生活及其转型的自觉反思，是对人类存在的现实和终极的意义或价值的探索"①。这样的观点表明，"公共性"与"人"不仅都是马克思主义哲学的重要范畴，而且都与马克思主义哲学的核心精神相关。关于这个问题，贾英健在提倡对于马克思文本和本真精神的回归时，提到了这种回归并不是与现实的分裂，相反，关注的是人的现实存在。② 他还指出，马克思哲学中所体现的这种现实关怀、对人的关注以及以现实为基础又超越现实的特点，"总是深蕴了对人类公共性信念和理想的诉求"③。

首先，公共性与人的相关性体现在人性方面。郭湛主编的《社会公共性研究》一书辨析了"公共性"概念及其内涵，认为公共性从根本上说是源于人性的。人的公共性的最高形式是，从人的发展来看每个人的自由发展将成为其他人自由发展的条件。他认为，所谓"公共性"是指自我在确证自己的过程中所体现的为他的属性。这里的"自我"，既可以是个人、公众，也可以是群体、组织；这里所说的"为他"，既可以是利他，也可以是成就他人或满足他人的需求。公共性的关键在于为他性。根据这样的理解，人天然是具有公共性的存在，并且这样的公共性会在人的实践活动中延展并进化，最终实现人与他人的共同发展。④

其次，就人的实践活动而言，马克思主义哲学"人"的范畴也与公共性问题相关。郭湛提出，人保持主动性、能动性的途径是逐渐实现主体性到公共性的贯通。人的主体性包括自主性、主动性、能动性乃至创造性等方面，从根本上说是马克思所谓的"以**物的**依赖性为基础的人的独立性"⑤。但是人的主体性在现实活动中会面临困境，存在从主体间性转变

---

① 高宏星. 公共性的真实：马克思主义哲学对以人为本的解读. 石河子大学学报（哲学社会科学版），2010（5）：26.

② 贾英健指出："在马克思看来，人们的现实存在就是'现世存在'，人存在于人与周围世界的具体关系中，哲学要真正进入人的现实生活，就必须彻底摒弃实体思维方式，从现实的人出发，在人与世界实质性的相互关系中认识和把握人与世界。"（贾英健. 公共性视域——马克思哲学的当代阐释. 北京：人民出版社，2009：7-8）

③ 贾英健. 公共性视域——马克思哲学的当代阐释. 北京：人民出版社，2009：8.

④ 郭湛. 社会公共性研究. 北京：人民出版社，2009：3-10.

⑤ 马克思恩格斯文集：第8卷. 北京：人民出版社，2009：52.

为互主体性、交互主体性，最终走向共同主体性的转变。这与人的活动性质是对应的，由群体性转向个体性、互动性，最终向公共性变化。① 另外，人与人之个体的差异性中内含着人与人之基本的共同性，这种共同性构成了社会作为人之整体的公共性的前提，由此也可以说公共性问题与人性是密不可分的。在共同体的公共性问题上，郭湛等提出，任何真正意义上的公共组织原则上都会允许其成员平等地参与共同体的活动。也正是在这一意义上，郭湛等主张公共性问题的实质是人的平等问题。②

此外，人在不同阶段组成的社会、国家等组织形态也是讨论公共性问题所要关注的重要内容。如王小章围绕城邦、共同体、社会等不同历史阶段的公共空间或领域，讨论了公共性与人的问题。他在《从"自由或共同体"到"自由的共同体"——马克思的现代性批判与重构》一书中，梳理了亚里士多德、滕尼斯（Ferdinand Tönnies）、哈贝马斯等人有关公共哲学的论述。③ 王小章从亚里士多德所谓"人天生是一种政治动物"的论断引出了人与共同体的关系，提出从人的内在本质可以自然地引申出共同体，反过来也只有在共同体中才能体现和实现人的本质。他还根据滕尼斯对共同体与社会的辨析，描述了中世纪以后共同体衰退、国家和社会兴起的过程，认为人与人的关系也随之逐渐演变成"契约、交换与计算的关系"。黑格尔曾指出，恰恰是自我意识与别的自我意识的相遇使得人与人相互关联起来。霍耐特（Axel Honneth）也说："不能把公共生活看作是私人自由领域互相限制的结果，恰好相反，必须把它看作是一切个体实现其自由的机会。"④ 王小章认同这样的观点，主张在不断演变的公共空间中逐渐发掘人的自由。

总之，关于公共性与人的关系问题，马克思主义哲学主要是从人自身的本性以及人在不同阶段的发展角度展开探讨的，而这两者在马克思的文

---

① 郭湛. 从主体性到公共性——当代中国马克思主义哲学的走向. 中国社会科学，2008（4）：10-18.

② 郭湛. 社会公共性研究. 北京：人民出版社，2009：导论"当代社会的公共性问题".

③ 王小章. 从"自由或共同体"到"自由的共同体"——马克思的现代性批判与重构. 北京：中国人民大学出版社，2014.

④ 霍耐特. 为承认而斗争. 胡继华，译. 上海：上海人民出版社，2005：18.

本里又是统一的。马克思认为，**"人的本质是人的真正的共同体"**①，且
"只有在共同体中，个人才能获得全面发展其才能的手段，也就是说，只
有在共同体中才可能有个人自由"②。前述阿伦特的公共性理论也继承了
马克思的这种观点。她认为，人如果离开活动与政治，就是不可能自由地
存在。可见，公共性在马克思主义哲学中是人实现自身的一种重要方式。

（二）公共性与历史

有关公共性问题的出现，还有学者用历史唯物主义的方法，结合唯物
史观的内容去考察，认为马克思主义哲学对"历史"的理解与公共性密切
相关。

张桂华、金林南在考察公共性与历史的关系问题时注意到了历史"批
判的力量"。他们提出，马克思主义的历史唯物主义公共性理论是以历史
实践为基础的。他们认为，马克思所理解的"历史"并不是德国古典哲学
带有目的论色彩的历史，也不仅仅是事实的、实证的历史，"历史的实质
内容是人类的劳动实践和交往，其最重要的指标系统是生产力及其更新"，
"真正的历史观念应该是一种革命性的批判力量"③。马克思所说的历史是
有主体的历史，是由主体活生生的实践建构的历史，是充满主体公共交往
的历史。

曹鹏飞同样从个人活动与世界的关系的角度说明公共性的内涵及意
义，认为人类的历史是因为公共性而发生的。"使世界普遍联系起来并统
一成一个有机整体的内在属性称作世界整体的公共性。""在人类共同拥有
的世界的形成和发生过程中，公共性作为一种建构力量一直发挥着不可替
代的作用。"④ 公共性的力量不仅在人类社会的构建过程中发挥着作用，
而且在整个人类历史的演变中都发挥着"始源性"的作用。贾英健把历史
看作公共性的历史，认为在历史的形成过程中，人、实践、社会、历史的
统一集中体现为人对其现实生存境况的超越和自由个性的公共性生成。

---

① 马克思恩格斯全集：第 3 卷. 中文 2 版. 北京：人民出版社，2002：394.
② 马克思恩格斯选集：第 1 卷. 3 版. 北京：人民出版社，2012：199.
③ 张桂华，金林南. 劳动与历史：马克思主义公共性视域的阐释维度. 江海学刊，2014
（6）：65.
④ 曹鹏飞. 公共性理论研究. 北京：党建读物出版社，2006：77.

也就是说，在马克思主义哲学中，公共性作为人的本性正是通过人的历史实践活动而逐渐实现的，或者说，人的公共性需求也展现为一种历史的发展，它与人的自由发展程度是一致的。马克思指出："自由就在于把国家由一个高踞社会之上的机关变成完全服从这个社会的机关；而且就在今天，各种国家形式比较自由或比较不自由，也取决于这些国家形式把'国家的自由'限制到什么程度。"① 人的自由的扩大是伴随着对"国家的自由"的限制而发生的，在这一过程中人的公共空间也在增加。总之，在大多数中国学者看来，马克思主义哲学中的"公共性"范畴与其经典范畴在根本上是一致的。

三、马克思主义哲学中的公共性问题的理论意蕴

马克思主义哲学中的公共性问题除了与马克思主义哲学经典范畴密切相关之外，其自身也具有独特的理论意义。中国马克思主义哲学关注的公共性问题与日本学界关注的公共性问题存在较大差异，公共性在日本学界主要是作为公共领域来理解的，侧重于"共媒性"的功能，并把重点放在对哈贝马斯和阿伦特的公共性理论的研究上，以此为基础来把握公共性的内涵。中国马克思主义哲学则侧重于其他方面，下面对此进行具体分析。

（一）公共性与私人性

公共性与私人性的关系，公与私的关系，是界定"公共"范围的重要问题。这就是笔者把这些研究内容，作为公私问题研究的补充，加入到本书中的理由之所在。郭湛等指出公共性问题的出现是公与私的差别、对立发展到一定阶段的结果，从公与私的差别、对立中出现了人的活动的公共性与私人性的二维特征，继而产生了公共性问题。公与私的差别、对立一直存在，但是在人类社会的不同发展阶段，公与私的内涵、界限及其相互关系具有不同的形式和内容。与此相对，人们在解决公共事务时，对公共利益与私人利益、公共物品与私人物品、公共价值与私人价值的需要和追求等问题的界定也有所不同。另外，公共性问题的出现并不等于公共领域

---

① 马克思恩格斯选集：第 3 卷. 3 版. 北京：人民出版社，2012：372.

的出现。在农业社会阶段，公与私的界限是模糊的，不存在真正的公共部门与私人部门，私相对于公，只是人群集中规模的大小；在工业社会阶段，由于社会公共事务增多，国家、政府管理社会公共事务的职能日益增大，人类生活分化为公共活动领域与私人活动领域。①

按照郭湛等的说法，所谓的"公共活动领域"是："凡是借助公共权力或公共资源自觉主动地谋取可共享利益的活动都属于公共活动领域。"②公共活动与私人活动的目的也有所区别：前者的基本目标是公共性的实现，即为社会提供包括公共秩序在内的公共物品和公共服务；而后者的目的首先是满足私人需求，追求私人利益，具有自利性的特征，为个人和社会提供私人物品。郭湛等又将公共性区分为国家及其政府的公共性和非国家及其政府的公共性，国家及其政府的公共性表现为公共权力领域，非国家及其政府的公共性表现为社会公共领域。

相对于郭湛等从国家及其政府的公共性和非国家及其政府的公共性角度来把握"公共性"概念，胡群英则侧重从公共性作为人的活动的本体论前提的角度来把握"公共性"概念，并指出了公共性与私人性之划分的相对性。她认为，人的活动的公共性首先根源于人的活动的本体论条件，即人的活动何以可能的基本前提，它表达的是人们以群体的方式共同生活在同一个世界这一基本事实。也就是说，人的公共性，作为人类群体共同创造世界这一事实的一种表达，是人的活动的前提条件，人的私人性活动同样是在此基础上进行的。同时，她又认为，对公共性的分析必须依托对各种组织及其相互关系的分析，即有什么样的共同体或组织，就有什么样的公共性以及相应的公私划分。③

由此可见，公共性在马克思主义哲学中并不是一个内涵单一的概念：一方面，公共性与马克思主义哲学中的"人""历史"等经典范畴密切相关，是人的社会性本质或者人实现自身的一种方式；另一方面，公共性又是作为一种具体的公共领域中的特性而被把握的，如此理解的公共性则表

---

① 郭湛. 社会公共性研究. 北京：人民出版社，2009：2 - 3.
② 同①3.
③ 同①71 - 78.

现出相对性的特点。①

　　虽然公共性与私人性的区别是辨析公共哲学界限的重要角度，但是也有学者认为单纯从公共性与私人性的区别的角度来讨论马克思主义哲学关于公共性问题的论述是不完备的。如贾英健表示，当前的马克思主义哲学对马克思关于公共性问题之论述的阐述是"着眼于公共性与私人性之间的区别来展开的"，但这种阐述并没有将马克思的论述讲清楚。从公共性与私人性的这种关系出发来考察公共性，其内涵具有以下特点：第一，公共性本质上是私人性的延伸，它根源于人们实践活动的私人性。第二，公共性就是一种现代性，甚至就是现代性的基础的或强势的部分。在某种意义上，公共性就是现代性最基本的特征。现代性中的契约精神、公共理性、民主诉求、主体性精神是公共性发展的必然产物。第三，共同性愈益成为一个复合型的概念。个人转让给社会群体、社会组织、社会共同体的部分呈复合状态，即公共性往往被多层次的人数、规模、资源与范围不等的共同体所吸纳，私人性则被逐层转让于规模与范围不等的共同体。第四，公共性是一个质量统一的概念。其质的规定指共同体中由个人转让出去后又返还个人的或物质性或精神性或制度性的社会资源。其量的规定指个人转让出去的部分在返还于个人时的多寡。② 基于上述原因，贾英健认为，只从公共性与私人性的区别的角度来解读马克思的公共性理论是不足的，马克思对公共性问题的研究与他很多重要的哲学范畴相关，比如人的发展、历史唯物主义的思维和方法、社会交往与实践等，挖掘马克思哲学中的公共哲学方向需要更加丰富的角度。

　　（二）价值导向：公共理性与公共利益

　　公共理性与公共利益也是马克思主义哲学研究者在研究公共性问题时非常关注的问题。对于公共理性，他们侧重论述的是，马克思主义哲学中的"公共理性"概念具有明显的实践和历史唯物主义的特征。袁祖社在

---

　　① 李明伍在《公共性的一般类型及其若干传统模型》一文中表达了类似的观点，他认为我们只能在某一文化圈内，即在相对封闭的社会理性所支配的空间内寻找公共性，但与此同时我们也应该将公共性放到整个人类的历时空间和共时空间内去把握其普遍性。［李明伍. 公共性的一般类型及其若干传统模型. 社会学研究，1997（4）：108－116］

　　② 贾英健. 公共性视域——马克思哲学的当代阐释. 北京：人民出版社，2009：3－6.

《实践的"公共理性"观及其"公共性"的文化、价值追求——马克思新哲学观的精神实质及其人文意蕴》一文中，对此做了较为详细的说明。袁祖社认为，"马克思哲学的理性观是人类思想发展史上的一种全新形态，它从根本上实现了对黑格尔抽象的'绝对精神'理性与费尔巴哈纯粹人本——抽象个人理性的批判和超越"①。马克思认为，"理性"不仅是现实的人的理性，而且同时与社会物质生产有关，因为人的理性是建立在当时的社会现实基础之上的，所以公共理性就应该从社会现实中寻找根据。另外，马克思主义哲学中的"人"是现实的、有生命力的个体，这样的个体处于各种样态的实践活动中，人与人之间存在社会交往，人在实践与交往中创造着历史，在这样的过程中，人的理性要兼顾对物质生产与生产关系这两个方面的思考，同时受到了社会交往的反作用。

公共利益也是马克思主义哲学研究者在研究公共性问题时非常关注的内容之一。郭湛、谭清华在《公共利益：马克思唯物史观的解读》② 一文中认为，马克思有时也用"共同利益""普遍利益"来指称"公共利益"这一概念。公共利益根源于人们的社会交往和实践活动，产生于人们私人利益的实现过程中，是对私人利益局限性的超越，是私人利益的一般化。就公共利益与私人利益的关系而言，公共利益并不完全独立于私人利益，存在于私人利益中而又超越于个体的私人利益。对个体而言，私人利益并不会主动维护公共利益，但因为不同个体的私人利益之间会出现矛盾、冲突，个体私人利益只有在实现公共利益的同时才能使自身得到实现。对私人利益起到保障作用的公共利益需要依赖"一定的人类共同体"才能实现，所谓的"人类共同体"是人类社会的组织形式，早于公共领域与私人领域的划分，在历史发展过程中有不同的组织形式。近代以来，国家共同体的出现打破了阶级共同体的形式，"以普遍利益、公共利益的形式来解决个人利益与公共利益以及不同共同体利益之间的矛盾，体现了国家共同体作为解决社会冲突、维护社会稳定的角色"③。但由于国家从社会发展

---

① 袁祖社. 实践的"公共理性"观及其"公共性"的文化、价值追求——马克思新哲学观的精神实质及其人文意蕴. 学习与探索，2006（2）：75.

② 郭湛，谭清华. 公共利益：马克思唯物史观的解读. 哲学研究，2008（5）：16 - 21.

③ 同②19.

而来，其实质上代表的是居于统治地位的共同体的公共利益，资本主义社会的国家共同体仍然具有局限性。唯物史观中理想的人类共同体应是"自由人"的联合体，人完全实现了个人的发展，摆脱了分工的局限和物的限制，公共性得以全面体现，只有这样，人类共同体才能真正体现人类的公共利益。

从公共理性与公共利益的角度来解读公共性的价值指向，一方面要突出公共性的实证特征，另一方面则要强调批判与发展的有机结合，以公共性作为社会发展的导向之一，是因为这不仅有利于个体的人的完善与发展，同时也符合人类社会和历史前进的必然规律。

（三）公共性与公共领域

从上文的分析中大致可以看出中国马克思主义哲学的公共性分析所侧重的问题与日本学界所探讨的公共性问题具有较大的差异。日本学界重视的是公共领域所具有的对于公的领域与私的领域的共媒性作用，而中国马克思主义哲学侧重的是公共性作为一种人的本性的实现途径，以及其内含的公共理性与公共利益问题实现的背景。除此之外，中国马克思主义哲学关注的另一个焦点是资产阶级公共领域所面临的问题。

如本书第二章所分析的，哈贝马斯和阿伦特所揭示的公共领域，即市民社会，首先需要建立在对话性合理性或者活动的言论性基础上，只有这样，私的存在对于来自公的支配才可以始终保持批判性、对抗性的独立性地位。所谓的公共领域，始终应该对于一切来自个体之私的暴走与集权之公的压制行使彻底的批判理性功能。也就是说，哈贝马斯所分析的公共领域具有两种功能，一种是对话功能，一种是批判功能。中国马克思主义哲学一方面借此来分析"公共性"概念，另一方面对此又做出了批判。由于其分析展现的是哈贝马斯和阿伦特之"公共领域"概念自身的特点，故这里不对此做进一步的论述。下面侧重于分析中国学界对此的批判，从批判中可以大致看出中国马克思主义哲学所关注的"公共性"概念的特点。

对于公共领域的对话功能，郭湛主编的《社会公共性研究》一书认为，虽然资产阶级公共领域的显著特征是以普遍人性和普遍人权的名义去演说与行动，以形成公共舆论，从而实现捍卫私人利益和个人自由的目的，但是资产阶级公共领域的入门标准是财产和教育，只有具备一定的财产和受过良好的教育，才有资格、能力、时间来获得选举权和公开运用具有规范意义的理性，事实上并不是每个人都能成为"公众"。因为资产阶级公共领域的形成和运行取决于市民社会的市场法则及其产生的阶级结构，所以市民社会的理想图景是，自由市场是一个通过自由竞争制度而实现自我调节的社会自主领域，自由竞争为每个人获得财产和教育提供了平等的机会，即使无产者被排除在具有政治批判意识的公众之外，也不损害市民社会的公共性原则，因为无产者在原则上也可以成为资产者，正如资产者在原则上也可以转变为无产者一样。① 杨仁忠在《公共领域论》一书中提出，马克思要实现的是有现实根基的共产主义，而哈贝马斯的目的则是建立一个靠语言实践支撑的交往的公共领域，在语言交往中实现人的解放，哈贝马斯主张发展公共领域的民主政治终究不过如他自己所说，是一种"文化意义上的革命"，只是一种思想批判而已。杨仁忠认为，语言交往、话语共识必须以现实物质生活为基础，这样才能保证它的真实性、公开性和正确性，以此为根基的救世方案才有可能得到落实。② 由此可见，对于公共领域的对话功能，中国马克思主义哲学的批判主要集中在两个方面：第一，公共领域中对话者的入门条件已经将无产者排除在外；第二，对话或语言缺乏一种现实物质基础。

对于公共领域的批判功能，王文兵在《社会公共性研究》一书中认为，国家与社会的二元结构是资产阶级古典公共领域产生和发展的基本前提，而现代以来国家的社会化和社会的国家化加剧，国家的社会化使国家日益经济化、事务化，使国家变成了"福利国家"，使国家权力日益扩张，社会的国家化使市民社会日益政治化，使社会权力不断转让或提交给国家权力，作为其主要武器和自我理解的公众舆论日益被利益集团与政治广告所操纵。一个重新政治化的社会领域既无法保持一个独立的私人领域，又无法产生一个与国家权力相抗衡的公共领域，个人日益隶属于和受制于经济组织与政治组织。③ 同时在《社会公共性研究》中，郑广永认为国家不

① 郭湛. 社会公共性研究. 北京：人民出版社，2009：182-185.
② 杨仁忠. 公共领域论. 北京：人民出版社，2009：188-189.
③ 同①181-189.

是永恒的，而社会则伴随整个人类历史，在社会成熟以后，完全可以不需要国家这种强制性的权威来组织和管理公共事务，国家曾经具有的公共性职能可以由社会代行，而这个成熟的社会就是公民社会。① 也就是说，在马克思主义哲学中，国家最终是要消亡的，所以从根本上说，公共性并不是主要展现为一种批判性，而是主要展现为人自身的一种需求。

从中国马克思主义哲学对公共性的解读以及对资产阶级公共领域的批判中可以看出，马克思主义哲学视域下的公共性具有以下特点：第一，公共性作为人的社会性本质的表现，是人自身的一种需求；第二，公共性在当前又表现为国家及其政府的公共性和非国家及其政府的公共性，但是马克思主义哲学致力于扬弃资产阶级的公共领域，而寻求人的公共性的最终实现；第三，公共性是向所有人开放的，而并不限于资产阶级（其实，这就是阿伦特所揭示的公共性的本质之所在）；第四，公共性具有强烈的实践性与现实性，并不关注抽象的、侧重于理论意义的观念性公共性。除了以上特点之外，中国马克思主义哲学对公共性原则的论述实际上与公共领域的理念是一致的，如强调公开性与差异性的共在、多元主体的共识等。

四、当代中国社会背景下的马克思主义哲学中的公共性问题

中国马克思主义哲学研究者对公共性问题的研究之比较鲜明而统一的特点是，对社会现实问题的回归与关注，这在前文已有所涉及。马克思主义哲学在中国语境下，较之西方传统的政治哲学、经济学有很大的不同。中国社会的不断发展，中国特色社会主义道路的不断开拓，成为当代马克思主义哲学研究者在重新建构马克思主义公共哲学时必须要兼顾的背景。具体而言，现有的研究对于公共政策、公共服务、公民意识、公民素质等问题做出了考察与反思。

马克思主义哲学中的公共性思想在公共政策方面的应用主要包括两个方面：其一是公共政策的合法性问题，其二是公共政策的价值标准问题。

---

① 杨仁忠. 公共领域论. 北京：人民出版社，2009：284.

江明生对不同阶段马克思主义中国化带来的公共政策进行了考察，称公共政策的历史演变轨迹是"平等主义—效率优先—效率优先兼顾公平—公平正义"。他认为，呈现出这样的演变轨迹，与不同历史阶段的不同经济社会发展水平相关，"更反映出人们在不同历史阶段对公共政策价值分配的实际需求和变化"①。从根源上说，是由中国社会发展的实际需要与"自觉社会实践"决定的。当前中国社会对于公共性的需求越加明显，"公正与和谐"应该成为未来中国化的马克思主义公共政策的道德价值取向。公正主要体现在两个方面：一是完全平等，是指人的基本权利的分配原则；二是比例平等，是指人们的非基本权利方面的比例平等。和谐则指社会和谐、政策和谐这两个方面，前者指人与人、社会、自然、群体之间的和谐，后者指政策的协调合力。确定这样的价值标准，其根本目的是实现公共政策对人民与社会进步的助力作用。

马克思主义哲学中的公共性思想在公共服务问题上的应用同样包括两个方面：其一是对服务性质的界定，其二是对服务内容的建议。

在马克思的理论中，国家、政府是参与公共活动、涉及公共利益的重要主体。中国政府所提倡的"服务型政府"理念，从公共哲学的向度来说，是符合社会发展规律的。彭锋在《马克思主义公共性思想与服务型政府建设》② 一文中提到，"服务型政府"的构建是对"人的全面发展"理论的不断践行与突破。就马克思的国家理论而言，构建"服务型政府"是符合人民利益的应然行为。从服务内容上说，公共服务的核心与落脚点是人，马克思主义哲学中的公共性思想对公共服务提出的最为核心的要求是协调、保障公共利益，同时由于公共空间、公共活动很丰富，所以需要针对公众需要而不断完善公共服务所涉及的范围、内容。

就公共主体而言，马克思主义哲学中的公共性思想对于发展公共文化、培养公民意识、增强公民素质等也有重要意义。随着公共空间的扩大、公共问题的增加，公民增强自身的素质，不断发展自身参与公共活动的意识和能力，是解决现实问题的重要方面。朱荣英强调了马克思主义哲

---

① 江明生. 中国化的马克思主义公共政策价值取向的历史演变. 理论探讨，2012（1）：147.

② 彭锋. 马克思主义公共性思想与服务型政府建设. 人民论坛，2017（7）：120-121.

学中的公共性思想对发展大众文化的指导意义，提倡"指向未来、面向大众、多元融通"① 的群众性姿态。袁祖社提出，公共哲学的存在与发展，要关注中国人的"精神现象"，培养人民的公共性观念、公共人格以及公共责任意识。马克思主义哲学突出社会与集体的存在，但是对于公共理性、公共精神的理解与宣传并不明确，无论着眼于眼前的社会问题还是着眼于社会的长远发展，公共哲学对于公共文化、公民教育的引导都应该更加切实深入。②

此外，还有学者结合中国当代社会的热点，论证了公共哲学的存在意义。如王小章、周晓虹等学者从构建当代中国"和谐社会"的角度探索社会理论，认为人的本性、价值、生存状态以及社会秩序、社会建设、社会尺度等问题往往会涉及公共性问题。

本章具体阐述了中国学界公共哲学研究中明显区别于日本学界的两个不同视角。虽然两者本来应该单独成章论述，但由于研究时间的限制以及本书立足于"中日比较"的特征，作为两国学界的比较形式，放在一起统一揭示，在逻辑上仍然成立。在第二节，围绕中国学界对中国传统知识分子的反思，对"公共知识分子"概念以及公共知识分子的使命等问题展开了考察，揭示了公共知识分子究竟是怎样的存在，以及其作为"公共性的承担者"必须具备怎样的性质。在第三节，以马克思主义哲学中的公共性问题在国内的研究现状与关注的中心审视为切入点，分析中国学界对于马克思主义哲学中的公共性问题是如何提出的、"公共性"与"人"和"历史"等经典范畴的关系、公共性问题的基本特征等，对中国马克思主义哲学的相关研究做了综述性的把握，以此补充本书第二章关于公共性问题的论述所指摘的日本学界公共哲学探索中所缺少的"马克思主义哲学中的公共性问题"的重要视角。

---

① 朱荣英. 马克思主义哲学大众化的文化之思、价值选择与公共出口. 青海民族大学学报（教育科学版），2011（3）：1-4.

② 袁祖社. "文化公共性"价值信念的自觉与马克思主义哲学的自性澄明. 学术月刊，2009（12）：26-33.

第六章　公与私的相对性和公共哲学的建构

　　无论中国学界对"公""私"概念或者观念之起源的探索、内涵的界定、发展史的考辨，还是日本学界对公私问题之历史、演变过程以及现状的考察，通过深入分析我们都不难发现它们存在一个共同的现象，那就是对问题的探讨都停留在现象层面，也就是说，都是关于"是怎样"的探讨，没有更进一步进行究竟"是什么"的哲学探究。在对公与私的现象的探讨中，两国学者提出了许多思想、观点，揭示了不同时代的认识倾向，然而，究竟如何在哲学意义上区分公与私，也就是说，公与私的边界究竟是什么，人怎样的存在状态才属于真正意义上的私的状态，私究竟是什么，其存在如何区别于公等问题，还没有得到有效的探讨。如果把公共哲学作为一门崭新哲学进行建构，那么关于"公与私"的问题，就不能仅仅探讨现象世界中的公与私的各种表现形式以及关于公与私的各种观念形态，还应该进一步探索公与私各自作为独立的存在，其真正意义的本质是什么。

　　如何区分公与私之所以成为问题，是因为我们一般只能基于一种相对的意义来探讨公与私，并不能在绝对的客观意义上来把握这两个概念。关于公与私的关系，一般都会提及古代所谓的"背私为公"观点，这个问题在本书第二章已经有所涉及，在这里需要进一步展开阐述。

　　"背私为公"观点源于《韩非子·五蠹》："古者苍颉之作书也，自环者谓之私，背私谓之公。公私之相背也，乃苍颉固以知之矣。"这是从字形出发释义，从而区别公与私的不同含义以及两者之间的关系。众所周知，在甲骨文、金文中，“公”字分别为：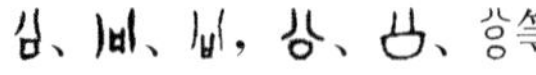等。许慎《说文解字·八部》云：“公，平分也。从八，从厶。八犹背也。”显然，许慎既沿用了《韩非子·五蠹》中的部分观点，同时又加入了自己的见解，即把“公”以“平分”来解。《说文解字·八部》云：“八，别也。”确实从“八”的字多有“分开”的含义，如“分”字本身就从“八”，以“刀”分半，所以有了“平分”的含义。“厶”为古“私”字，根据沟口雄三的考证，“在甲骨文、金文里，至今还没有发现可以解释为‘私’意思的文字”①。也许是由于“○”或“口”是环绕自身的象形，所以韩非子说“自环者谓之私”，由此引申出以自己为中心，一切为自己打算之义，与公相背离。在这里的公、私之别仅仅只是从字形出发来阐释两者含义的不同及其关系，并没有更多关于公、私各自的具体内容。仅有的内容之所谓的“自环”“背私”“平分”，也根本无法明确“自环”之“自”中的私究竟包含了什么，这里的私没有任何具体内容，只有从与公相背的比较、区别中获得的作为私的含义。“平分”作为公的内涵，意味着公是一种复合性存在，是一种“多”的世界的某种原则，因此引申出公平、公正、公共等含义。正因为如此，公与私相背离、相对立。

然而，日本著名汉字学家白川静在其《字统》中对甲骨文、金文的“公”字所做出的解释却与韩非子、许慎不同。白川静认为，甲骨文、金文的“公”字“不从八字，在长方形空框上方左右绘有两根直线。长方形空框是宫室的象形。在其廷前左右设置屏障举行仪式，举行仪式的场所的平面图形为公，公的初义为公宫……殷的神都天邑商有公宫。可能是在那样的宫庙里被祭祀的人叫作公。……公指族长领主。公宫是其氏族的宫庙，拥有其祭祀权的公同时又应该是在那一宫庙被祭祀的人。由于氏族具有共同体的性格，‘公宫’便成了公共之意、官府之意，公私关系成了官民关系。氏族共同体中的用语，原样转移到了政治性的行政关系之中”②。笔者认为，白川静的“公”字释义更具说服力。沟口雄三发现“公”字在《书经》中出现了 71 次，几乎都是统治者的意思，而“私”字用例只有

---

① 沟口雄三. 中国的公与私·公私. 郑静，译. 孙歌，校. 北京：生活·读书·新知三联书店，2011：236.

② 白川静. 字统. 東京：平凡社，1990：285－286.

"私家" 1 处。因此，他得出了以下结论："将此与甲骨文、金文中不见私字的情况结合起来考虑，关于公私二字，可以窥见是公字的使用先于私字，仅从这一点来说，对于公以背私为词源的说法，也需要打个问号。"①

根据以上情况来判断，中国古代的"公""私"概念的含义并不明确，将公无论理解为"背私"，还是理解为从"公宫"即"宫庙"引申出的"族长领主"，我们都仅能把握到其区别于私，即与私相背、对立的内涵。与此相对，"私"字在早期文字中并没有找到，目前学界所能见到的只有后来篆书中的"从禾从厶"的会意字，具有与耕作相关的含义，与区别于公田的私有地有关，由此引申出"私有"之义。那么，韩非子所说的"自环者谓之私"之"自环"该做何解？这是值得商榷的。在日本还出现了"自营者谓之私"的说法。沟口雄三认为，此处的"所谓自营，就是将一定范围划出来作为自己的所有物。将此状态称作私的那个'私'，简言之就是利己的意思。与这一私相背的公，就是排除利己而'平分'，或公平对待的意思"②。由此可见，在中国古代，无论公还是私，其实都是一个相对性概念，作为"宫庙""领主"之公，只是一定族群、共同体的"大私"而已，而与此相对的私，即使缩小到家庭的私有领域，也是一种具有"小公"含义的存在，其存在都只是相对于所面对的"他者"所具有的规模而言的。

从以上认识出发，笔者曾在《浅谈全球化视阈中公共哲学的构筑——以日本的公共哲学研究为线索》一文中进行了如下指涉：

> 在人类历史的现实中，公与私的对比是随着规模的不断扩大而发生变化的。个人层次的自他的界限，是在向由个体所构成的社会的扩大过程中逐渐消除的。个体置身于公的场合而获得生活的领域。但是，这种情况下"个"性并没有消亡，而是成为新的"公"中所携带着的"个"的内核。比如说，从对于"个"来说属于"公"的立场的"村"，与其他"村"相比就会意识到自他的区别与对立，这时作为

---

① 沟口雄三. 中国的公与私·公私. 郑静，译. 孙歌，校. 北京：生活·读书·新知三联书店，2011：237-238.

② 同①230-231.

"公"之存在的"村"就转变为"私"的立场。"村"放在比村的规模更大的"公"（乡镇、县市、国家）的面前，其中的对立就自然消除了。接着是乡镇、县市、国家也都是如此，最初作为个体的"个"性所面对的"公"，而这种"公"将被更大的"公"所携带而产生公私立场的转换。这种链条型动态结构，与亚里士多德《形而上学》中的"实体论"的结构极为相似。这就是自古以来人类社会进化的过程，基本上来自于人类本性中所潜在的自我中心（或者利他性）倾向。[①]

也就是说，我们一直以来所探讨的公与私的存在，其实两者是相互包含的，再小的私都具有公的性质，对于公亦然，再大的公都包含了私的要素。目前最大的公无非全球化，把整个地球作为一个公的存在，那么每个国家就都成为私，若再扩大到整个太阳系、银河系甚至整个宇宙，那么地球就只是一个由一切有机物和无机物组成的"村落"（太阳系、银河系乃至宇宙中私的存在）而已。如果把私推演到每个人的个体存在，那么对于生命而言，个体也包含了公的要素（从人在家庭中的某种角色，到作为社会或从属集团中的某种身份）。这正如实体论之构成要素形相与质料的关系，任何一种形相都只是比其更低存在之质料的形相而已，而对于比它高的形相而言，它也只是一种质料。这就意味着任何一种质料或形相都包含了其另一种要素而构成实体（质料＋形相），即无论质料还是形相，其实都是一种实体存在，只是层次不同而已。正因为如此，亚里士多德最终才不得不进一步探究"纯粹形相"与"第一质料"的存在是什么。同理，我们所探索的构成公共性要素的公与私，也都只是动态的、相对的存在，现实中任何一种私都包含了发展成公的存在，而公的存在也都包含着私的要素。这种公、私本身所存在的相对性问题，应该是公共哲学探索中不可回避的哲学问题。也就是说，在研究公共哲学这门探索公共性究竟是什么的学问的过程中，构成公共性问题之最基本概念的公、私，最大的公与最小的私究竟是什么，其是如何存在的等，都是需要阐明的问题。

---

① 林美茂. 浅谈全球化视阈中公共哲学的构筑——以日本的公共哲学研究为线索//冯俊. 哲学家·2007. 北京：人民出版社，2008：20.

第一节　公与私的相对性

公与私只是一种相对的存在，有些学者在研究过程中已经注意到了这个问题。比如，黄俊杰在其论文中阐明了这种相对性存在。他认为中国的公的领域和私的领域是具有高度相对性而不断展开的同心圆，以家庭中的个人作为私而言，与之相对的家庭就是公，相对于个别家庭之作为私而言，社会或国家则是公。个人由于处于这种多层次同心圆展开的过程中，所以常常要面临多重身份与责任互相冲突的问题，然而东亚儒者又认为公的领域与私的领域中的德行必须在公的领域中才能实现，所以提出具有超越性的"天理"或具有普遍性的"天下"，作为化解公的领域与私的领域之冲突的概念。① 按照黄俊杰的观点，中国古代沟通公的领域与私的领域的是具有超越性的"天理"，这就是范围最大的公，即"天理之公"。日本学界也出现了相关的指摘，如渡边浩在《"おほやけ"、"わたくし"的词义——"公"、"私"与"public"、"private"的比较》一文中也基本持相似的观点，他对江户时代公私的结构关系做了具有相对性意义的论述。他认为，大的"おほやけ"（オホヤケ，公）中存在着复数的"わたくし"（ワタクシ，私），而这个"わたくし"相对于其中较小的"わたくし"也是"おほやけ"，形成了相对的"おほやけ""わたくし"链条，一直到最小的"わたくし"。（然而，他并没有指出最小的"わたくし"是什么。）所以，在日本"下"为"上"做事是"奉公"，有主人的武士叫"奉公人"。当时日语"おほやけ"与其汉字形式"公"的中心意思中没有人民的含义，与中国王朝不同，日本古人不标榜自己是为"民"的存在，"奉公"经常是向上的，索性说"民"就是为"おほやけ"而存在的，从而阐明了江户时代的公私关系具有私以公为目的而存在的结构性特征。② 以上中日学界的这些观点，笔者在本书第三章与第四章已经做了相关的梳理和总结，但是并没有展开进一步的分析。

---

① 黄俊杰. 东亚近世儒者对"公""私"领域分际的思考：从孟子与桃应的对话出发//黄俊杰，江宜桦. 公私领域新探：东亚与西方观点之比较. 上海：华东师范大学出版社，2008.

② 渡边浩. "おほやけ"、"わたくし"的词义——"公"、"私"与"public"、"private"的比较//佐佐木毅，金泰昌. 公与私的思想史. 刘文柱，译. 北京：人民出版社，2009.

黄俊杰注意到了公与私的相对性，然而他揭示相对性仅仅是为了突出一个超越性的"天地之公"之"天理"观念是如何产生的。渡边浩显然进一步注意到了公与私的相互包含，也就是一种展开性、发展性的公与私的内涵，即笔者在本章开头所指涉的公与私的对立必然随着对象的变化而产生转换的问题。然而，渡边浩并没有揭示这种转换，而是最终将问题落实到日本江户时代所存在的私从属于公而存在，即"私以公为目的而存在"的结构性特征上。不过，只要稍微注意就不难发现，两位学者具有一个共同的视角，那就是仅仅把公与私作为外向性的问题来把握，即根据公或私所对应的外在参照系来决定其作为公或作为私而存在的问题。但是，仅仅如此来认识公与私究竟是怎样的存在，显然是不够的。

我们在确认公或私的时候，还有一个更为重要的要素需要考虑，那就是公或私的即自性问题。世界上一切所谓的公，都建立在私的存在基础之上，也就是说没有私的复数性、社会性、世界性的存在，就无所谓公的出现。因此，私之最小的或者最初的、绝对的自我状态（笔者称之为"元私"）究竟是怎样的存在，这是首先需要明确界定的哲学问题。公则不需要这种把握，因为所谓的公都是由私的扩展构成的。为此，接下来主要探讨关于"元私"的问题。

我们一般都把个人作为私的最小单位，迄今为止的所有探索基本都是以这种认识为基础而展开的。然而，作为个体的人还不是最小的私，因为每个人身上都附带着父母、兄弟姐妹、所属族群，所从事的职业，所归属的社会团体、政治团体、宗教团体，包括最小的属于哪个家庭的成员等，这些都包含在作为个体的社会性的"我"的存在之中，因为人不可能脱离这些而存在。不过，有一种状态基本上可以说属于最小单位的私，那就是个人处于即自性存在状态，即走向自己的心灵世界，拒绝社会性与世界性的存在状态，这时最小单位的私才能出现。关于这个问题，我国明代的李贽有一段精辟的论述："夫私者人之心也，人必有私而后其心乃见，若无私则无心矣。"（《藏书》卷三十二）也就是说，私只有在走向心时才出现，心由于有私才存在，心与私须臾不可分离。不过，李贽是为了说明人的现实行为首先必须建立在私的基础之上，即所谓"虽有孔子之圣，苟无司寇之任、相事之摄，必不能一日安其身于鲁也决矣"（《德业儒臣后论》）。

也就是说，李贽是为了人的社会性与世界性的进取而提出了如此之私的问题，然而这种私其实仍然被公所兼容，人只有停留在心的状态，才可以获得真正意义上的最小的私。在这里，有一个极端事例可以用来说明怎样的状态才是最小的私，那就是犬儒"第欧根尼在雅典广场的自慰行为"。

一、第欧根尼的"广场自慰"

根据记载，锡诺帕的第欧根尼（Diogenēs of Sinope，约公元前404—约前323）有一种怪癖，他总在雅典广场中央判若无人地自慰①（以下简称"广场自慰"），引起了雅典市民的反感和批判。然而，他却反驳说，自己只是摩擦肚子而已，自己只是像肚子饿了需要满足那样满足性欲而已，这没有什么值得大惊小怪的。②究竟应该如何看待这个问题，成为后世学者争论的话题。无论此事是不是史实（因为这不是本研究的关键之所在），我们都最多只需思考为什么这件事会发生在犬儒哲学家第欧根尼身上，或者历史上为什么会有这样的故事与犬儒哲学家相关。然而更为重要的，是这件事用来探索公私问题所具有的哲学意味。

众所周知，犬儒学派主张追求善与节欲的生活，其把苏格拉底所追求的善理解为节制与禁欲的生活。作为该学派创始人安提西尼（Antisthenes，约公元前445—约前370）的弟子，以及犬儒学派的重要代表人物，第欧根尼的传说很多，其中最著名的应当是他拒绝了亚历山大王对他的帮助，那就是亚历山大王看到他衣衫褴褛地住在木桶里，问他是否需要什么帮助，可他的回答却是请亚历山大王自行让开，因为站在他面前遮住了他的阳光。③第欧根尼认为，人要选择与自然本性相适应的生活，放弃对一切物质与名利的欲望，这就是他所说的禁欲与节制。因此，他嘲笑高贵的出身、显赫的名声等，声称自己跟赫拉克利特一样，热爱自由胜于一切世俗事物。"广场自慰"正是他嘲笑高贵，选择与自然本性相适应的生活的具体表现。当然，大家可能会有疑问：既然提倡禁欲，那他为什

---

① ディオゲネス. ギリシア哲学者列伝：中. 加来彰俊，訳. 東京：岩波書店，1976：6.§§ 20‐81.

② 同①6.§ 46.

③ 同①6.§ 65.

么还要自慰？其实他所说的禁欲，指的是禁止对于物质与名利的欲望，而性欲跟肚子饿了需要吃饭一样，属于一种自然而然的需求，所以自慰并不违背他的禁欲主义原则。正因为这样，才会有他在雅典广场中央自慰的传说，而事实究竟如何不得而知。

即使这个传说属于史实，就他作为犬儒学派的代表而言，他所采用的行动也似乎无可厚非。那是因为，对于犬儒哲学家而言，自己的存在已经超越了社会的各种习惯、风俗、评价以及各种政治形态。对于他们来说，按照某种社会原理、政治原理来采取恰当的行为是不存在的，他们并不认为自己是属于某个城邦的市民，正如第欧根尼用"世界（宇宙）市民"来定位自己一样①，任何的政治形态和社会形态对于他们都是无效的。他们只承认自己生活于其中的这个世界，而现实的任何政治活动与社会性生存都被他们拒绝，世俗世界的羞耻心对于第欧根尼是不存在的。正因为这样，他既可以拒绝亚历山大王的同情，因为对于他来说，政治世界中的王者并不存在，他的存在不属于任何政治形态，也可以判若无人地在大庭广众之下自慰，因为社会的习惯和价值判断同样与他无关。他只是一个人，一个会思考的动物，追求像动物一样顺从自然的自由生活。正如一条狗在街边撒尿、交配没有人会指责行为不当一样，我们也不能用社会习俗、礼仪规范来衡量追求犬儒一般生活的第欧根尼的"广场自慰"行为。为此，雷门特·格易思（Raymond Geuss）认为，"第欧根尼的广场自慰"具有"礼仪性不关心"（civil inattention）或"让关心转移的可能性"（disattendability）之社会原理的意味。② 然而，这只是一种社会学或者伦理学的解读，不适合作为第欧根尼行为的判断原则。对于第欧根尼而言，不存在雅典广场这样的"公共空间"与自己生活的"私的领域"的区别，雅典的街道、体育场、广场、自由市场等都是他的私人领域，因为他本来就没有公与私的区分。只有在这里，即只有在"第欧根尼的广场自慰"这样的行为的宣示之下，我们才能看到绝对的、纯粹的私，即"元私"的世界。

---

① ディオゲネス. ギリシア哲学者列伝：中. 加来彰俊，訳. 東京：岩波書店，1976：6. § 63.

② レイモンド・ゴイス. 公と私の系譜学. 山岡龍一，訳. 東京：岩波書店，2004：11－30.

第欧根尼的"广场自慰"行为，显然已经舍弃了作为人的一切社会属性，他只是一种即自性的存在，借用黑格尔《精神现象学》中的概念来表述，这是一种与世界无交涉的状态。

然而，我们不难发现，第欧根尼的"广场自慰"行为，从某种意义上说只是一种人的动物性行为，这里第欧根尼作为人的存在特征并不明显。虽然动物不会自慰，只有人才会有这种行为，但仅仅将这样的行为作为"元私"的本质，显然不足以揭示人的"私"性的全部内涵。在这里，人作为人的存在自觉似乎被全部舍弃了，仅仅只是动物所拥有的自然生存状态。在这个意义上说，李贽将"人之心"理解为私的显现则更具有"元私"的本质特征。因为心是属于个体的，与把家庭作为私的存在相比，更具有"私"性，即把私的存在退回到作为人的存在的最小范畴。

那么，为什么可以说第欧根尼"广场自慰"这样的行为已经具有私的绝对意味，呈现出原初性之"元私"的本质的表现性内涵？

二、原初性之"元私"的本质

所谓的原初性之"元私"，指的是最小范畴的私，为了阐述上的需要，笔者将其命名为"元私"。"元私"的本质是舍弃一切社会性与世界性的出身、身份、职业、所属家庭、社会关系、政治组织、宗教信仰等，仅作为一种动物性生命而存在，但又是区别于动物的绝对动物性而拥有人的情感、知觉、行为、思想、理性的存在。不过这种情感、知觉、行为、思想、理性等，不受外界任何社会性与世界性的约束，仅仅停留在自己内心的情感与知觉活动中。比如，每个人在看世界时，看得到的世界与看到的世界都是不一样的。"看得到的世界"指人周围的一切外在事物，就其存在而言应该是每个人都可以看到的，这里的每个人没有区别（盲人除外）；而"看到的世界"则根据每个人的内在情感、知觉甚至审美等，在个人无意识中出现了每个人选择性地"看到的"东西，这里出现的这种个体差异性可以作为一种"元私"来认识。那么，要使"元私"得以确立，笔者认为至少需要具备两个条件：第一，拒绝对自性的绝对即自性状态；第二，超越即自且对自的自足性。这样归纳当然是借用了黑格尔的人的意识发展辩证法逻辑中的三个契机的划分，那就是人的存在之"即自""对自""即自且对自"这三种存在，也即所谓的正反合，否定之否定的肯定性自我定立的意识发展过程。①

怎样的状态属于拒绝对自性的绝对即自性状态？比如一个人的存在，一般会被其社会关系以及身份、职业、信仰等认同所规定。自己的性别、种族、家庭属性、政治属性、信仰等决定了对于"我是谁"的自我确认。然而，这些受到外部条件制约的"我"，基本是在"对自"存在的前提下确认自己的存在。这样的个体存在之私已经包含了作为媒介性存在的外部世界的内容，这样的私已经包含了公的属性，不具有纯粹的、原初性的"元私"的存在性质。只有在一个人扬弃了一切外在制约，完全基于自身的生命自然状态而确立自己的存在形态的时候，原初性的"元私"才能出现。第欧根尼的"广场自慰"行为所表现出来的"私"性特征显然具有这种性质，对于他来说，他在行为中扬弃了自己的社会属性，比如，他是谁的儿子、熟人、朋友，他是哪个城邦的市民、哪种宗教的信奉者等，这些社会属性甚至伦理属性、精神属性都不存在，他只是作为一个在形体上区别于其他动物的生命体，按照自然状态满足着自己的自然而然的需求而已。来自他者的对自性中所包含的一切外部条件、身份、行为的参照在这里都已经消失，只有纯粹的、绝对的对自性存在，在雅典或者克林多斯等古希腊城邦的广场、市场、竞技场等公共空间，过着自称为"犬"（Kyon）一般的自足性生活。

第欧根尼的"广场自慰"行为所揭示的私的原初性，容易让我们想起亚里士多德实体论中的"第一质料"（prote hyle）的存在。第一质料之所以为第一质料，是因为这种"质料"（hyle）不以任何的"形相"（eidos）为目的而产生运动，始终停留在"可能态"（dynamis，也译成"潜能"），因此，它的存在不具有"现实态"（energeia，也译成"实现"）或者"完成态"（entelecheia，也译成"现实"）。第欧根尼的"广场自慰"行为所揭示的纯粹之"元私"的生存形态，同样是一种不可能具有现实态的存在。也就是说，这种"元私"不具有社会性，从而也就没有所谓的世界性外延，处于一种即自性的、没有社会性实体的潜能性存在状态。它不以任

---

① ヘーゲル. 精神の現象学：上巻. 金子武蔵，訳. 東京：岩波書店，1995：396-424.

何社会性与世界性为目的而运动，处于即自且绝对自足的自由状态。

不过，如前所述，第欧根尼的"广场自慰"行为具有强烈的动物性特征，仅仅以此作为"元私"的全部内涵，不具备人作为人而存在的全部意义。在这里之所以把其作为"元私"的一个"表现性"事例，是因为其表现出人的存在的一种完全即自性的内涵。也就是说，人作为人的个体存在，不受任何外在的"对自"要求制约，舍弃一切家庭、社会、政治、宗教等外在制约，仅仅以个体的价值观、世界观特立独行地活着所具有的存在意义。当然，如果以他的"广场自慰"作为"元私"的全部本质是不够的，还需要他作为人所拥有的人的自觉的觉醒，只有这样，才构成了"元私"的全部内涵。第欧根尼的另一个行为事例，恰好补充了他作为人的自觉方面的内容。

传说第欧根尼曾经在广场尝试向雅典市民宣讲"人应该如何活着"（以下简称"广场宣讲"），宣讲时被人们忽视，在人们转身而去时他吹起了口哨，此时人们却再次转身向他围了过来，他为此指责人们不关心有意义的声音，反而如此在意毫无意义的声音。① 显然，他作为人而存在，对于生存意义的追求是认真的，不会仅仅把自己看作动物一般的存在，即只有对于外界的本能反应，正如人们听到口哨自然做出倾听的反应那样，而作为人还需要思考"人应该如何活着"。这就要求人作为"元私"的存在，还必须脱离"拒绝对自性的绝对即自性状态"，通过与外界的交流而获得对于作为人的生存意义的确认。因此，作为原初性之"元私"，"超越即自且对自的自足性状态"就成为另一个不可或缺的要素，即通过自己的社会性与世界性的获得而公示自身作为人的存在而存在的觉醒是不可或缺的。

所谓的"超越即自且对自的自足性状态"，指的是从即自性中走出来，通过对自性的确认而再次回到一种"即自且对自"存在之后，进一步超越这种具有他者意识而寻求自身存在的差异性自足状态。第欧根尼的行为正是这样，既可以在雅典广场中央判若无人地自慰，扬弃一切社会性与伦理性的约束，又能够毫无羞耻感地、一本正经地向人们宣讲"人应该如何活

_____

① ディオゲネス. ギリシア哲学者列伝：中. 加来彰俊，訳. 東京：岩波書店，1976：6. § 27.

着"。从一般社会习俗、规范等而言，他的这种行为是不可能两立的。人要么否定一切外在的约束，只按照自己的价值观、世界观活着，谁也不能成为自己的批判性、规约性存在，要么从自己做起，以自己面对他者的谦躬行为为前提，从而获得教育别人的资格，这样的人告诉别人应该如何活着才有说服力，或者说这样的人才能传授给别人应该如何活着的道理。然而，在第欧根尼这里，这两者却得到了无矛盾的统一。他既可以超越人作为人的羞耻心，又可以坦坦荡荡地告诉那些与自己同样为人的他者作为人之生存的共性，即人应该如何活着的大道。这正如亚里士多德所揭示的纯粹形相的存在那样，既不以任何形相为目的、自我观照地运动着，又作为一切质料的形相，让一切质料以其为目的而运动。这种运动超越了"作为质料以形相为目的"产生运动的相互性关系，其自身就是一切存在的目的，而自身又不携带潜能之可能态，是永远的实现态，成为"不动的动者"。

第欧根尼能把"广场自慰"与"广场宣讲"无矛盾地统一于自身，显然与亚里士多德的纯粹形相的存在相似。"广场宣讲"区别于其"广场自慰"所揭示的"私"的动物性质，成了原初性之"元私"的另一种性质，即显示他作为人而存在的一个典型事例。这个事例具有一种"超越即自且对自的自足性状态"的内涵。因为即自且对自的自足性状态包含着已经完成了的自他意识，而"广场宣讲"则只是一种一厢情愿的行为，超越了自他意识的定立。

具体地说，正如纯粹形相基于其作为下位质料的形相，自身又不再以任何形相为目的而存在，第欧根尼之无矛盾地统一于自身的"广场自慰"与"广场宣讲"的行为也是如此。一方面，他那自足于自己的"广场自慰"行为，由于不具有社会性与世界性，所以单方面而言属于一种永远的可能态，然而对其自身却拥有永远的现实态意义；另一方面，他的"广场宣讲"行为，则企图以自己的生存为典范来告诉人们人应该如何活着，从而使其行为作为其他人生存的目标，把其他人作为自己的下位存在（如形相与质料的关系），而自身只是观照自身而运动。这是一种"倒错了的纯粹形相"结构。也就是说，在这里对于第欧根尼自身而言，其"元私"存在则以可能态之"广场自慰"作为现实态而存在，而现实态之"广场宣讲"由于没有实现却成了一种可能态而存在。但是，两者的结合显然已经超越了"即自且对自"的存在特征，因为"即自且对自"的存在是以对象存在的相互关系为基础的。"倒错了的纯粹形相"结构却超越了这种相互的对象性，所以，这是一种"超越即自且对自的自足性状态"。因此，"广场宣讲"应该作为原初性之"元私"的另一个更高形态，从而完整呈现其行为"元私"的全部本质。

三、公、私与不可克服的相对性

那么，为什么第欧根尼在有"广场自慰"行为之外，还会有"广场宣讲"行为，也就是说原初性之"元私"为什么需要这两个方面的表现？那是因为如前所述，"广场自慰"行为只是一种人的动物性行为，与动物存在没有区别，虽然人的自慰行为是有意识的行动，但只要不是在私的领域而是在公共空间旁若无人地实践的，就与一般的动物行为无异，也就是说，"广场自慰"行为不具有人的行为的普遍性意义。然而，第欧根尼是人，他有人的自觉，所以会思考"人应该如何活着"的问题。因此，只有在"广场自慰"行为之外，同时还存在"广场宣讲"行为，他才具有人的属性，才表现出一个人所具有的理性能力。这样的原初性之"私"才具有人的"元私"的真正本质。

正如阿伦特对人的存在的界定一样，只有"他者性与差异性才是人的唯一性"的存在，人之所以为人，是因为人可以意识到自己的差异性，而其他有机生命的存在却做不到这一点。[①] 第欧根尼的"广场自慰"行为既否定了人的差异性，也否定了人的他者性。也就是说，人的差异性是，人必须意识到自己作为人与动物的不同，不能如动物一般对于羞耻心毫无自觉而按照自然状态行为。除此之外，在他的"广场自慰"行为中，一切他者都是不存在的。有没有朋友、熟人或者不认识的人从广场经过，有没有人会因为看到他的行为而感到不快甚至反感、厌恶，自己的行为是否破坏了社会的基本行为准则，让一切公共空间私有化了，等等，这些都是在他者存在并承认人之他者性的前提下才得以确立的自我意识。但是，第欧根

---

①　ハンナ・アレント. 人間の条件. 志水速雄，訳. 東京：筑摩書房，1994：286-287.

尼的行为已经超越了这些社会性与世界性的规约，纵然他可以找到自我正当化的理由，即就像肚子饿了需要吃饭一样，性饥饿了同样需要满足，这就是犬儒学派所追求的自由，蔑视社会一般的高贵性与名誉性的价值判断，节制这些社会以及伦理的欲望，摈弃自己的社会身份、伦理身份、政治身份等，从而获得自由与善的生存。可是，他在认为或者认识到这种生存是作为人最值得追求的时候，作为一种人的自觉性的表现，就要履行作为人的职责，他就毫无羞耻心地、自觉地想告诉别人人应该如何活着，从而让自己私的身份在此超越了动物性。但是，只要他的"广场自慰"行为不撤销，他的"广场宣讲"行为就仍然不能完全获得对于人的存在之他者性与差异性的自觉。因为"宣讲"基于广场上的市民与自己一样都是人，从人的存在层面而言与自己没有差异，都需要认识人应该如何活着，所以他要宣讲。这里虽然有人与动物的差异性意识存在，但却没有人与人的差异性内涵。他在广场自慰时，他者显然是不能存在的，不能干预他的个人行为；承认他者的存在，就要接受他者的不快与反感，然而他并没有接受，反而对他者进行了反驳。

然而，需要注意的是，第欧根尼的"广场自慰"与"广场宣讲"并非同时进行，这两种行为在实践中是乖离的，也就是说，第欧根尼在"广场宣讲"时，其"广场自慰"已经撤销。那么，这就意味着一方面是他的动物性时间，另一方面是他作为人的时间，两个时间可以错位，就意味着同一个人的行为可以自洽，从而使第欧根尼的两种行为具有了原初性之"元私"的本质。可问题是，一旦把"广场宣讲"作为单独的行为时间付诸实践，第欧根尼的原初性之"元私"就立即失去了绝对性存在，进入了向相对性转变的运动。

具体地说，阿伦特对人的存在的界定，在第欧根尼的两种行为同时进行时是失效的，因为具有他者性与差异性的自觉是人的存在表征。阿伦特的这种认识，是以人对社会性与世界性的追求为前提的。因此，第欧根尼的两种行为所呈现的私的绝对性已经失去了人的"唯一性"意义。然而，阿伦特还认为，人"在世界中共住，其本质是世界存在于保持与其共通的人们之间"①。因此，人的绝对原初性之"元私"的存在需要以公为目的，需要融入公的参照系之中，这种元私才具有真正的人之私的意义。那是因为，人只是一种相对性的存在，绝对性的尺度不被人所掌握，绝对性只是一种理念，而不是实践领域中具体的某个体之"元私"所能拥有的行为。正是这个原因，第欧根尼的"广场自慰"行为与"广场宣讲"行为之间才产生了冲突。他想告诉人们人应该如何活着，人们当然不会倾听，故而转身离去，虽然他在进行"广场宣讲"时其"广场自慰"行为已经撤销，即他的"广场宣讲"只是单一的行为。可问题是，一旦第欧根尼的活动进入言论空间，他的"广场演讲"行为就具有了社会性与世界性的意义，在这里他获得了他者性与差异性，但同时立即陷入了作为一种相对性的存在，公的世界立刻出现在眼前，自己的绝对原初性之元私性瞬间消失了。

根据以上考察不难发现，在人的世界中，绝对的元私与纯粹的公显然都是不存在的。公属于相对性的存在，这一点毋庸置疑，任何公都包含着私的性质，只是根据规模不同而出现了公与私的相互转换，它是动态的、发展的。私也一样，尽管存在着第欧根尼那样的行为，似乎可以拥有绝对元私的生存状态，可以把"广场自慰"与"广场宣讲"这两种行为集合于一身而自洽。然而，他是人，他无法脱离作为人而具有的社会性和世界性，虽然他可以像动物一样生存，但他需要饮食，需要着装，无论吃得多么粗茶淡饭，穿得多么衣衫褴褛，他的饮食和着装本身都带有社会性和世界性，更何况他还需要通过语言与别人交流（比如"宣讲"），那么，其元私的绝对性在他作为人而存在时就自然瓦解了，拥有了向公的属性发展的必然性。就这个意义而言，也许人只有回到"人之心"，停留在不受任何外在条件和因素等约束的、作为人之"初心"的生存状态，才可能与真正的元私相遇。

第二节　关于人的"相对性"思考的起源

关于"相对性"，一般会想到学界流行的"相对主义"（relativism）概念，当然相对性是相对主义哲学与思想的基础，相对主义就是一种建立

① ハンナ・アレント. 人間の条件. 志水速雄，訳. 東京：筑摩書房，1994：78-79.

在人的各种相对性立场之上的认识。相对主义是一种否定对绝对性、普遍性真理的追求，把真理进行相对化理解的立场。从近代 19 世纪末开始，相对主义思潮逐渐在思想界、哲学界流行，各种倾向的相对主义，如认识论相对主义、道德论相对主义、主观相对主义、历史相对主义、社会相对主义、文化相对主义等，陆续出现在各个研究领域。然而，从人类长远的思想史与哲学史来看，一般都把诞生在古希腊的智者学派作为相对主义的起源，其所提倡的尺度说成为最初的相对主义命题。那么，本节将针对智者学派的尺度说展开对关于人之"相对性"的认识的考察。

一、尺度说的内涵及合理性与局限性

根据赫尔曼·狄尔斯（H. Diels）和瓦尔特·克兰兹（W. Kranz）编纂的《前苏格拉底哲学家残篇集》（*Die Fragmente der Vorsokratiker*），"人的尺度说"（德语为 Homo-mensura-Staz）是由智者学派的普罗泰戈拉（Protagoras，公元前 481—约前 411）提出来的，其内容是："人是万物的尺度，是存在者存在的尺度，也是不存在者存在的尺度。"①

根据柏拉图的解读，这个命题的含义是："各种各样的事物，对于我来说是以这样的性质显现的话，那就是拥有这样的性质的事物；对你来说是以那样的性质显现的话，那就是拥有那样的性质的事物。"（《克拉底鲁篇》386a）比如，人对于风的感觉，外面刮着风，我感到冷，那么这风就是冷的，呈现"冷"的性质，这是"我"的尺度；你或者其他人不感到冷，那么这风就不是冷的，呈现"非冷"的性质，这是你或者其他人的尺度。那么，这风究竟"冷"还是"不冷"，都是根据个人的感觉显现而决定的。根据上述尺度说的内涵，"我"和"你或者其他人"的判断的真实性都应该得到认可。也就是说，"我"是人，"你或者其他人"也是人，只要"人是万物的尺度"，这两种相反的判断就都成立。显然，这样的观点无法克服独断论，即仅根据自己的主观判断来把握外界事物的真实性。

为了克服这种独断论，需要给人的不同判断加上一个附加条件，那就

① D. K. 残篇 B1. 另外请参见：プラトン. プラトン全集：第 2 卷，第 13 卷. 藤沢令夫，訳. 東京：岩波書店，1986。

是"对于谁"而言。比如，对于普罗泰戈拉而言，P 是真的，那么 P 就是真的；而对于反对者而言，P 是非真的，那么 P 就是非真的。有了这个附加条件，双方的判断就都可以建立在各自的判断之上，就都能成立。这种条件的限制，让无条件的尺度说克服了相互矛盾，即冷与非冷、真与非真这样相互否定的逻辑陷阱，获得了相对主义的意义。然而，这里又出现了新的问题，那就是即使有条件的尺度说，也需要面对仅属于个人主张的崭新困境。人对外界事物的判断与认识，一般都建立在自己与他人对于同一认识对象之判断的比较上，只有这样才能认识与把握客观事物。那是因为，人们在认识世界时，总带着认识什么是真、什么是假的内在意图，也就是说，人们总带着把握外界之真实性的意图而开展认识活动，所以总是通过对比，努力寻求认识对象的客观真实。如果只是在每个人的相对性立场上认识世界，那么就不可能获得关于世界的客观真实性的认识。

然而，话虽这么说，有条件的尺度说，对于人的存在而言，其实具有不可否定的合理性。那是因为人虽然努力寻求把握认识对象的客观真实性，但是这种客观真实性对于人来说究竟能否把握，这是值得怀疑的。这也就是尺度说成为西方哲学中的怀疑论与近代观念论之先驱的理由之所在。比如，人的社会生活所必须遵循的道德伦理、法律法规等，都不是人与生俱来的客观性存在，而是一种主观性存在。那是由人自己制定的某种社会行为准则，逐渐成为一种习俗、规范，从而作为人的价值判断标准制约人的行为。特别是在智者学派活跃的那个时代，随着各国之间战争的爆发或者贸易往来增多，人们发现不同城邦的人对于同样事情的价值判断是不一样的。不仅如此，在同一个城邦内部，不同的人对于同样事情的价值判断也是不一样的。比如生病，对于病人来说是一种苦痛，但对于医生来说却是一个机会，既能锻炼医术，又能挣钱。这样的事例不胜枚举。正因为如此，据说在当时关于人为（Nomos，法律、法规、规定性的）与自然（Physis，本性、与生俱来的）的论争非常盛行。

人在认识过程中通过感觉把握外界事物的过程与照相极其相似。人在把握外界事物时，是通过外界事物对感觉器官的反映、表象、显现而进入自己的知觉世界，最后知觉对此做出各种判断。这就像相机拍照时通过景物在镜头的显像而在胶卷或者芯片上得以辨识把握一样，人的感觉器官相当于相机的镜头，而知觉就相当于胶卷或者芯片，两者的构造是相似的。感觉器官的性能，犹如相机镜头的性能，是极其重要的。可是正如照相一样，如果景物另一面的某种东西，如树上的果实、虫鸟等，无法被镜头捕捉到，那么拍下来的照片的真实性显然就有问题。人的感觉器官也一样，超越人的视力、听力、触觉、味觉等的事物，或者感觉根本无法把握的存在，如鬼神（如果存在的话），人是无法认知的。那么人认识世界之真实性的可能性就值得怀疑了。在这种状态下，就产生了不同的价值观。比如，从朴素的存在论之摹写说、唯物论、反映论的角度来看，外界世界的一切反映都是真的，都是值得信赖的。然而，如果同样的事物出现两种不同的显现，那么这种朴素的反映论就无法解释了，外界事物对于人的显现就值得怀疑了。在这里，就出现了人的价值观的不同，即不同立场的人持有的价值观的多元对立。人的这种认知结构，为人认识世界所存在的问题提供了有力的参考。但是，人们认识外界世界却只能通过自己的感觉反映来进行，而这种反映中的显现往往似真似假，真实情况难辨，且其真假的存在是对等的。因此，自然就会出现怀疑论、不可知论的思想。

然而，人虽然不能明确判断外界事物在自己感觉器官中的显现的真假，但人的生活却只能建立在这种判断之上，不然就无法经营自己的日常世界，无法进行正常的生活。在这样的认识困境中，人只能相信自己的判断而接受尺度说的立场。就这些积极的意义而言，尺度说具有不可否定的合理性。

可是，即使尺度说具有上述的合理性，也不能克服其在认识上与社会生活中存在的巨大问题。首先，从认识论角度而言，尺度说无法避免两难的认识状态：如果承认一切判断为真，就会使一切判断失去真的资格，因为当出现相反的显现，其判断就会出现对立与冲突，从而使真失去存在的依据；如果对于判断不予以真的认可，就无法对世界做出真伪的应有判断。所以，无论对外界判断是否给予真的认可，都无法做出关于世界的真实判断。其次，从人的社会生活角度而言，人需要遵循一种共有的行为准则来行事，不然安定、有序的社会生活就无法确立。因为人的社会生活是建立在人们共同遵循某种共有的行为准则之上的。然而，对于尺度说而言，人的任何行为都是应该予以认可的，因为每个人的自我尺度相对于每个人而言都是正确的，都必须得到正当化的承认。这就意味着人干什么都行。可如果人干什么都行，社会必然混乱，社会的公平、公正、正义的原则就不具有任何约束意义。可是对于尺度说而言，共同的行为准则是不需要的，也是不存在的。因此，普罗泰戈拉的尺度说所具有的相对主义本质就存在着无法克服的局限性与危害性。正是在这样的认识背景下，苏格拉底反复强调，作为人而存在，必须努力探索、追求、把握客观存在的依据。因此，苏格拉底的探索成为人们从这种相对主义思潮中得以觉醒的良知与标志。

二、苏格拉底的批判与探索

众所周知，历史上最先对智者学派展开猛烈批判的就是苏格拉底及其门人。柏拉图在《智者篇》中批判智者们至少有三大罪状：（1）智者是以有钱人的子弟为猎物进行挣钱勾当的猎人；（2）智者是把高贵的知识作为商品贩卖的商人；（3）智者贩卖的知识都是假货，他们是一群不懂装懂的骗子。① 正由于这些批判，"智者"（Sophistês）在历史上曾经臭名昭著，成为"诡辩家"的代名词。除此之外，与柏拉图同时期的色诺芬（Xeno-phon，约公元前 430—约前 355／前 354）在《狩猎论》中也批判智者："智者这拨人只是为骗人而言说，为自己的利益而写作，是对于任何人都没有好处的一批人。在他们里面，真正的有智慧之人一个也不存在。被称为'智者'，对于有良知的人而言是一种耻辱。"② 亚里士多德对智者持有与其师柏拉图相同的态度，他说："实际上只以不存在的、只有表象的知识来挣钱是智者的伎俩。"③ 上述这些批判的根本原因和依据与智者们建立在相对主义基础之上的知识论有关。

在苏格拉底及其门人看来，智者学派的相对主义知识论立场，突出地强调了"人为性"（Nomos），这就会不可避免地走向人们价值判断的主观性的追求，这种倾向无法为社会确立客观的行为标准。这样的人文主义意

---

① プラトン. ソフィスト//プラトン. プラトン全集：第 3 卷. 藤沢令夫，訳. 東京：岩波書店，1986：4-186.
② 田中美智太郎. 田中美智太郎全集：第 3 卷. 東京：筑摩書房，1987：8.
③ 同②.

义的高扬所造成的相对主义思潮的流行，其结果必然产生价值判断的肆意性以及社会道德的混乱。面对这种相对主义社会思潮，苏格拉底选择了与智者学派一样，以人的"德性"（aretê）为主要探索对象。但是，他认为价值标准必须从人的价值肆意性中脱离出来，而追求客观的、普遍的道德理性。善恶、真伪、正邪等不只是一种人的价值判断，其自身必然具有一种不变的本质（Physis），这种本质应该超越于人的主观的多元性，拥有客观而普遍的存在意义。对于这种存在的把握必须通过逻辑必然性的探索，在严密的逻各斯里寻求逼近真理的普遍定义。为此，他提出了"德性是知识"的客观道德论命题，并进行了他那关于人的道德行为和价值体系的客观标准的不懈探索。他把"善生"（eu zen）作为人和社会存在的最高目标，指出了"无知"是个人、社会的错误和不幸的根源。

苏格拉底最主要的论敌就是智者学派，特别是其代表人物普罗泰戈拉、高尔吉亚（Gorgias，约公元前 483—约前 375）、希庇亚斯（Hippias，约前 5 世纪）及其追随者们。前文已经说过，智者们的思想立足于相对主义的价值观，代表这种价值观的是普罗泰戈拉的尺度说。根据尺度说，每个人在自己的感觉里捕捉到的东西，对于他来说是怎样的就是怎样的存在。也就是说，超越了人的感觉和臆见（Doxa）的真理，由于超越了人的存在，究竟存在还是不存在，是人无法把握的，那么人就只有承认可感与可判断的事物。虽然各人的主观感觉存在着不同，但对于各人毕竟是那样显现着，所以对于各人来说就是真实的存在。很显然，这种思想是把真理放在人的臆见里寻求，从而否定了真理的客观标准。如果仅仅只是对于外界事物的认识，这种思想对人的生存就不会有太大影响。但是，对于现实的国家社会生活，人的道德伦理规范，这种思想就拥有极大的危害性。因为这种思想意味着国家或个人只要自己认为自己是正确的，就必须予以肯定。即使自己也觉得自己是不正确的，但只要能够让别人感到自己是正确的，别人能够这么想，就可以把自己的思想或行为正当化。虽然普罗泰戈拉可以把尺度说建立在人拥有正常的、健全的理性精神之上，但是随着其相对主义价值观的发展，必然会出现高尔吉亚式的抛弃事实内涵、只求利己结果的极端价值倾向。智者们声称自己是"德性的教师"，但他们所认定的人之"德性"，即"卓越性"，主要是通过辩论术实现的。对辩论术的操纵者来说，自己所论述的对象是否属于真正的知识并不重要，只要能顺从大众的好恶，以巧妙的言辞取悦大众，让大众信服，就可以被大众承认是有能力的。柏拉图在《理想国》里用"驯兽术"做比喻，揭露了这种技术的本质特征。

因此，相对主义的知识论、价值观就包含着自己的意图和欲望可以通过巧妙的说服手段得以现实化的本质。这样的价值观，在实行自由民主制度的国家里，以及在动荡多变的时代，其危害性是不可低估的。高尔吉亚所强调的"强者正义论"就是这种价值观的极端例子。① 正义与节制等德性本来属于人的固有本性的一部分，然而根据这种价值观，这种人的本性必将隶属于人的自由意志的肆意性，这就意味着个人或国家只要有权力或者能力使国民大众屈服或接受，就可以使自己的意志和行为正当化、合法化。那么，人们自然就会轻视自己行为的本质，一心只追求利己，从而不可避免地促使反道德论社会思潮大肆流行。就这样，以反对自然主义为出发点，作为追求人之存在固有特性的人本主义者而出现的智者，却把最能体现人之卓越性的善恶、正邪的价值判断能力，在其相对主义的价值体系里否定了。

面对这种思潮，苏格拉底深感建立客观价值标准的必要性。人的卓越性，即人的"德性"的意义，不能是智者们所追求的那样，只取决于个人的自由意志与社会的评价标准，而应该超越这种现象的外在机制，寻找内在的、本质的挖掘与确立。那么，人的本质是什么？简单地说就是人的灵魂机制。人的灵魂拥有生命和理性这两种机制。灵魂的生命原理不体现人的独特性，因为所有的生物都拥有这种机制。只有理性原理才体现人的独特性。因此，要使人的固有能力得到充分的发挥，体现人之所以为人的卓越性，即德性，就必须关心人的理性能力。理性能力是由人的灵魂能力决定的，所以苏格拉底一生劝说、呼吁人们"照料灵魂"，就建立在这种认识的基础之上。人"照料灵魂"的具体表现就在于采取理性的行动，遵照理性原则生活。这就意味着人活着就必须努力追求正确行为的可能性，以

---

① プラトン. プラトン全集：第 9 卷. 藤沢令夫，訳. 東京：岩波書店，1986. 另外，《法律篇》690b-c，715a，890a 中也有相关观点。

及道德原则的必然性的根据。这就充分体现了苏格拉底对人的德性的理解，与智者们所追求的在辩论上展现人的理性能力的根本不同。很显然，苏格拉底是通过重新审视人的本质以及追求价值的客观性，让那些在智者们的相对主义价值观里丧失的道德标准和善恶尺度重新得到关注。

苏格拉底对价值标准的追求，突出体现在他对德性定义的探索中。这些德性包括人的智慧、正义、勇敢、节制、虔敬等。亚里士多德指出了苏格拉底对西方哲学的两大贡献，那就是对普遍定义的追求与对归纳法的运用。① 普遍定义是一种本质定义，归纳推理就是透过所探讨问题的各种现象形态，用"哲学问答法"（dialectice）来寻求本质定义的逻辑推演过程。在柏拉图的初期对话篇里，苏格拉底对人的诸德性的探索过程，都是在这个前提下，用这种方法进行的。比如《美诺篇》里，从"德性是否可教"的探讨开始，逐渐引入了对"德性是什么"的探索。因为如果不知道"德性是什么"，那么就根本无法探讨"德性是否可教"。这种对"是什么"（hoti estin）的探索就是寻求对德性的本质定义。对于苏格拉底的这种提问，一般人往往不解其意，都按照"是怎样的"（ho poion estin）形式回答，或者说只能给出"是怎样的"答案。因为"是什么"要求回答的是本质内容，"是怎样的"要求回答的只是这种本质的诸种现象形态，人的现实认识所能把握的往往只是本质所表现出来的种种现象。因此，接受过智者教育的美诺在回答苏格拉底"德性是什么"的问题时，列举了男人的德性、女人的德性，并指出老人有老人的德性，小孩有小孩的德性，自由人有自由人的德性。毋庸置疑，美诺将这些与不同性别、年龄、身份的人相对应的行为规范作为对人的德性的说明，在现实生活中其实是被人们普遍认同的。所以，从某种意义上也可以被看成对"德性是什么"这个问题的一种回答。但是，这种回答却不是苏格拉底提出的"德性是什么"这个问题所要求的答案。现实中种种人的德性的表现只是反映德性"是怎样的"外在显现，而不是德性的本质。苏格拉底所寻求的是人的各种有关德性的不同现象（事例）里所共有的一种不变的本质形态，即"一切的德性，因

---

① アリストテレス. 形而上学：1078b20//アリストテレス全集：第12巻. 出隆，訳. 東京：岩波書店，1988：448-449.

此而成为德性的一种共有的形相（eidos）"（《美诺篇》72c）。苏格拉底的这种追求，对于习惯于生活在传统的行为规范、价值判断里思考自己行为的必然性根据的人来说，无疑是一种道德自觉的启蒙，而对于信奉智者们强调的相对主义价值观的人来说，则拥有建立一种客观道德原理的挑战性意义。

正是出于这种对德性普遍定义的追求，苏格拉底提出了"德性是知识"这个根本命题。按照亚里士多德在《形而上学》980a 中所言，"求知欲是人与生俱来的本性"，那么求知欲显然是人的德性的一种体现，其必然会让人获得知识，故而德性与知识就构成一种互为表里的关系：在外表现为知识、在内就是德性。人的德性的具体表现形式有很多，如上所说，苏格拉底主要探讨的是人的智慧、节制、正义、虔敬、勇敢等，这些都体现着人的优秀性、卓越性，不过这些只是德性的各种具体现象形态，对其内在的、共有本质的把握，也就是对德性之知识的把握，才是探索的根本。那么，人在现实生活中所表现出的这些构成德性诸因素的共有本质究竟是什么？简单地说，就是人对"善美"的追求。因此，关于"善美"的知识成了德性知识的根本，从这种认识出发，苏格拉底提出了"没有人是故意作恶的"著名道德命题。因为人的一切行为都立足于对自己有利，觉得对自己是好的才去做。现实中的人之所以作恶，是由于其"无知"。因为没有德性知识，人才会把坏事当作好事，从而作恶。可以给人的行为带来"善美"结果的德性当然应该是一种知识，以指导人们采取体现人之卓越性的行为。因此，"德性是知识"的思想就成了苏格拉底道德论的根本，是他的探索的根本指向，他提倡通过探索把握人的诸德性的本质，获得具有客观依据、拥有普遍定义的知识，以克服智者学派尺度说中所包含的相对主义价值观，知识论中所存在的人类中心主义、真理不可知论的危害。

三、人在相对世界中的存在与选择

然而，人类生活建立在相对主义认识的基础之上，这是毋庸置疑的事实。在一般情况下，只有人的相对性知识才具有现实生存的意义，具有立竿见影的作用。比如，一个人生病了，对于病人来说需要的是医生而不是具有普遍意义的知识，医学知识也是相对性的知识，不具有绝对的真理性，人只是在不断地通过实践经验以及对于各种病状的了解对症下药，不可能具有一种绝对的、具有普遍性本质的医学知识。法律也一样，是由人相互约定从而让人们共同遵守的行为规范、准则，这是人为的，不是人与生俱来的知识，所以也只具有相对的意义。如果按照苏格拉底的知识标准，即需要真正的正义作为依据才能行使法律的效力，如前所说，苏格拉底认为"没有人是故意作恶的"，其实这个命题还有下半句，那就是"现实中的人之所以作恶，来自其对于恶的无知"（《苏格拉底的申辩篇》30d)，那就无法将作恶者绳之以法，因为是"无知"造成了"作恶"，而根据法律，人无知则无罪，至少不是故意犯罪。因此，在现实生活中，主观性的、相对性的知识才是行之有效的。那是因为，人是活在相对的世界中，对于绝对的存在人是无法把握的。

当然，如果我们对苏格拉底之探索的认识停留在上述这样的层面，那么就显然会得出"哲学探索无用"的结论。其实，苏格拉底并非完全否定这种只具有相对意义的知识，一方面，他宣称自己"无知"；另一方面，他又不否定人的相对知识的现实意义。比如，他让想学体育的年轻人找体育老师，让生病的人找医生，特别是他在被雅典法律判处死刑的时候，拒绝本来可以做到的越狱逃亡国外而饮鸩就刑，承认雅典法律的有效性。苏格拉底的批判与探索，是为了让人们认识到作为人除了这些相对知识之外，探索人的德性的真知特别是关于"善美之知"的重要性。医术确实可以治病，但医生如果仅有医术，不追求人作为人应该追求的善美价值，那么其医术就可能被用来作恶，从而产生巨大的危害。法律也一样，只是在表面上约束了人的作恶欲望，无法让人从内心由衷地向善而追求正义。从这个意义上说，苏格拉底对人的"臆见"的批判与对"真知"的探索，即关于"哲学探索"的意义是不言而喻的。

可是，我们还需要思考的是：苏格拉底为什么会接受现实的法律，承认雅典法律的有效性？那就是因为他作为人，只能生活在相对世界中，不能超越自己作为相对性存在而经营现实生活。所以，他才会承认自己是在雅典法律的保护下接受教育、生儿育女，安稳生活了 70 年。① 那么，在现实的相对世界中生存的人，具有更高的生存理想的追求当然无可厚非，而以普罗泰戈拉为首的智者学派与其相比，也只是更现实一些，只承认相对性存在的人所具有的相对性存在的价值和意义而已。其实，普罗泰戈拉并非不知道相对主义所存在的问题，只是他作为人类历史上最初出现的"职业教师"，把中心意图放在了其教育所具有的意义上，从而提出了尺度说。例如人生病了，身体处于不良状态，这时需要找医生，需要接受诊断、治疗，需要吃药，之后身体恢复了健康，恢复了正常的辨别事物的能力。人的理性能力不健全了也一样，需要通过教育来"治疗"，接受智者们的"德性"教育，就可以恢复正常的思维，具有良好的判断善恶的能力。其实，智者学派尺度说的提出，是为了凸显他们所推广的教育意义，其意图在于强调自己的教育意义。也就是说，尺度说是一种建立在人健全的理性精神基础之上的学说。普罗泰戈拉的尺度说只是想告诉人们，人只是相对性存在，其价值判断都是根据自己的价值尺度进行的，为了让这种判断不至于导致社会价值混乱，需要全社会确立一种健全的理性精神，而他的教育就具有促进这种健全的理性精神确立的意义。从这个意义上说，尺度说是一种具有良知的学说。

在相对世界中生存的人类，西方人从泰勒斯探索世界的"起源"开始，经由巴门尼德关于"一者"之"存在"的提出，经历了两千多年的关于形而上学之终极存在或所谓的"本真存在"是什么的探索，迄今为止并没有谁掌握了这种存在，没有谁可以建立起具有绝对真理性的知识体系，以此作为标准来指导人的现实生活，从而克服人的相对性存在。苏格拉底的探索发展成了柏拉图的"理型论"。柏拉图认为只有哲人才对本真存在具有坚定的信念，才把灵魂的眼睛朝向"理型"（idea，eidos）的世界②，所以最有可能获得真知，其理性的目光最敏锐，其德性最卓越，唯一具有成为现实政治社会统治者的资格。所以他提出，只有哲人为王，或者现实的统治者追求哲学，人类社会才能实现正义，人类社会的不幸才能消除，

---

① プラトン. クリトン：50a-54c//プラトン. プラトン全集：第 1 巻. 藤沢令夫，訳. 東京：岩波書店，1986：138 - 150.

② 柏拉图. 理想国：475e，476c，500c. etc.

这就是他那著名的"哲人王"学说。①

可是，作为相对性存在的人，无论是谁，都不可能抵达真知的世界，哲人也是人，也不可能拥有真知。② 正因为如此，柏拉图的"理想国"也只是一个梦，需要采用现实的各种制度设计、法律甚至各种不具有普遍意义的人为性操作手段，比如"高贵的谎言"等，来统一社会思想。"哲人王"这种具有精英主义本质的思想，违背了中国传统思想"己所不欲，勿施于人"的包容性，只有"同"的逻辑，没有"和"的追求，其中包含着不可克服的"求同不存异"的暴力性倾向，一旦被政治世界所利用，就很容易成为极权主义者推行统一意识形态教育的借口和工具。正因为如此，柏拉图的这种政治理想，被作为 20 世纪西方法西斯主义与极权主义意识形态的思想根源，从古代开始就受到了人们的各种批判。③

从上述问题来看，普罗泰戈拉提出的尺度说，对于我们如何建构一个具有健全的理性精神的世界，其价值需要得到重新的认识。对于今天的世界来说，其对于认识人的存在所具有的意义并没有失效。在 21 世纪世界逐渐走向全球化的今天，我们要探索建构一门崭新的、公共的哲学，也许需要从重新认识尺度说的意义开始，重新认识人究竟是怎样的存在。当然，我们需要注意的是，普罗泰戈拉的尺度说存在着过于强调人的差异性的问题。与此相对，苏格拉底的普遍定义则过于追求存在的均质性、划一性、绝对性。这两条道路都已经被历史证明基本走不通。在这里，我们想起了亚里士多德在《大伦理学》中所做的关于人的德性以及道德行为如何形成的论说，这对于我们重新认识人的道德规范、伦理思想的确立具有一定的参考价值。

亚里士多德认为："伦理性德性（êthikê aretê），从词源而言，如果需要考察其语言的真意是怎样的话（大概需要这样吧），它是从下述得其名称的。那就是'伦理性性格'（即风俗，êthos）的名称源于'习惯'（ethos），它之所以被称为'伦理性'（êthikê），是由于'被习惯化'（ethi-

---

① 柏拉图. 理想国：473c；书信集：326a-b.

② 柏拉图《大希庇阿斯篇》289b，《苏格拉底的申辩篇》23a，《巴门尼德篇》134c，《吕西斯篇》218a-b，等都谈到人不可能拥有真知.

③ 佐佐木毅. プラトンと政治. 東京：東京大学出版会，1984：3-25.

zesthai）的结果。因此，没有一个无理智部分的诸德性是由于自然而存在于我们内部的；那是因为，没有一个由自然而存在的东西会由于习惯而变成其他的。"（《大伦理学》1185b－1186a）根据亚里士多德的观点，灵魂分为有理智与无理智这两个部分，有理智部分产生思虑、敏锐、智慧、好学、记忆等，而无理智部分则产生节制、正义、勇敢等德性，被人们称赞的是这些无理智部分产生的德性，属于"伦理性德性"。按照亚里士多德的这个观点，人的伦理性德性就可以通过"习惯"而养成，人外在的各种规定、规范、习俗的意义就不言而喻了。人可以在某种好的习惯中把那些"人为性"要素逐渐内化成自己的德性，那么人良好的伦理行为当然就可以通过基于德性的理念而得以形成与确立。即使人属于相对性存在，在相对世界中公与私都只具有相对的性质，但只要通过某种共通的理念，尽可能地向最大多数人敞开的公共世界的形成就是可以期待的。

根据以上梳理，我们不难发现，人作为相对性存在，其相对主义思想由来已久，尽管人在意识到自己的这种相对性存在性质时就开始探索如何克服与超越它，企图寻求一种绝对的、唯一的存在依据来指导自己的现实生存。然而，这种追求在人类历史上经历过由此走向追求均质性、划一性所带来的危害，也体验过一直以来植根于西方哲学、思想中所探索的具有普遍意义的、绝对的存在，从而造成了极权主义的产生所带来的苦难。既然公与私都是相对的存在，那么，探索"公共哲学"，探索一种切实可行的、能够处理好自己与他者关系的理念就不可或缺。要在21世纪的全球化世界中探索与建构可以指导人们适应新的生存的公共哲学，西方世界曾经追求与实践过的政治和社会的生存理念已经被历史证明存在着诸多缺陷，那么是否可以从东方的中国传统思想中找到建构公共哲学所需的理念？笔者的答案是肯定的。这个理念，显然不是西方人所谓的"绝对理性"或者"道德自律"，而是具体的、可以在日常的生活世界与制度世界中实践的理念，即中国传统儒家所提倡的、贯穿于君子人格理想中的"和而不同"理念。

第三节　作为理念的"和而不同"

笔者在本书第二章探讨公共性时，分析了哈贝马斯所提出的通过"公共的合意"而形成"公论"的问题。根据本章第二节的分析已经不难发现，尺度说虽然在突破公共圈的均质性、划一性方面有所帮助，但最终陷入了相对主义而难以形成"公共的合意"；或者说，"公共的合意"将受到强权、辩论术的左右而最终失去追求合理性的目标。这也是苏格拉底对尺度说持批判态度并主张追求普遍定义的原因。然而，"普遍"同样隐含着消解批判性的危险，而批判性的丧失同样有损于真正的"合意"的形成。既然"合意"在要求突破均质性的同时又要保持批判性，那么就可以认为以上两条道路都是失败的。对于我们而言，是否有第三条道路可以形成真正的"合意"？

从上文的分析可以看出，这样的第三条道路需要具备以下四个因素：第一，它不能强制同一；第二，需要存在批判性的意见；第三，它所得出的结论必须是合乎理性的，而不能是因种种理性之外的原因而达成的妥协；第四，结论是必须成为"合意"，即得到普遍接纳。基于这四个因素，笔者将在这里尝试考察"和而不同"理念是否具备形成合意的可能性。

"和而不同"理念一般认为源自孔子的"君子和而不同，小人同而不和"（《论语·子路》）的说法，是针对人际关系的探讨，即与前述人的元私状态有别。历代注家将此句中的"和"与"义"、"同"与"利"关联起来，从而构建出"和"是以"义"而非以"利"为准则的理念及规范，进而规避放纵私利而破坏公共的"同"。但需要注意的是，《论语》并没有直接说明"和"与"同"的区别，对于这个问题，我们需要承接《左传》"和同之辩"与《国语》"和实生物"的相关论述来加以考察。因此，要理解"和而不同"理念，我们首先需要对关于"和同之辩"与"和实生物"的论述进行梳理、分析。

与《论语》中"和而不同"的抽象论述不同，"和同之辩"与"和实生物"的论述都发生在政治场域，《左传》"和同之辩"以晏子劝谏齐景公为主体内容，论述了"同"在政治架构中的负面意涵，从而提出"和"的诉求；《国语》则进一步发掘"和"在"生物"层面的积极意义，并通过"以他平他谓之和"的方式对"和"进行了定义。不论《左传》还是《国语》，基本都将"不同"视为"和"的前提，进而形成了"因不同而和"的逻辑；"和而不同"则与之相反，其基本前提是"和"，具体主张是"和然而不同""因和而不同（得以延续或维持）"。

对于公共哲学的探索而言，这两套逻辑都是不可缺少的。"不同"意味着承认差异性的现实存在，但如本章第二节所述，单方面地强调差异性势必会推导出尺度说与相对主义，因此我们需要"求同存异"。此处的"求同"不是带有强制意味的"同一"，而是指在承认普遍性存在的前提下进行的探寻，这就是"和"；如果对结果不加分别，那么以"不同"为前提的"和"与强制的"同"就似乎无法区隔，即很容易混淆同一与普遍，这是苏格拉底追求万物存在之不变的本质形态的问题之所在，因此就必须确立"和然而不同""因和而不同（得以延续或维持）"的逻辑。这也就是说，作为公共哲学理念的"和而不同"应当包含"和"得以确立的前提，即必须承认"和然而不同""因不同而和（得以延续或维持）"，进一步还需要对普遍性加以限定，即需要接受"和然而不同"、承认"因和而不同（得以延续或维持）"，以补救尺度说与苏格拉底普遍定义追求中所存在的不足。

需要注意的是，不论"和而不同"还是"和同之辩""和实生物"，都是建立在人类社会乃至国家形态业已出现的基础之上的探讨，而成型的社会或国家显然不是自然状态，这也就意味着，在探讨"和"与"同"的问题之前，至少需要描摹出人类社会的形成过程。笔者将借用《国语》中的"和同""戢同"以及赵岐在注释《孟子》"物之不齐，物之情也"时使用的"（不）齐同"等用语来对此进行分析。简单地说，从万物本然的"不齐同"达到"齐同"是形成社会的必然过程，在社会形成之后，"和"与"同"这两种不同的逻辑又直接演化为"和同"与"戢同"的结果。

总体而言，对于作为公共哲学理念的"和而不同"的分析，是需要解决上述问题的，而我们首先需要面对的就是区别"和"与"同"的问题。下文笔者将尝试通过对"和同之辩"与"和实生物"的梳理来解答这一问题。

一、"和同之辩"与"和实生物"

从目前我们能够查到的文献来看，较早详细记录"和同之辩"探讨的是《左传·昭公二十年》中晏婴与齐景公的对话。这一文本中实际还包含作为"和同之辩"背景的另一条记录：

> 十二月，齐侯田于沛，招虞人以弓，不进。公使执之。辞曰："昔我先君之田也，旃以招大夫，弓以招士，皮冠以招虞人。臣不见皮冠，故不敢进。"乃舍之。仲尼曰："守道不如守官。"君子韪之。

这条记录虽然没有直接涉及"和""同"等概念，但田猎时齐景公与掌管山泽的虞人之间的冲突却包含着探讨和同问题的主要元素。首先，冲突双方在身份上分别为君臣，景公的召见显然脱离了私人觐见的性质，具有君主召见有职守的臣子的"公"的性质。其次，他们之间的意见不仅不同，甚至可以说完全相反，此即"不同"的出现。再次，不论景公还是虞人，都在寻求矛盾的解决，其解决方式包括景公通过君主的权威（"公使执之"）迫使虞人接纳自己的意见，但虞人以君主应当以恰当的服饰、仪容来召见不同身份的臣子为理由，予以了反驳。最后，景公同意了虞人的意见（"乃舍之"）。对于这一事件的解决，《左传》收录了孔子"守道不如守官"的评价予以支持。此处的"道"与"官"，按照杜预的解释，分别指"君招当往，道之常也"与"非物不进，官之制也"[①]，即无论"道"还是"官"，其本身都是具有某种合理性的依据，而冲突的最终解决选取的是其中更为合理的主张。另外，孔子的评价意味着，相较于简单的妥协或服从权威，依照独立于双方的客观标准形成共同意见是更为恰当的路径。

相较于对事件的细致记录，此后晏婴的"和同之辩"可以理解为深化并抽象景公与虞人的矛盾后所提出的观念，而作为虞人的反面例子的梁丘据（子犹）成为话题的引子。《左传·昭公二十年》载：

> 齐侯至自田，晏子侍于遄台，子犹驰而造焉。公曰："唯据与我和夫！"晏子对曰："据亦同也，焉得为和？"公曰："和与同异乎？"对曰："异。和如羹焉，水、火、醯、醢、盐、梅，以烹鱼肉，燀之以薪，宰夫和之，齐之以味，济其不及，以泄其过。君子食之，以平其心。君臣亦然。君所谓可而有否焉，臣献其否以成其可；君所谓否

---

① 十三经注疏·春秋左传正义. 北京：北京大学出版社，1999：1612.

而有可焉，臣献其可以去其否，是以政平而不干，民无争心。故《诗》曰：'亦有和羹，既戒既平。鬷嘏无言，时靡有争。'先王之济五味、和五声也，以平其心，成其政也。声亦如味，一气，二体，三类，四物，五声，六律，七音，八风，九歌，以相成也；清浊、大小、短长、疾徐、哀乐、刚柔、迟速、高下、出入、周疏，以相济也。君子听之，以平其心。心平，德和，故《诗》曰'德音不瑕'。今据不然。君所谓可，据亦曰可；君所谓否，据亦曰否。若以水济水，谁能食之？若琴瑟之专壹，谁能听之？同之不可也如是。"

在这段对话中，晏子首先强调了"不同"的必然存在，以确定"和"与"同"的区别。以制羹为例，晏子指出不同的材料、用具、烹饪手法对于羹而言是不可或缺的要素。需要注意的一点是，这些要素不仅各有区别，有些甚至具有本质性的不同，如作为实物性材料的"盐"与作为烹饪手法的"燀"。这种"不同"在某种程度上是不言自明的，而晏子则清晰地传达出各种要素的差异性。这些具有差异性的要素所要达成的是"味"，即作为"羹"而有别于素材累加的味道，以及作为最优结果的美味。但是，要达成"味"，就要求"宰夫"通过各种方式，如"和""齐""济""泄"，进行调和、烹饪。"味"的要求本身也意味着"宰夫"与食用者之间需要有相似的味觉经验和标准，否则就不可能"齐之以味"；同时，对"不及"施以"济"、对"过"施以"泄"等操作本身也是具有判断与批判意味的过程。当然，在《左传》文本中，这种批判仅限于羹的制作，并没有扩展到羹完成之后食用者与"宰夫"的自我批判的问题，而这实际上是在特定政治事务或公共事务形成合意之后参与者必须要进行的反思。或者，我们可以认为，因为晏子预设了"和羹"必定是"既戒既平"的结果，故而无须考虑"和羹"可能失败的问题。

需要注意的另一点是，在现实政治中"宰夫"指代谁。从晏子的描述看，君臣双方必须有意见的交换，或者说臣子需要对君主的意见进行批评，以"成其可""去其否"，这可以理解为合意是君臣双方共同完成的，而"宰夫"的"和"，即调和的任务，也是由君臣双方共同承担的。正因如此，晏婴才会对有别于虞人的梁丘据展开严厉的批评，认为他一味顺应景公无异于"以水济水""琴瑟之专壹",其结果必定是味不和、乐不成。

虽然《左传》文本没有直接定义"和""同"这两个概念,而且"和"兼做名词("和如羹焉")与动词("宰夫和之"),这使"和"的含义略显含混,但《左传》以食物和音乐这两种直观性的经验向我们展示了在政治架构中"同"的负面意涵,从而也可以大致推导出"和"所应具备的部分特质:(1)"和"以"不同"为基本条件,且"和"不等于"不同";(2)"和"是一种方法,是对不同要素的恰当处理;(3)"和"同时也是一种结果,其包含着不同要素的合理成分而构成了全新的事物;(4)"和"能够获得普遍认同并达成正面效果。

严格地说,《左传》的"和同之辩"并未清晰地界定"和""同"这两个概念,只是通过描述为我们提供了把握这组概念的梗概,更为细致的论述出现在《国语·郑语》中,这就是史伯阐释"和实生物,同则不继"的话:

> 公曰:"周其弊乎?"对曰:"殆于必弊者也。《泰誓》曰:'民之所欲,天必从之。'今王弃高明昭显,而好谗慝暗昧,恶角犀丰盈,而近顽童穷固,去和而取同。夫和实生物,同则不继。以他平他谓之和,故能丰长而物归之;若以同裨同,尽乃弃矣。故先王以土与金木水火杂,以成百物。是以和五味以调口,刚四支以卫体,和六律以聪耳,正七体以役心,建九纪以立纯德,合十数以训百体。出千品,具万方,计亿事,材兆物,收经入,行姟极。故王者居九畡之田,收经入以食兆民,周训而能用之,和乐如一。夫如是,和之至也。于是乎先王聘后于异姓,求财于有方,择臣取谏工而讲以多物,务和同也。声一无听,物一无文,味一无果,物一不讲。王将弃是类也而与剸同。天夺之明,欲无弊,得乎?夫虢石父,谗谄巧从之人也,而立以为卿士,与剸同也。弃聘后而立内妾,好穷固也。侏儒戚施,寔御在侧,近顽童也。周法不昭,而妇言是行,用谗慝也。不建立卿士,而妖试幸措,行暗昧也。是物也,不可以久。且宣王之时有童谣曰:'檿弧箕服,实亡周国。'"

与《左传》就事发论略有不同,《国语》记载的是厉王少子、司徒郑桓公向太史请教与当时政治相关的问题时二人的对话，这使《国语》的记载有别于《左传》中素朴的直观经验阐述，它是对以此前政治经验的总结。在《国语》中，史伯对于周幽王时代的政治提出了一系列批评，即"去和而取同"。有别于《左传》回避对"和""同"做直接的定义而只做描述，《国语》提出了"以他平他谓之和"的定义，而与之相对的状态则是"以同裨同"。从史伯对"和"的简单定义来看，复数的"他"即他者性仍然作为"和"的必要条件而存在，但"和"并非简单之"他"的累加，而是经过"平"才能达到的状态。根据《说文解字》段玉裁注，"平"是指"分之而匀适则平舒矣"，也就是说"平"需要使各种势力、元素均匀适当而归于平缓舒展，并非紧张的对立。换言之，"以他平他"是这样一个步骤，即在承认复数的"他"存在的前提下通过"平"的方式缓解差异所带来的矛盾，并使之成为新生事物的组成元素，最终的结果就是"和"，这就是"和实生物"的基本逻辑。

在《国语》中，与"以他平他"相反的路径是"以同裨同"，亦即简单地在数量上累加同质事物，这样的方式看似没有激烈的矛盾对立，但同质事物的累加不仅不能创生新物，而且终究会因达到某个极限（"尽"）而"弃"。此处，《国语》并没有涉及通过强制或暴力的手段取消异质性存在的内容，但可以认为，这种方式不过是"以同裨同"之前同质事物自我认证的方式，而否定"以同裨同"的路径本身就蕴含着对通过强制来取消差异性的否定。

与《左传》所列举的"和""齐""济""泄"等众多与烹饪相关的方式不同，《国语》在论及达到"和"的方式时主要突出的是总括性的"平"，这既使《国语》的论述更具普遍的抽象意味，同时也解决了《左传》中兼具方法与结果的"和"在含义上的含混问题。同时，从结果来看，《国语》中经由"以他平他"所达到的"和"的状态除了"生物"，即"能丰长"之外，还能使"物归之"。徐元诰认为，所谓的"能丰长而物归之"可以理解为"土气和而物生之，国家和而民附之"[1]，即"土"与"国家"等基础性的"物"达到"和"之后，与之有关联的其他事物也能

---

[1]　国语集解. 徐元诰, 注. 北京：中华书局，2002：470.

以此为基础而发展壮大。换言之，"和实生物"所指的并不仅是一物的生长与发展，处于联系中的所有事物都可以通过"和"而共同发展，这一点是对《左传》仅涉及一事一物的补充。

《左传》与《国语》的另一个不同在于，以制羹等直观经验为譬喻的《左传》强调的是"同"的结果是味不和、乐不成。味不和意味着目标未达成，忽略了水、米等素材组成的失败的羹依然存在，它同样会影响到"宰夫"、品尝者等与之相关的事物，也就是说，《左传》实际上是以静态的视角来论述"和"与"同"。《国语》则以政治经验为论证素材，因此关注到"不继"，即从动态的视角来考察具有关联的诸事物之间的可持续性。

二、和同、剸同、齐同

《国语》对可持续性的关注，引申出统一意见形成过程中的两种不同方式，即"和同"与"剸同"。史伯以先王的政治经验为例，认为先王通过"以土与金木水火杂，以成百物""和五味以调口""刚四支以卫体"等一系列方式达到了"周训而能用之，和乐如一"的"和之至"，进而"聘后于异姓，求财于有方，择臣取谏工，而讲以多物"，这是"务和同"的方式。换言之，史伯认为先王是以"和"的方式，即在承认复数的"他"的前提下"以他平他"，以动态的视角来处理所有事务。与先王相对的是幽王，以立虢石父为卿士为代表，史伯认为这是亲近"谗谄巧从之人"的"剸同"。吴曾祺认为"剸与专同，谓专断也"①，这种"剸同"是由个体之差异性而来并伴以强制力的趋同，因此不可能"无弊"。幽王之所以专断，首先是因为他握有权力，因此他驱逐了"谏""高明昭显""角犀丰盈"等批判性力量，其结果则是出现了以虢石父为代表的"好穷固""近顽童""用谗慝"等拒斥批判的"剸同"行为，这些行为又使"剸同"不断扩大，进而导致了"物不可以久"的结果。

从《国语》中的描述我们不难看出，所谓的"和同"是基于"和"的逻辑，承认并尊重复数的"他"的存在，通过"平"的方式最大限度地在共同体的范围内维持、保全具有批判性意义的"他"的方式；所谓的"剸

---

① 国语集解. 徐元诰，注. 北京：中华书局，2002：473.

同"则是基于"同"的逻辑，虽然也意识到了复数的"他"的存在，但出于自身的价值判断，排斥乃至抹杀、消灭了他者的行为方式。如果将这两者的区别放置到共同体的语境中加以叙述，即共同体追求具有普遍意味的合意，那么通过"和同"达成的合意就能保存批判性意见，差异性并没有被取消，而通过"劓同"达成的合意则与之相反，差异性受到暴力的压制而无法传达自身的批判性意见，甚至最终被取消了。

显然，不论《国语》还是《左传》，对于"以同裨同"的"同"的逻辑都持否定态度，并且都特别强调"不同"亦即批判性意见的重要性。从这个角度说，我们之所以需要重视"劓同"，并不是在于它本身有什么正面价值，恰恰相反，"劓同"与"和同"一样，是以"异"为基本前提的，但其在手段与目的层面包含着取消他者的倾向，从而容易形成唯我独尊式的专断。当然，我们还需要进一步审视，以"不同"为基本条件的"和同"，其在公论的形成过程中是否也会出现偶然的一致性（"同"）的问题。或者说，我们应当如何理解在现实中可能出现的偶然的一致性的问题。对此，《尚书·洪范》中"稽疑"条的论述可以作为一种参考。

《尚书·洪范》文本依照不同的来源将意见划分为五种，分别是龟卜意见、著筮意见、君主意见、卿士意见、庶民意见。除君主意见外，其他四种意见都属于集体意见而非个体意见。通过《尚书·洪范》中的描述，我们可以知晓，通过人为的操控是难以获取卜筮意见的。由于卜筮结果具有不确定性，《尚书·洪范》规定："立时人作卜筮，三人占，则从二人之言。"注释进一步解释道："夏殷周卜筮各异，三法并卜。从二人之言，善钧从众。卜筮各三人。"[①] 也就是说，卜筮时采用夏、殷、周三代不同的方法，其结果则是遵循多数意见。另外，卿士意见、庶民意见的获取则是通过"谋"的方式实现的，而"谋"的过程本身也可以被看作在理性的作用下对不同意见进行的整合与梳理，我们不难想象在此过程中存在说服、辩论、对抗乃至保留。正是因为这四种统一意见在其形成过程中难以操控，且《尚书·洪范》也允许不同意见的存在，所以这四种不同来源的意见的一致才被视为"大同"，并被视为"身其康强，子孙逢其……吉"。

---

① 十三经注疏·尚书正义. 北京：北京大学出版社，1999：314.

从《尚书·洪范》中列举的除"大同"之外的其他情况来看①，圆满解决箕子认定的问题，并不取决于意见的完全一致，也就是说，箕子虽然不否认偶然的一致性是可能存在的，但却对这种可遇而不可求的偶然性抱着相对冷静的态度。这种冷静决定了决策本身是以事件处理方式的合理性为优先的，比如，在君主意见、龟卜意见一致而蓍筮意见、卿士意见、庶民意见与之相反的情况下，"作内吉，作外凶"，亦即在"二从三逆，龟筮相违"而无法形成统一时，仍"可以祭祀冠婚，不可以出师征伐"（孔《传》），从而不必强迫卿士、庶民等放弃自身的意见。换言之，《尚书·洪范》中关于决策对统一意见的追求实际上是对"和"而非"同"的追求。

但是，关于"和同"与"剟同"的探讨是在人类社会乃至国家业已形成的语境下进行的，这也就意味着在进行这些探讨之前，我们必须考虑"和同"与"剟同"的适用范围。具体而言，我们需要解决"不同"的定位问题。如前所述，《左传》与《国语》都将"不同"理解为"和"的前提条件，将之视为"和"与"同"的对立面，那么如何让作为"同"的对立面的"不同"经由"和"而实现与"同"的对立？笔者认为，我们应当将这里的"不同"理解为事实性描述，而将"和"与"同"看作价值性判断，如果按照本书第二章所涉及之他者性与差异性的相关论述，"不同"是他者性存在的客观表述，那么"和"与"同"则是发生在差异性的自觉之后的主观判断。这么一来，对"不同"的单独强调就极有可能导致相对主义式（尺度说）的分裂，其结果不过是幽王的"剟同"成为所有人的"剟同"，故而并不能营造出追求普遍性合意所需的背景。换言之，"不同"既是"和（同）"的前提与基础，同时也是"（剟）同"的前提与基础。这就意味着，在构建"不同"与"和"的必然联系之前，需要完成对"不同"的扬弃，而这种扬弃则需要注意"和同之辩"中容易被人们忽略的一个关键要素，那就是"齐同"。

------

① 根据五种意见的分布，《尚书·洪范》在"大同"之外还列举了"汝（指武王）则从，龟从，筮从，卿士逆，庶民逆，吉。卿士从，龟从，筮从，汝则逆，庶民逆，吉。庶民从，龟从，筮从，汝则逆，卿士逆，吉。汝则从，龟从，筮逆，卿士逆，庶民逆，作内吉，作外凶。龟筮共违于人，用静吉，用作凶"等情况。

所谓的"齐同"①，是赵岐在注解孟子"物之不齐，物之情也"（《孟子·滕文公上》）时使用的词汇，这句话是孟子在反驳许行时提出的。②许行主张滕文公"未闻道"，应当"与民并耕而食"，否则就是"厉民而以自养"（同上）。许行的逻辑较为接近"同"的逻辑，即主张消除人的差异性而进行相同的劳动以求自养。孟子针对的就是这样的混同思想，他首先从许行自身的情况出发，认为许行虽然从事农业劳动，但其衣冠、用具都是"百工"制造并用于交换的，因此混同一切分工是不合理的；而针对许行"百工之事，固不可耕且为也"（同上）的辩解，孟子指出既然百工之事如此，那么对国家的治理就更应如此，通过列举舜、禹、后稷等先王、先贤的不同工作，孟子提出了"劳心"与"劳力"的区别，并将其归结为"物之不齐，物之情也"，主张"比而同之，是乱天下也"（同上）。

在孟子的论述中，显然"不齐"是不能"同"的，这里的"同"指许行式的混同或等同，而"不齐"则是有参差之义，即"不齐"不仅是"不同"，更意味着在同类事物的内部也存在天然的差别。赵岐认为，这一句的意思是"万物好丑异贾，粗精异功，其不齐同，乃物之情性也"，焦循则进一步解释"齐，同也"③。如果依照焦循的解释，就可以将孟子的观点理解为万物不同本身就是万物的属性。乍看之下，这似乎没有问题，但仔细斟酌，就会发现"万物"究竟是以类（如人类、动物等）为区分还是以个体为区分是无法确定的，这就有可能取消作为类的"同"。赵岐的解释则更为圆融，"不齐同"意味着既承认作为类的物区别于他物的不同，也认同了同一类事物内部的不齐整（"不齐同"）。换言之，焦循的注释取消了《孟子》原文所蕴含的如下含义：人具有统一的属性，只是在分工及其他层面有"不齐"而已。因此，孟子虽然强调"物之不齐"，但事实上却主张通过分工等方式达成"齐同"。

显然，这种"齐同"不同于"和同"或"剗同"。据《说文解字》，

---

① 焦循. 孟子正义. 沈文倬，点校. 北京：中华书局，1987：399.

② 需要说明的是，关于"齐同"概念，目前学界主要以道家思想，尤其是《庄子》文本所表达的思想为中心来加以阐发，而笔者则是基于《孟子》及其注释来探讨儒学所理解的"齐同"。

③ 同①.

"齐"是一个象形字，"禾麦吐穗上平也"，徐错认为"生而齐者，莫若禾麦"①，虽然因为地势高低的不同，禾穗、麦穗看上去并不处于同一水平线，但它们的状态应当是整齐、平整的，这种整齐是一种自然状态；而"和"则解释为"相应也"，最初指声音间的配合且浑然一体，也可以理解为一种自然状态；与此相对，"同"则被解释为"合会也"，"合，合口也"（许慎《说文解字》），"器之盖曰会"（段玉裁《礼经》），也就是说，所谓的"同"是一种人为状态，指器物的合口与盖子完全契合。显然，这三者中，"齐"是同质事物内部达成的，且并不否定个体性存在；"和"是在保留个体性的前提下达成的异质事物的统一；"同"则具有抹杀异质性而追求人为同一的含义。

以上所述的差别意味着"齐同"面对的是"不齐"，更加强调在同质事物内部的参差差别，即在"不齐"中意识到了"类"的普遍性的存在。首先，"齐同"所采用的方式并非"以他平他"或"以同裨同"，它立足于不同层级存在参差（如地势的高低）而要求协作性，即分工，这是在同一事物内部进行的，并不涉及具有相对意味的他者；其次，"不齐"作为"齐同"的先决条件，强调"不齐"容易形成后世"劳心者"与"劳力者"截然二分的倾向，这会造成难以达成具有普遍性的公共合意；最后，由于自然差别必然存在，所以立足于自然差别的"齐同"必须放弃通过"制同"而带有的强制性，但为了使人群具有初步的统一性，"齐同"又必须确立某种共通的原则，而这很可能抑制批判性意见的产生。因此，虽然"齐同"具有扬弃"不同"的性质，也是形成"和同"所必须经由的求同阶段，但对于共同体而言，"齐同"只是初步将人群整合为一定社会的基本方式，即根据人们所处的层级进行社会分工，是相对粗糙或相对原始的自然状态。而"和同"则是对"齐同"的升华，也是作为"齐同"进一步发展的结果而出现的浑然一体的状态。

那么，从"不同"到"齐同"的演进是如何完成的？或者说，我们是通过何种手段来完成人类社会的基本建构的？按照《荀子》中的说法，是

---

① 许慎. 说文解字. 北京：中华书局，1989：143.

通过"礼（义）"来建构的。① 《王制篇》云："人能群"，"人生不能无群，群而无分则争，争则乱，乱则离，离则弱，弱则不能胜物"。个体的人结成人群是某种必然，但在缺少"分"即区分、分别的情况下，"群"会走向"乱"故而《王制篇》云："先王恶其乱也，故制礼义以分之，使有贫富贵贱之等，足以相兼临者，是养天下之本也。《书》曰：'维齐非齐。'此之谓也。"对于"群"而言，为了解决"乱"的问题，"分"与"义"（即"礼义"）是不可或缺的。对于荀子而言，他在《礼论篇》中进一步强调了"群"对于人的生存的必要性以及"分""义"的作用："人生而有欲，欲而不得，则不能无求；求而无度量分界，则不能不争；争则乱，乱则穷。先王恶其乱也，故制礼义以分之，以养人之欲，给人之求，使欲必不穷乎物，物必不屈于欲，两者相持而长，是礼之所起也。故礼者，养也。"可以说，在荀子看来，人类社会的形成是"不能无群"的必然，而用以统合并确立"群"的就是"礼"。

但是，上文所引述的《王制篇》与《礼论篇》文本重点论述的是"礼起于何"的问题，并未涉及"礼本于何"的问题。对此，荀子在《礼论文本》中提出了"礼有三本"的说法："礼有三本：天地者，生之本也；先祖者，类之本也；君师者，治之本也。"也就是说，礼本于对天地生人（作为群体的人）、祖先繁衍人（作为同一族群的人）、君师安人的情感，而这也是作为个体的人所拥有的共通情感。本于共通情感的"礼"自然具备了统合人群的效果，而这种统合又是以"维齐非齐"的方式进行的。据王先谦的解释，"维齐非齐"是"言维齐一者乃在不齐，以谕有差等然后可以为治也"②。所谓的"齐一"，是承认"不齐"，即参差有差而非不同，也就意味着"礼"本身就是包含着差等的和谐统一体。

通过"礼"的齐同作用，人群最终形成有价值规范的社会，而"礼"本身也从《荀子》式的统合"群"的方式发展为囊括个体"公"与"私"各个范畴的准则，这也即是《礼记·冠义》认为的"礼义"是"人之所以

---

① 王先谦. 荀子集解. 沈啸寰，王星贤，整理. 北京：中华书局，1988：148 - 174，346 - 378.

② 同①152.

为人者"：

> 凡人之所以为人者，礼义也。礼义之始，在于正容体、齐颜色、顺辞令。容体正，颜色齐，辞令顺，而后礼义备。以正君臣、亲父子、和长幼。君臣正，父子亲，长幼和，而后礼义立。故冠而后服备，服备而后容体正、颜色齐、辞令顺。

这样兼具公私属性的"礼"在朱子看来是"天理之节文，人事之仪则也"（《四书章句集注·论语集注》），作为"仪则"的礼在规范社会行为方面是具有强制性的。然而，"礼"的强制性是否意味着它会统一抹杀有悖于礼的行为？答案显然是否定的。比如，按照礼的规定，子女须为父母服丧三年，而非子女与父母关系则无须如此，但在孔子死后，子贡等孔子门人在商讨是否要为孔子服丧时，子贡援引颜回、子路死后孔子"若丧子而无服"，认为弟子们可以"若丧父而无服"（《礼记·檀弓上》），为孔子守孝三年。子贡及其他孔门弟子的讨论被认为是礼"决（嫌）疑"的重要例证，而强调礼作为"仪则"的朱子同样在解释"礼之用，和为贵"（《论语·学而》）时提出，"和者，从容不迫之意"（《四书章句集注·论语集注》）。不论"决疑"还是"从容不迫"，实际上都传达出礼与情之间具有可调和的空间，也证明礼绝不是《国语》所言的"剸同"。

关于礼与情的调和，我们可用经、权关系加以解释，而其最终落脚点仍为"和"，亦即"从容不迫"。也就是说，在礼的强制性与情的正常表达产生矛盾时，是可以采取"权"的手段的。但这样的"权"又很容易被过度解读为可以无限制地破坏礼。如《国语》中幽王的行为，作为权力掌控者，拒斥"谏"亦即批判性意见而走向"剸同"，这显然不是情的正常表达；而作为臣子的史伯与郑桓公，既没有以礼为约束来规劝幽王，也没有通过对"和同"的主张而抑制"剸同"的倾向，这既有违君臣之礼，又不符合追求普遍且正确的合意的目的。另外，如果认同《左传》中晏子能够劝谏、虞人的反驳得以接纳是礼起作用的结果，那么就可以认为，在出现危及共同体的"剸同"倾向或状态时，因为"和同"与"剸同"一样，是在社会共同体正常运转情况下进行的，所以有效抑制"剸同"的手段并非"和同"，而应该是"齐同"。这也就是说，"齐同"是在共同体未形成或无法正常运转的情况下采用的逻辑，其作用在于统合；而"和同""剷同"则是在共同体已经形成的情况下达成一致意见的两种不同方法。

根据以上分析，我们或许应当如此理解"齐同""剷同""和同"三者之间的关系："物之不齐，物之情也"，不仅万物在类属上有所不同，而且同一类属事物内部也存在差异，这是无法否定的自然差异；在这样的情况下，"齐同"以承认"不齐"（特别是同一类属事物内部的"不齐"）为基本前提，通过分工等方式确立某些共通原则，使得至少在同一类属事物内部形成共同体，从而使"齐同"区别于无原则的混同；但"齐同"由于本身并不完善，所以需要在共同体初步形成后巩固并扩大，此时"和"的逻辑或"同"的逻辑被导入，即在面对异质事物时，是选取保留个体性和异质性的"和"还是抹杀异质性的"同"。前文已经提及，"齐同"并不否定个体性，这为"和同"提供了基础，但"齐同"所追求的共通原则同样为"剷同"提供了支撑。这样的情况意味着，"齐同"所创造的共同体从一开始就处于矛盾与对抗中，通过引入"和"的逻辑（"因不同而和"），共同体将实现"和实生物"的发展。因此，可以把"和同"看作"齐同"尊重个体性的结果，是"齐同"的发展与升华使"齐同"不至于出现过度追求共通性而出现抑制批判性元素的弊病。另外，一味追求共通原则并因此而抹杀了个体性的"剷同"，虽然看似继承了"齐同"中某些扬弃"不同"的理念，但在事实上却破坏了"齐同"得以确立的基础，从而取消了"齐同"存在的可能与价值。

三、"和同世界"与"和而不同"："和合世界"的起点

通过上述分析不难发现，自然状态下的"不同"经由"齐同"对它的扬弃形成了共同体，并在"以他平他"或"以同裨同"的逻辑下形成了"和同""剷同"两种截然不同的社会状态；而"和实生物，同则不继"的论述则说明了"剷同"的负面价值，由于"剷同"具有不可持续性，所以社会共同体必须选择"和同"。"和同"确立的逻辑前提是"因不同而和"，它是由"以他平他"逻辑占据主导的生生过程。不过，我们应该认识到这一过程虽然能够"生物"，但其本身并不包含对延续"不同"的保障。换言之，虽然"和同"的持续性要求"不同"持续存在，但是正如幽王可以

通过"以同裨同"的"剿同"破坏"和同"一样，由于"不同"同时作为"和"与"同"的前提，所以"和同"对强制同一的排斥与对批判性意见的要求并没有事实上的保障，这意味着以"和同"为理念的共同体无时无刻不处于危险中。如果我们暂且将这种状态称作"和同世界"，那么这一"和同世界"实际上就并不完善。

如果要尝试确立"和同世界"对"不同"（他者性）的保障，那么就必须引入"和而不同"所包含的"和然而不同""因和而不同（能够延续或维持）"的逻辑。"和而不同"的"而"作为连词，具有"而且"（表递进）、"与"（表并列）、"然而"（表转折）、"因而"（表因果）等含义，所以对"和而不同"就出现了至少四种不同的解读，即"和而且不同""和与不同""和然而不同""和因而不同"。在上文的论述中，笔者已经说明了"和"与"不同"的区别和联系，因此，"和而且不同""和与不同"这两种解读显然是难以成立的。另外，查考"和而不同"的历代注解，如何晏认为"君子心和，然其所见各异，故曰不同。小人所嗜好者同，然各争利，故曰不和"；朱子则引尹氏之言，谓"君子尚义，故有不同。小人尚利，安得而和"；刘宝楠认为，"和因义起，同由利生。义者宜也，各适其宜，未有方体，故不同。然不同因乎义，而非执己之见，无伤于和。利者，人之所同欲也。民务于是，则有争心，故同而不和。此君子、小人之异也"[1]。显然注家们也基本将"和而不同"理解为转折关系或因果关系，即何晏的君子虽然"心和"，但"所见各异"则表示转折。然而，何晏注中所谓的"所见各异"之"不同"为什么可以达到"和"的问题并不明确。刘宝楠承接朱子注的阐发可以回答这个问题。他首先指出"义者宜也"，接着说明由于"不同因乎义，而非执己之见"，所以"无伤于和"，这意味着因"义"所以能保持"不同"，又因"非执己之见"所以能不破坏"和"。那么，"和而不同"除了一般所理解的显然之义"和然而不同"之外，更为重要的就是其所具有的隐然之义的因果逻辑，即因"不同"基于"义"，所以"和"成为可能，又因"和"的存在，所以"不同"得以延续。

---

① 高尚榘. 论语歧解辑录. 北京：中华书局，2011：732.

不过，值得注意的是，朱子等人的解释将"和"与"义"、"同"与"利"关联起来，认为"和"之所以"不同"，是因为"和"是不以"利"而以"义"（宜）为准则建构出的理念及规范。关于"义利之辨"，学者多有探讨，笔者不多做展开，在此仅就在公共语境下应当如何理解"义"与"利"略做展开。如果"义"就是适宜、恰当的意思，那么，在公共领域内，个体的行为就必须考虑到社会性与世界性的存在，从而使自身的行为获得接纳；所谓的"利"则与之相反，这比较接近于笔者在另一篇文章中所阐发的绝对即自性"元私"的状态，而由于个体不可能完全脱离社会性与世界性，那么纯粹以"利"为唯一标准的行为要么会破坏公共性，要么会引发对"利"的争夺。另外，如刘宝楠所理解的，因"义"而起的"和"是以适宜为标准的，因此它具有强烈的现实性，也就是说，没有任何人能够依照同一且固定的标准限定他者。然而，因"利"而生的"同"则与之相反，其标准只有利害之分，所以在任何状态下都能依照这一标准进行"校正"或强制，而这恰恰包含着"同"（剷同）的逻辑。

当然，我们还需要注意，"义"的"适宜"虽然要求个体发挥自身的主观性对现实做出判断，但这与西方哲学中所谓的独断论及有条件的尺度说完全不同，其是以承认普遍性准则的存在为前提和基础的。比如，对病人与医生而言，虽然经由不同的价值判断而选取的适宜行动不尽相同，但恐怕没有人会否认疾病是需要治疗的（这是基本的共识）。如果病人因为经济方面的原因无法得到适宜的治疗，那么我们会认同其亲友乃至社会应当予以援助；如果医生为了自身的利益而有意拖延甚至拒绝治疗，那么我们就会对这种行为予以批判乃至惩罚。换言之，个体的"适宜"并不能成为判定行为之合理性的标准，"义"的标准应当独立于个体，否则"义"就与"利"无异。

无论"义"所包含的主观成分与客观成分所占的比例是多少，我们都可以相信的是，因为"义"亦即"适宜"的存在，所以由"和"而来的"不同"具备某种必然性。也就是说，从客观角度出发，"因和而不同（能够延续或维持）"是必然的。从主观角度出发，"和而不同"理念还包含着君子在主观上秉持着"忠恕之道"，亦即"己欲立而立人，己欲达而达人"（《论语·雍也》），"己所不欲，勿施于人"（《论语·颜渊》）的行为准则①，而这也保障了在"和"的追求中"不同"的延续。其实，《论语·公冶长》中子贡所言"我不欲人之加诸我也，吾亦欲无加诸人"，与这两句话颇为类似，可以联系起来进行解读。②

这些言辞首先突出了"己"、"我"与"人"的存在，这可以理解为自我与他人作为他者性乃至差异性存在的事实，而这一事实又清晰地表明了"不同"的现实存在。但能够确定这种差异性自觉的唯有自身，相较于由前述"宰夫"（《左传》）、先王（《国语》）所主导的"和同"，这种自觉具有树立"和"之主体性的意义。笔者的这一判断是根据上述子贡的言辞得出的，"加"有强加、陵制的强迫性意味，子贡希望传达的是不希望他人对自身施以强迫，而自己也不希望将强迫加之于他人。但微妙的是，孔子对子贡言辞的评价是"非尔所及"，这似乎与"己所不欲，勿施于人"的主张相矛盾。但恰如孔安国所指出的那样，孔子的"非尔所及"针对的并不是"吾（亦）欲无加诸人"，而是"我不欲人之加诸我"，是"言不能止人使不加非义于己也"③。子贡与孔子的对话表明，虽然从普遍性的立场出发我们认同他者具备自觉差异性的能力，但这只是具有可能性而非现实性，因此，在"和而不同"理念中，我们唯能要求自身，而不能强求他者。

在前文分析"齐之以味"的过程中，笔者曾提到"宰夫"与品尝者之间的共通标准是"味"得以确立的前提，但此处主体性的确立发展了"共

---

① 此处，将"己所不欲，勿施于人"理解为"恕"是没有问题的。《论语·卫灵公》载："子贡问曰：'有一言而可以终身行之者乎？'子曰：'其恕乎！己所不欲，勿施于人。'"孔子明确地将"恕"与"己所不欲，勿施于人"关联起来了。朱子在注解"夫子之道，忠恕而已矣"（《论语·里仁》）时提出"尽己之谓忠，推己之谓恕"，并引用了程子的以下说法："以己及物，仁也；推己及物，恕也，违道不远是也。忠恕一以贯之：忠者天道，恕者人道；忠者无妄，恕者所以行乎忠也；忠者体，恕者用，大本达道也。此与违道不远异者，动以天尔。"（《四书章句集注·论语集注》）从这个角度看，"己欲立而立人"仍然有推己及人的意味，因此未必可称之为"忠"，而所谓"以己及物"似乎要求的是"己立而立人"。对此，笔者不做进一步的分辨，笼统地称两者为"忠恕之道"。

② 这三处言论都与子贡（端木赐）有关，据《史记·仲尼弟子列传》载，子贡为人"利口巧辞"，且"喜扬人之美，不能匿人之过"，因材施教的孔子或许正是针对这一点才屡次教之以"恕"。

③ 高尚榘. 论语歧解辑录. 北京：中华书局，2011：216. 与孔安国持相同主张的还有袁乔、刑昺。

通标准"的意涵。所谓的"共通标准",并不局限于业已出现的事实性标准,还意味着在相信普遍性的前提下推己及人的可能性与必要性。从这个角度出发,"己所不欲,勿施于人"与"己欲立而立人,己欲达而达人"就衍生出他者与"我"有同样或类似的诉求,因此必须尊重并维护他者,以他者能接受的限度为底线的意涵。但是,人的差异性意味着个体所把握的普遍性很可能是不全面的,"和而不同"的意识则要求君子做到"人不知而不愠"(《论语·学而》),对他人抱持宽容、不苛求的态度。经过这样的主观性建构,在客观上必然的"因和而不同(能够延续或维持)"才能成为个体普遍接受的自觉,这也就是本章第二节所指涉的亚里士多德所说的"伦理性德性"的价值之所在。

总之,为了完善"和同世界"而引入了"和而不同"的"和然而不同""因和而不同(能够延续或维持)"的逻辑,至此,"和同世界"就进入了"和合世界"。那是因为,在以"因不同而和"为基本逻辑的"和同世界"中,虽然能够摆脱"剗同"所带来的"不继"的弊端并实现"生物"的目标,但却无法完全保证"不同"的存在与延续,从而无法彻底摆脱另一种求同手段即"剗同"所带来的威胁,这使得"和同世界"事实上容易陷入某种循环。具体地说,经由承认"齐同"而初步建构出共同体,并由于"和同"的追求,这一共同体能够"生物"并得以扩大,从而形成"和同世界"。但是,为了避免"和同世界"中混同的出现,"齐同"的逻辑就必然处于动态中,并不能完全得以扬弃,从而形成"齐同"—"和同"—"齐同"的循环;然而,在某一阶段,一旦处于动态中的"齐同"中出现了"剗同"倾向,"和同世界"就必然遭受破坏,为了延续共同体的需要,就需要重新退回到"齐同",从而形成"齐同"—"和同"—"剗同"—"齐同"的反复循环。因此,要超越这种循环,就需要在"和同世界"中确立一个根本理念,那就是"和而不同"的价值取向。通过引入"和而不同"理念,在"因和而不同(能够延续或维持)"的自觉与追求的保障之下,"剗同"的破坏性将被抑制,"齐同"将不再需要介入"和同世界"而产生循环。在业已形成的共同体中,只有在"因不同而和"与"因和而不同(能够延续或维持)"的逻辑交替发挥作用下,才可以克服"和同世界"内部的不稳定性与非良性循环,从而形成具有稳定性的"和合世界"。因此,"和而不同"理念是"和同世界"走向"和合世界"的起点。

张立文先生通过研究中国传统思想中的"和""同"思想,提出了著名的"和合学"理论。他通过"和生"(和实生物)、"和爱"(仁者爱人)、"和处"(己所不欲,勿施于人)、"和立"(己欲立而立人)、"和达"(己欲达而达人)五大原理性概念,建构了一套"和合学"理论体系。这套体系是张立文先生试图从中国传统思想中寻求化解现代社会所存在的生存困境、所面临的各种危机之方而进行的一种理论建构。他的"和合学"思想,恰好成为区别于本章第二节所梳理的西方哲学思想中所存在的对立且不可调和的传统的尺度说与普遍定义的崭新的价值取向,是来自中国传统思想的"第三条道路",可以作为21世纪公共哲学所需要的价值理念,需要学界予以充分的重视和深入的阐发。

关于"和合世界"的构想,张立文先生在《和合哲学论》一书中归纳了当今世界价值冲突的五种表现,即生态危机、人文危机、道德危机、信仰危机、智能危机①,而中国传统思想中的"和生""和爱""和处""和立""和达"的思想可以作为化解这些危机的理念,从而构建有别于20世纪西方世界所寻求的均质性、划一性的和谐,实现一种异质性、他者性的"和而不同"的和谐世界。西方的均质性、划一性的和谐思想中包含了"己所不欲,亦施于人"的暴力元素,而张立文先生倡导的"和合世界"则以"和而不同"为价值理念,主张"建立各个现有国家、民族、宗教的伦理道德机制","建立与全球化相适应的新的思想体系","建构人民自我管理体系",并"建立新的安保体系"的国际新秩序。②

很显然,就超越私的封闭性、开辟公的敞开性之公共哲学的追求而言,张立文先生提出的"和合世界"具有公共哲学所要探索的"公共世界"的愿景与本质,而实现这一世界的建构,也正需要以"和而不同"为理念的价值理想。笔者在本节的分析、梳理显然可以论证,把"和而不同"作为公共哲学之共识性的理念是成立的。在此不难发现,张立文先生

① 张立文. 和合哲学论. 北京:人民出版社,2004:42-45.
② 张立文. 中国哲学的时代价值——建构和合世界新秩序. 探索与争鸣,2015(3):4-9.

基于中国传统思想的核心价值所构建的"和合学"理论，对于21世纪的世界具有重大的理论与实践意义。

通过本章的探讨不难发现，以往的研究由于缺少对最小之私的准确定位，所以无法理解为什么无论公还是私都停留在相对性层面。换言之，对个体"元私"状态之本质性的把握，对于理解"公""私"这两个概念具有重要的意义。因此，笔者通过分析第欧根尼"广场自慰"与"广场宣讲"两个看似矛盾但实质统一的行为，归纳出了"元私"的两个条件："拒绝对自性的绝对即自性状态"和"超越即自且对自的自足性状态"。但是，"元私"在差异性与他者性的自觉出现后便失去了绝对性，即人的社会性与世界性决定了人无法避免的相对性。基于人的相对性（公、私的相对性）所产生的相对主义思考又成为公共哲学所必须面对的问题。以尺度说为初始的相对主义思考除了在逻辑上陷入了两难之外，还因对其他个体的判断持怀疑乃至否定的态度，使得社会公共生活所必需的共通准则无法确立。为了克服这一问题，苏格拉底企图通过对普遍定义的追求来克服尺度说所存在的问题。但作为相对性存在的人又不可能把握绝对的存在，这也就意味着，人所把握的普遍性不可避免地具有相对意味。然而，对普遍定义的追求却最终演化为对均质性、划一性、绝对性的追求，从而取消并抹杀了不同意见的存在。于是，尺度说与普遍定义这两条道路都只能以失败而告终。

为了解决尺度说与普遍定义所遗留的问题，即公共性的建构既要追求普遍又必须避免强制同一，既要保留批判性意见又要避免非理性原因的妥协，笔者引入了"和而不同"理念。"和而不同"首先需要确立"和"的基本前提，在"和同之辩"与"和实生物"的逻辑框架中，"不同"是作为"和"的默认前提存在的；但是"不同"经由"齐同"的扬弃，所能达到的只是"和同"，而"和同"又随时处于"劐同"的威胁中。其原因在于，"因不同而和"的逻辑虽然默认"不同"需要延续，但却无法保障"不同"的延续，因此"和而不同"所蕴含的"因和而不同（得以延续或维持）"的逻辑成为补救之策，从而使"和同世界"与"和而不同"的结合成为形成"和合世界"的起点。在"和合世界"状态下，"和而不同"理念提供了公共性的承担主体，即自觉的个体，这些自觉的个体以"和而不同"为基本共识，为"和同世界"提供支撑；而在"和同世界"状态下，合意所要求的排斥强制同一、允许批判性意见存在、形成合乎理性的结论、结论得到普遍接纳都得到了满足。这样一来，包含着"和同世界"与"和而不同"理念的"和合世界"就能得以确立并不断延续。21 世纪公共哲学的探索，显然需要以中国传统思想中的"和而不同"为理念，只有如此，才能找到建构公共哲学的基础。

余论　公私问题与公共哲学的探索

　　如果把公共哲学作为一门探索公共性或者公共领域之相关问题的学问，那么对于公、私之界定、区别、关系的考察、梳理、研究就自然成为公共哲学探索的基本问题。正如笔者在"前言"中所说，公共哲学研究涉及人文社会科学的所有领域，要进行全方位的研究显然是不现实的，也是不可能做到的。本书集中考察了公共哲学最基本的两个概念"公"与"私"，企图厘清与其相关的最基本的问题，只能定位为公共哲学探索的"序说"。其实，自然科学中的一些问题也会涉及公共哲学研究，比如人与自然的关系，即关于自然环境的思考，这也是公共哲学探索的一个重要组成部分。随着 19 世纪中期以来学术分科的细化，我们一般只把哲学探索归属于人文社会科学领域，所以即使探索与自然科学相关的问题，也只会从作为人文社会科学之哲学的视角进行。为此，笔者就只能停留在人文社会科学的视角中来探索公、私究竟如何存在，以及怎样被学界言说。

　　从人类历史而言，公私问题由来已久，只要人类社会中出现人群，自己作为人群的一分子，公私关系就立即成为不得不面对的问题。从最小的家庭中的一分子，到最大的人作为一种动物的类别，与其他的无机物和有机物一起，必须面对整个自然世界，公与私的对立和相互包含关系无处不在。作为哲学探索，从古希腊自然哲学家泰勒斯探索"始源"（arche）是什么开始，人类一直都在寻找一种可以统一说明自然世界之复杂多样存在的生成依据，企图找到一个标准，让每一种个体存在都拥有自我存在的统一性根据。然而，几千年过去了，这个根据依然只是一种假设，正如在此之前古希腊人描述的诸神存在仅仅只是一种虚构与创作一样。在中国思想史上，我们开创了具有至高无上存在意义之"天"的超越性与绝对性，从而以"天理"作为人的对照性存在，给人的一切行为提供合理依据。

　　然而，我们需要思考的是：为什么人的存在需要这种依据，人为什么需要锲而不舍地寻找与生存相对应的行为依据？结论自然是：人是一种有限的、相对的存在，人需要一种绝对的存在，以合理地解释为什么自己的行为要符合理性，让自己的自觉、畏惧与节制获得精神上的皈依。这也是宗教之所以存在，并能在各种文化圈中得到不同形态普及的原因之所在。人在意识到自己是一种相对性存在之后，自己与他者的关系、公与私的关系就成为不得不面对的问题。这也就是阿伦特所说的人的他者性与差异性统一的自觉问题。从小的方面着眼，这种对立是自己与他人以及家庭、集团等之间的关系；从大的方面着眼，那就是人的有限存在与无限存在、此岸世界与彼岸世界、现实生存与超越性存在之间的对峙。

　　那么，人作为相对性存在，在面对自己与他者、公与私的关系时，迄今为止的思考都建立在非此即彼、推此及彼之二元对立的区别性与关系性的基础之上，既非此也非彼、既不是私也不是公的中间状态被人们忽视了。相对性恰恰就意味着处于一种中间状态，如何认识与把握这种中间状态，就公与私的对立而言，也就是"公共"世界究竟如何存在的问题，这显然是探索公共哲学不可或缺的审视领域。这个领域正是产生公共性的基础，公共哲学的探索正是在这个意义上属于一种关于"公共性是什么"的研究。在对公共性的探索中，公与私的表现形态以及两者之间的关系成为基础问题。那么，要探索公共哲学，公私问题自然就是最基础的问题。因此，本书把探索的视角集中在对公私问题的考察、分析与揭示之上。

　　就全书的逻辑结构而言，首先是探索"公共哲学"概念的缘起以及中日学界对公共哲学的理解与把握。在此基础上，笔者认识到两国学界存在一种相同的倾向，即把公共哲学作为一门探索公共性问题的学问。于是，接着笔者需要对"公共性是什么"的问题展开历史性考察。随着考察的深入，笔者认识到公私问题是认识与把握公共性的最基本的构成要素，从而进入了本书最重要的关于公私问题的探索。迄今为止，公私问题在中日学界的公共哲学研究中都是作为核心问题被广泛论述的。因此，接下来的内容分成了两个部分。第一部分考察在中国思想史的语境中究竟如何认识与把握公私问题。笔者结合学界的先行研究，梳理、分析了该问题在中国语境中的起源、发展与演变。第二部分论述日本学界关于公私问题的研究。日本学界在这方面的研究覆盖面非常广泛，几乎涉及了人文社会科学的所有领域，为了尽量展现日本学界研究的全貌，这部分采用综述性的阐述方法，揭示日本学界关于公私问题的研究视野。

　　然而，日本学界虽然对公私问题展开了全方位的考察，但仍然有所侧重，并没有过多涉及公共知识分子问题与马克思主义哲学中的公共性问题，而这两个问题又是公共哲学研究不可回避的问题。首先，谁是公共性的承担者是研究公共哲学必须要思考的问题。那是因为，现实生活中的大多数人是不会思考这个问题的，或者说，虽然每个人似乎都在思考，但每个人实际上又都被社会舆论的制造者（这些社会舆论往往是被精英们所掌控或者现实政治集团所推行的意识形态）左右着。正如柏拉图在著名的"洞喻"中所揭示的那样①，如果我们把洞穴内的世界作为人类社会的象征，那么普通大众看到的就是洞壁上的影子，左右这些影子的是站在高处、在大众背后搬运道具的一小撮人。因此，具有良知的公共知识分子究竟应该是怎样的存在，就是必须要探索的问题。其次，马克思主义哲学是西方世界最早探索公共性问题的哲学之一，它作为西方资本主义社会的批判性存在，是研究公共性问题必然要考察的对象。中国学界恰恰对上述两个问题有丰富的研究成果。作为中国学界区别于日本学界的两个视角，又是公共哲学探索必须涉及的问题，作为公私问题研究的补充，对这两个问题的阐述构成了本书逻辑展开过程的一个组成部分，进入了笔者考察的视野。在这些考察的基础上，笔者发现中日学界关于公私问题的研究缺少一个极其重要的探索，那就是对于公与私作为相对性存在的分析和把握。为此，本书的最后部分进入了对"公与私的相对性和公共哲学的建构"的探索，并以此展现本书所具有的最能体现学术创新性认识的揭示。

　　全书从上述各个部分的考察中所得出的各个结论，已经在各章有所体现，故在此不赘述。现在论述笔者一直有所留意与思考的两个问题：第

①　柏拉图. 理想国：514a - 517a.

一，关于公共哲学的研究，如何避免仅仅停留在现象描述的层面来阐述之"思想性"讨论，努力寻求"哲学性"探索？第二，为什么到了 21 世纪的今天，公共哲学的探索显得重要与迫切？

克服"思想性"讨论、寻求"哲学性"探索的追求，这显然涉及如何理解"哲学"与"思想"的区别的问题。

众所周知，黑格尔在其《哲学史讲演录》中提出了中国只有思想，没有哲学的问题。① 即使到了 21 世纪初，西方人仍然持这种观点，德里达在 2001 年访问中国上海时就表达了这种认识。② 其实，就西方哲学诞生与探索的特点而言，"哲学"与"思想"的区别主要在于对"知"的认识和把握的不同。根据柏拉图的理解，人的认识可以分为"臆见"与"知识"两种，"臆见"的认识对象是"感觉事物"或者"现象形态"，而"知识"的认识对象则是一切感觉、现象背后的"本真存在"。为此，他把人分为"爱臆见的人"与"爱智慧的人"两种。③ 由此可见，在西方哲学看来，"思想"对应的是"臆见"，而"哲学"对应的是"知识"。"思想"之所以为"思想"，就是把所有的"臆见"都当作"知识"，而"哲学"只把"臆见"作为"臆见"，通过探索让"臆见"抵达"知识"。笔者曾在一篇文章中做了如下归纳："确认'哲学'与否，关键在于对'知识'如何理解的问题，对于'知'如何把握，决定了'哲学'与'思想'的区别。西方古典意义的哲学，就是通过对于'知'与'臆见'的严格区别，让'哲学'从'思想'的范畴中独立出来，成了'思想'这座金字塔顶上最璀璨的明珠。'哲学'之所以存在，就在于它把人的各种'臆见'，即思想，通过逻辑论证、探索，努力向'真知'，即真理靠近。"④

迄今为止，笔者所见到的多数关于公共哲学的探索，基本都停留在关于"公""私""公共"等现象形态的描述上，没有进一步探索究竟"公"是什么，"私"是什么，"公共"是什么等问题，基本没有对它们的本质进

① 黑格尔. 哲学史讲演录：第 1 卷. 贺麟，王太庆，译. 北京：商务印书馆，1997：115－132.
② 陆扬. 中国有哲学吗?. 文艺报，2001－12－04.
③ 柏拉图. 理想国：477b－484c.
④ 林美茂. 中日对"哲学"理解的差异与趋同倾向. 北京大学学报（哲学社会科学版），2014（4）：40.

行界定，从而区别出各个概念作为即自性、自身同一性的存在究竟是怎样的探索与论证。这也是笔者在"前言"中所说的，迄今为止的探索存在着"不够哲学"的问题。也正因为如此，笔者在相关研究过程中，专门针对真正意义上的纯粹之"私"，即"元私"，它究竟应该是怎样的存在，进行了哲学性的辨析与界定。倘若没有这种认识，那么我们就无法理解公与私为什么只是相对性的存在。这也是笔者努力克服"思想性"讨论，尝试着进行"哲学性"探索的一种表现。如果公共哲学是一门哲学，那么它必然是一门求知的学问，因此，对于可能与公共哲学相关的各种概念、问题，就必须进行严格的本质内涵的界定，进行"知"的探索，只有在这种探索的基础上，才能建构一个作为公共哲学的认识体系。不然，与公共哲学相关的探究以及所形成的研究成果，就会陷入各种"臆见"的堆积与汇总，无法从政治学、社会学等其他人文社会科学中脱离出来，形成所谓的"统合性"的学术体系。

笔者认为，关于公共哲学，除了需要留意探索"如何哲学"的问题，还需要弄清楚，为什么到了 21 世纪的今天，公共哲学的探索显得尤为重要，或者说为什么现在迫切需要进行关于公共哲学的探索。关于这个问题，笔者曾在《浅谈全球化视阈中公共哲学的构筑——以日本的公共哲学研究为线索》一文中，从以下三个方面进行了阐述。①

第一，全球化时代的到来让公与私的规模发生了根本的改变。

在 21 世纪的今天，从国家层面而言，随着全球化进程的持续，迄今为止都是被人们所依存的公的存在。几千年来，作为处于公的立场的国家，在面对其他国家时其内在的"个"性（私）逐渐增强，伴随着历史的进展而出现的弊端（侵略、榨取、战争、环境恶化、文化冲突、贸易摩擦等）日益增多，世界各国日益增强了现实的危机意识。无论个人还是国家，都面临着作为私的存在和公的存在的全新的挑战。因此，如何认识新时代的公共性问题就成了迫在眉睫的现实问题。人们希望从哲学的高度阐明公共性问题的内在性质和结构，以为解决现实问题提供崭新的生存理

① 林美茂. 浅谈全球化视阈中公共哲学的构筑——以日本的公共哲学研究为线索//冯俊. 哲学家·2007. 北京：人民出版社，2008：9-27.

念。从个人的生存来看，人们在追求个人的自由与权利的社会生活中，解决政府的作用、政治的形态和与之相对的个人的作用、个人在社会中的责任与义务究竟应该如何获得和谐的问题，成了这个所谓后现代社会的当务之急。因此，究竟应该如何构建存在于公的领域与私的领域之间的公共世界，就自然地成为学界必须关注的问题。

第二，科学技术的进步使人类历史进入了崭新的生存起点，世界需要适应在这种起点的人类生存的哲学。

回顾 20 世纪的人类历史，科学技术的进步促使迄今为止几千年来所形成的人类生存的基础发生了根本性的改变，使人类面临着全新的生存环境。因此，必须从根本上重新思考人类自身的生存问题，探索出一种可以适应即将到来之未来生存的崭新的思考方式、认识体系。

之所以这么说，是因为 20 世纪的科技发展从根本上改变了迄今为止的人类生存境遇和意识形态基础。核武器的开发、利用，使人类的破坏力达到了极限。宇宙开发所带来的航空技术的发展，登月的成功，使人类的目光从地球转向了宇宙太空，从而打开了把地球作为浮游在宇宙太空中的一个村庄来认识的历史之门。网络技术的发展、利用和普及，使国界线逐渐丧失现实的意义。特别是网络虚拟空间的诞生，使人类的现实生存发生了很大的改变，从此虚拟空间与现实空间开始争夺人类的生存世界。最后不可忽视的是克隆技术的出现、开发、研究、利用，摧毁了迄今为止人类作为人类生存的最后堡垒。也就是说，克隆技术使动物的无性繁殖成为可能，从而使人类获得了本来神才会具备的创造力。当然，还有近些年崭新出现的人工智能的研发和利用，正在逐渐改变人的生存、生活以及对存在意义的认识。这些巨大的科技进步，使我们必须重新认识人类生存之根本的生命意识、意义，必须重新审视迄今为止构成人类社会基础的婚姻、家庭、所有制、共同体、国家的起源与存续。

第三，人类的恐惧从彼岸世界来到了此岸世界，曾经对于超越性存在的探索，已经无法克服人类对于自身作为有限性存在的恐惧。

自古以来人类就被自身之外的自然世界所君临，对于自然世界中未知的存在有着本能的恐惧，彼岸的存在是出于这种恐惧的本能而产生的假说，于是宇宙世界不可见的绝对者在宗教世界里被奉为神，在哲学世界里被界定为根源性的存在的抽象认识。为了逃离这种绝对者的君临，从本能上获得自由的愿望就成为哲学探索的原动力。但是，通过几千年的努力，人类仍然无法认识彼岸世界究竟是什么，于是人类开始反省自身的最初假设，从而在这种思考的土壤中产生了所谓形而上学的"终结论"和"恐怖论"，点燃了对于传统思考反叛的狼烟。结合上述第二个原因，即20世纪的科技发展与进步，人类的存在上升到了神的高度。几千年来人类的恐惧已经从对于彼岸世界的恐惧转移到对于此岸世界的恐惧。根据本书第六章所分析的尺度说，人类的行为都是基于个体的价值判断而做出的，而在人类具有神所具有的破坏力的21世纪，人类的生存完全超越了智者学派所生存的时代，那么，对于人类的良知和健全理性的要求就显然已经上升到前所未有的高度。正如尼采所说，此时"上帝已死"，那么人的存在就成为人类从恐惧中解放出来的根本之所在。在此，西方理性主义所企图构筑的均质性、划一性和谐的传统求知方式，已经不能满足人类认识世界的需求，人类需要探索一种能够把握多元之异质性和谐的、超越传统理性主义的知识体系。

　　基于以上认识，笔者认为，如果将公共哲学作为一门崭新学问进行探索，那么对上述三个方面的认识就是探索的基础。我们应该在此基础上，建构当下的此岸认识和超越传统理性主义的思考方法，以此为前提，展开关于"公""私""公共性""公共理性"之关系的思考，寻求构筑在新的生存背景下人类之自己-他者-公共世界的三元认识体系。只有这样，才能真正地让公共哲学的探索，在21世纪的世界开拓出崭新的知识地平线。克服人类未来可能走向灭亡的命运，应该是公共哲学探索的意义之所在、紧迫性之所在。

　　从以上认识而言，笔者的论说，主要立足于考察与阐明构成公共性最基础的要素，即作为公共哲学探索之基本出发点的公私问题，因此，这些研究仅仅是一种关于公共哲学研究的"序说"，一种认识与探索的起点，这也是笔者今后进一步研究的基础与思索入口。至于公共哲学是不是一门崭新哲学，这是未来的人们研究21世纪哲学史时所要回答的问题，判断的尺度不在我们这一代甚至此后几代人的手中。

参考文献

第一章

1. ウオルター・リップマン. 公共の哲学. 矢部貞治，訳. 東京：時事通信社，1957.

2. Karl Jaspers. The Origin and Goal of History. London：Taylor & Francis Ltd.，2011.

3. ハーバーマス. 公共性の構造転換. 細谷貞雄，山田正行，訳. 高崎：未来社，1994.

4. ペラー，等. 心の習慣. 島薗進，中村圭志，訳. 東京：みすず書房，1991.

5. ハンナ・アレント. 人間の条件. 志水速雄，訳. 東京：筑摩書房，1994.

6. 王中江. 新哲学：第六辑. 郑州：大象出版社，2006.

7. 佐佐木毅，金泰昌. 公共哲学：第1—10卷. 东京：东京大学出版会，2001.

8. 山脇直司. 公共哲学の現状と未来——『公共哲学』20巻叢書の発行完成に寄せて. UNIVERSITY PRESS，2006（8）.

9. 山脇直司. 公共哲学とは何か. 東京：ちくま新書，2004.

10. 山脇直司. グローカル公共哲学. 東京：東京大学出版会，2008.

11. 山脇直司. 社会とどうかかわるか——公共哲学の啓発. 東京：

岩波書店，2008.

    12. 公共哲学共働研究所. 公共良識人，2005 - 01 - 01.

    13. 桂木隆夫. 公共哲学とはなんだろう. 東京：勁草書房，2005.

    14. 江涛. 公共哲学. 北京：中共中央党校出版社，2003.

    15. 片冈寛光. 公共の哲学. 東京：早稲田大学出版部，2002.

    16. 稲垣久和. 公共の哲学の構築をめざして. 東京：教文館，2001.

    17. 山口定. 新しい公共性. 東京：有斐閣，2003.

    18. 安彦一惠，等. 公共性の哲学を学ぶ人のために. 京都：世界思想社，2004.

    19. 稲叶振一郎. 「公共性」論——市民的公共性. 東京：NTT 出版，2008.

第二章

    1. ハンナ・アレント. 人間の条件. 志水速雄，訳. 東京：筑摩書房，1994.

    2. 山脇直司. 公共哲学とは何か. 東京：ちくま新書，2004.

    3. 稲叶振一郎.「公共性」論——市民的公共性. 東京：NTT 出版，2008.

    4. 齐藤纯一. 公共性. 東京：岩波書店，2000.

    5. 郭湛. 社会公共性研究. 北京：人民出版社，2009.

    6. ハーバーマス. 公共性の構造転換. 細谷貞雄，山田正行，訳. 高崎：未来社，1994.

    7. 桂木隆夫. 公共哲学とはなんだろう. 東京：勁草書房，2005.

    8. 哈贝马斯. 公共领域的结构转型. 曹卫东，等译. 上海：学林出版社，1999.

    9. 富沢克，古賀敬太. 20 世紀の政治思想家たち. 京都：ミネルヴァ書房，2002.

    10. 藤原保信. 20 世紀の政治理論. 東京：岩波書店，1991.

    11. 川崎修. アレント：公共性の復権. 東京：講談社，1998.

    12. 矢野久美子. ハンナ・アーレント——「戦争の世紀」を生きた

政治哲学者. 東京：中央公論新社，2014.

　　13. 以赛亚·伯林. 自由及其背叛. 赵国新，译. 南京：译林出版社，2005.

　　14. 乔万尼·萨托利. 民主新论. 冯克利，阎克文，译. 上海：上海人民出版社，2009.

　　15. 马成慧. 行动与人的存在：阿伦特的行动思想研究. 西安：西安交通大学出版社，2015.

　　16. 陈伟. 汉娜·阿伦特的"政治"概念剖析. 南京社会科学，2005（9）：40-50.

　　17. 王福生. 现代社会之伤：积极生活与自由难题. 社会科学战线，2019（3）：33-39.

　　18. 涂文娟. 公共与私人：泾渭分明还是辩证融合——汉娜·阿伦特的公/私二分法. 哲学动态，2010（4）：60-65.

　　19. 白刚. 劳动、革命与自由——马克思与阿伦特政治哲学比较. 马克思主义与现实，2011（5）：70-74.

　　20. 张汝伦. 哲学、政治与判断. 复旦学报（社会科学版），2003（6）：38-44＋58.

　　21. 王寅丽. "沉思生活"与"积极生活"——阿伦特对传统政治哲学的批判. 华东师范大学学报（哲学社会科学版），2006（4）：57-62.

　　22. 乐小军. 政治、意见与真理——以汉娜·阿伦特的柏拉图解释为中心的考察. 哲学分析，2019（6）：119-129.

　　第三章

　　1. 沟口雄三. 中国的公与私·公私. 郑静，译. 孙歌，校. 北京：生活·读书·新知三联书店，2011.

　　2. 张立文. 中国哲学范畴发展史：人道篇. 北京：中国人民大学出版社，1995.

　　3. 徐中舒. 徐中舒历史论文选辑. 北京：中华书局，1998.

　　4. 黄克武，张哲嘉. 公与私：近代中国个体与群体之重建. 台北："中央研究院"近代史研究所，2000.

5. 刘泽华，张荣明，等. 公私观念与中国社会. 北京：中国人民大学出版社，2003.

6. 陈乔见. 公私辨：历史衍化与现代诠释. 北京：生活·读书·新知三联书店，2013.

7. 黄俊杰，江宜桦. 公私领域新探：东亚与西方观点之比较. 上海：华东师范大学出版社，2008.

8. 许纪霖. 公共性与公民观. 南京：江苏人民出版社，2006.

9. 亚瑟·亨·史密斯. 中国人的性格. 乐爱国，张华玉，译. 北京：学苑出版社，1998.

10. 佐佐木毅，金泰昌. 公与私的思想史. 刘文柱，译. 北京：人民出版社，2009.

11. 郭齐勇. 儒家伦理争鸣集——以"亲亲互隐"为中心. 武汉：湖北教育出版社，2004.

12. 梁启超. 饮冰室合集：专集第三册. 北京：中华书局，2015.

13. 任剑涛. 公共的政治哲学. 北京：商务印书馆，2016.

14. 杨仁忠. 公共领域论. 北京：人民出版社，2009.

15. 黄皖毅. 哈贝马斯视域中的公共性研究. 北京：红旗出版社，2018.

16. 金观涛，刘青峰. 观念史研究：中国现代重要政治术语的形成. 北京：法律出版社，2009.

17. 哈贝马斯. 公共领域的结构转型. 曹卫东，等译. 上海：学林出版社，1999.

18. 汪晖，陈燕谷. 文化与公共性. 北京：生活·读书·新知三联书店，1998.

19. 费孝通. 乡土中国. 北京：生活·读书·新知三联书店，1985.

20. 刘畅. "自环为厶，背厶为公"辨析. 内蒙古大学学报（人文社会科学版），2004（2）：66-71.

21. 王中江. 中国哲学中的"公私之辨". 中州学刊，1995（6）：64-69.

22. 王中江. 化解"公共领域"与"私人领域"的矛盾. 中国国情国

力，1999（4）：38 - 39.

23. 郭振香. 宋明儒学公私观之初探. 江淮论坛，2003（6）：79 - 82.

24. 葛荃，张长虹. "公私观"三境界析论. 天津社会科学，2003（5）：134 - 139.

25. 刘泽华. 春秋战国的"立公灭私"观念与社会整合（上）. 南开学报（哲学社会科学版），2003（4）：63 - 73.

26. 刘泽华. 春秋战国的"立公灭私"观念与社会整合（下）. 南开学报（哲学社会科学版），2003（5）：87 - 95.

27. 郭齐勇. 也谈"子为父隐"与孟子论舜——兼与刘清平先生商榷. 哲学研究，2002（10）：27 - 30.

28. 郭齐勇，陈乔见. 孔孟儒家的公私观与公共事务伦理. 中国社会科学，2009（1）：57 - 64.

29. 钱广荣. 中国早期的公私观念. 甘肃社会科学，1996（4）：18 - 21.

30. 任剑涛. 公共与公共性：一个概念辨析. 马克思主义与现实，2011（6）：58 - 65.

31. 张康之，张乾友. 考察"公共"概念建构的历史. 人文杂志，2013（4）：29 - 39.

32. 刘清平. 儒家伦理与社会公德——论儒家伦理的深度悖论. 哲学研究，2004（1）：37 - 41.

33. 刘清平. 美德还是腐败？——析《孟子》中有关舜的两个案例. 哲学研究，2002（2）：43 - 47.

34. 杨泽波.《孟子》的误读——与《美德还是腐败》一文商榷. 江海学刊，2003（2）：162 - 166.

35. 许纪霖. 近代中国的公共领域：形态、功能与自我理解——以上海为例. 史林，2003（2）：77 - 89.

36. 邵培仁，展宁. 公共领域之中国神话：一项基于哈贝马斯公共领域文本考察的分析. 浙江大学学报（人文社会科学版），2013（5）：82 - 102.

37. 韩升. 哈贝马斯：公共领域的现代转型及其启示. 社会科学战线，

2011（5）：23－26.

38. 哈贝马斯. 关于公共领域问题的答问. 梁光严，译. 社会学研究，1999（3）：35－36.

39. 舒也. 中西文化分殊与公共生活差异. 宁夏社会科学，2007（1）：129－131.

40. 赵红全. 公共领域研究综述. 中共杭州市委党校学报，2004（4）：37－41.

第四章

1. 佐佐木毅，金泰昌. 公与私的思想史. 刘文柱，译. 北京：人民出版社，2009.

2. 佐佐木毅，金泰昌. 公共哲学：第 2 卷　社会科学中的公私问题. 刘荣，钱昕怡，译. 北京：人民出版社，2009.

3. 佐佐木毅，金泰昌 . 公共哲学：第 3 卷　日本的公与私. 刘雨珍，韩立红，种健，译. 北京：人民出版社，2009.

4. 佐佐木毅，金泰昌. 公共哲学：第 4 卷　欧美的公与私. 林美茂，徐滔，译. 北京：人民出版社，2009.

5. 佐佐木毅，金泰昌. 公共哲学：第 5 卷　国家·人·公共性. 金熙德，唐永亮，译. 北京：人民出版社，2009.

6. 佐佐木毅，金泰昌. 公共哲学：第 6 卷　从经济看公私问题. 崔世广，译. 北京：人民出版社，2009.

7. 佐佐木毅，金泰昌. 公共哲学：第 7 卷　中间团体开创的公共性. 王伟，译. 北京：人民出版社，2009.

8. 汉娜·阿伦特. 人的条件. 竺乾威，等译. 上海：上海人民出版社，1999.

9. 哈贝马斯. 公共领域的结构转型. 曹卫东，等译. 上海：学林出版社，1999.

10. 沟口雄三. 中国的思维世界. 刁榴，牟坚，等译. 孙歌，校. 北京：生活·读书·新知三联书店，2014.

11. 沟口雄三. 中国前近代思想的屈折与展开. 龚颖，译. 北京：生活・读书・新知三联书店，2011.

12. 沟口雄三. 中国的公与私・公私. 郑静，译. 孙歌，校. 北京：生活・读书・新知三联书店，2011.

13. 千叶真，小林正弥. 日本宪法与公共哲学. 白巴根，等译. 北京：法律出版社，2009.

14. 吉田孝. 律令国家と古代の社会. 東京：岩波書店，1983.

15. 黄俊杰，江宜桦. 公私领域新探：东亚与西方观点之比较. 上海：华东师范大学出版社，2008.

16. 福泽谕吉. 劝学篇. 群力，译. 东尔，校. 北京：商务印书馆，1984.

17. 福泽谕吉. 文明论概略. 北京编译社，译. 北京：九州出版社，2008.

18. 福澤諭吉. 福澤諭吉全集：第 4 卷. 東京：岩波書店，1959.

19. 狭间直树. 梁启超・明治日本・西方——日本京都大学人文科学研究所共同研究报告. 北京：社会科学文献出版社，2001.

20. 川人博. 過劳自殺. 東京：岩波書店，2014.

21. 久道義明. 公共的な社会を構筑するための基本的な視座：西欧社会思想史にみる公共性の概念. 北海学園大学経済論集，2009，57（2）.

22. 難波征男. 朱子学における公と私と公共. 福岡女学院大学紀要，2004（14）.

23. 长谷川诚一. 古代インドの経濟思想とギリシヤへの影響：カウテイルや實利論を中心として. 駒澤大學研究紀要，1955（13）.

24. 田辺明生. デモクラシーと生モラル政治：中間集団の現代的可能性に関する一考察. 文化人類学，2006，71（1）.

25. 重冨真一. 公共性と知のコミュニティー——タイ農村における共有地形成過程. 公共研究，2007，4（3）.

26. 今井澄子. ヤン・ファン・エイク作《ロランの聖母子》の社会的・宗教的機能：一五世紀宗教画における公と私. 美学，2001，52（4）.

27. 竹内裕. 『ヨブ記』の断層を読む：〈公〉と〈私〉、あるいは〈演繹〉と〈帰納〉のあわいに. カトリック研究，2013 - 08 - 01.

28. 柳桥博之. イスラームにおける公と私. 史学雑誌, 2012, 121 (1).

29. 髙作正博.『公共圏』をめぐる『公』と『私』——表現の『場』におけるプライバシーの意義と限界. 關西大學法學論集, 2013, 62 (4⁄5).

30. 宮澤俊昭. 集合的・公共的利益に対する私法上の権利の法的構成についての一考察. 近畿大學法學, 2006（12）; 2007（3）; 2008（12）; 2009（6）; 2009（9）.

31. 三成美保. 公と私をジェンダー論から考える. 学術の動向, 2007, 12 (8).

32. 藤井弥太郎. 交通事業の公共性：公・共・私. 三田商学研究, 2000, 43 (3).

33. 井手英策. 財政学における「公」と「私」について考える. 三田学会雑誌, 2015, 107 (4).

34. 佐藤郁夫. 社会的責任の所在に関する考察：低くなる公と私の境界. 北海学園大学経済論集, 2015, 62 (4).

35. 石原俊时. ストックホルム慈善調整協会：19世紀末葉から20世紀初頭にかけてのスウェーデンにおける公と私の間. 經濟學論集, 2012, 78 (1).

36. 冈村东洋光. ジョーゼフ・ラウントリーの「公益」思想：三トラストの活動を中心に. 經濟學論集, 2012, 78 (1).

37. 大津透. 日本古代における「公」について. 史学雑誌, 2012, 121 (1).

38. 呉哲男. 古代日本の「公（おほやけ）」と日本書紀. 相模女子大学紀要, 2009, 73.

39. 春名宏昭. 平安期太上天皇の公と私. 史学雑誌, 1991, 100 (3).

40. 山脇直司. 公共哲学とは何か. 公共研究, 2004, 1 (1).

第五章

1. 拉塞尔·雅各比. 最后的知识分子. 洪洁，译. 南京：江苏人民出版社，2002.

2. 余英时. 士与中国文化. 上海：上海人民出版社，2003.

3. 徐中舒. 士王皇三字之探源//"中央研究院"历史语言研究所集刊：第四本第四分册. 台北："中央研究院"历史语言研究所，1934.

4. 刘节. 辨儒墨//刘节. 古史考存. 香港：太平书局，1963.

5. 尤西林. 阐释并守护世界意义的人——人文知识分子的起源及其使命. 上海：华东师范大学出版社，2017.

6. 许纪霖，等. 近代中国知识分子的公共交往（1895—1949）. 上海：上海人民出版社，2008.

7. 章清. 晚清中国"思想界"的形成与知识分子新的角色探求//许纪霖. 公共空间中的知识分子. 南京：江苏人民出版社，2007.

8. 何晓明. 知识分子与中国现代化. 2版. 上海：东方出版中心，2007.

9. 梁启超. 敬告我同业诸君//梁启超. 饮冰室合集：文集第四册. 北京：中华书局，2015.

10. 徐贲. 知识分子和公共政治. 北京：中央编译出版社，2016.

11. 波斯纳. 公共知识分子——衰落之研究. 徐昕，译. 北京：中国政法大学出版社，2002.

12. エドワード・W. サイード. 知識人よは何か. 大橋洋一，訳. 東京：平凡社，1995.

13. 平石直昭，金泰昌. 知識人から考える公共性. 東京：東京大学出版会，2006.

14. 稲叶振一郎. 「公共性」論——市民的公共性. 東京：NTT出版，2008.

15. 马克思恩格斯选集. 3版. 北京：人民出版社，2012.

16. 贾英健. 公共性视域——马克思哲学的当代阐释. 北京：人民出版社，2009.

17. 杨清荣. 公共生活伦理研究——以中国的社会转型为背景. 北京：

人民出版社，2016.

18. 郭湛. 社会公共性研究. 北京：人民出版社，2009.

19. 曹鹏飞. 公共性理论研究. 北京：党建读物出版社，2006.

20. 杨仁忠. 公共领域论. 北京：人民出版社，2009.

21. 杜维明. "公共知识分子" 与儒学的现代性发展. 贵州师范大学学报（社会科学版），2001（1）：27-30.

22. 陈霞. 公共领域的构建与公共知识分子的责任. 北华大学学报（社会科学版），2014（5）：127-131.

23. 万俊人. 公共哲学的空间. 江海学刊，1998（3）：62-65.

24. 袁祖社. 自由主义的 "文化公共性" 观念及其多元价值观的困境——现代 "生存" 本位之 "文化转向" 的公共哲学意义. 社会科学辑刊，2007（2）：16-23.

25. 袁祖社. "公共哲学" 与当代中国的公共性社会实践. 中国社会科学，2007（3）：153-160.

26. 袁祖社. 实践的 "公共理性" 观及其 "公共性" 的文化、价值追求——马克思新哲学观的精神实质及其人文意蕴. 学习与探索，2006（2）：75-80.

27. 袁祖社. "文化公共性" 价值信念的自觉与马克思主义哲学的自性澄明. 学术月刊，2009（12）：26-33.

28. 顾肃. 重建中国公共哲学的反思与设想. 中国人民大学学报，2005（2）：41-47.

29. 龚举善. 中国公共知识分子的当下状况及重建必要. 浙江工商大学学报，2009（6）：83-89.

30. 沈湘平. 历史性转折与公共性吁求——马克思主义哲学的视域转换. 哲学动态，2008（6）：28-33.

31. 郭湛. 从主体性到公共性——当代中国马克思主义哲学的走向. 中国社会科学，2008（4）：10-18.

32. 郭湛，谭清华. 公共利益：马克思唯物史观的解读. 哲学研究，2008（5）：16-21.

33. 高宏星. 公共性的真实：马克思主义哲学对以人为本的解读. 石

河子大学学报（哲学社会科学版），2010（5）：26－29.

34. 张桂华，金林南. 劳动与历史：马克思主义公共性视域的阐释维度. 江海学刊，2014（6）：61－65.

35. 李明伍. 公共性的一般类型及其若干传统模型. 社会学研究，1997（4）：108－116.

36. 江明生. 中国化的马克思主义公共政策价值取向的历史演变. 理论探讨，2012（1）：147－150.

37. 彭锋. 马克思主义公共性思想与服务型政府建设. 人民论坛，2017（7）：120－121.

38. 朱荣英. 马克思主义哲学大众化的文化之思、价值选择与公共出口. 青海民族大学学报（教育科学版），2011（3）：1－4.

39. 时立荣，王安岩. C. 赖特·米尔斯的公共知识分子问题研究. 社会科学战线，2011（3）：171－175.

第六章

1. アリストテレス. アリストテレス全集. 出隆，訳. 東京：岩波書店，1988.

2. プラトン. プラトン全集. 藤沢令夫，訳. 東京：岩波書店，1986.

3. 黄俊杰，江宜桦. 公私领域新探：东亚与西方观点之比较. 上海：华东师范大学出版社，2008.

4. 佐佐木毅，金泰昌. 公与私的思想史. 刘文柱，译. 北京：人民出版社，2009.

5. ディオゲネス. ギリシア哲学者列伝. 加来彰俊，訳. 東京：岩波書店，1976.

6. レイモンド・ゴイス. 公と私の系譜学. 山岡龍一，訳. 東京：岩波書店，2004.

7. ハンナ・アレント. 人間の条件. 志水速雄，訳. 東京：筑摩書房，1994.

8. 田中美智太郎. 田中美智太郎全集：第 3 巻. 東京：筑摩書房，1987.

9. ヘーゲル. 精神の現象学：上巻. 金子武蔵，訳. 東京：岩波書店，1995.

10. 佐佐木毅. プラトンと政治. 東京：東京大学出版会，1984.

11. 亚里士多德. 大伦理学//亚里士多德全集：第 8 卷. 徐开来，译. 北京：中国人民大学出版社，1994.

12. 十三经注疏·春秋左传正义. 北京：北京大学出版社，1999.

13. 十三经注疏·尚书正义. 北京：北京大学出版社，1999.

14. 十三经注疏·礼记正义. 北京：北京大学出版社，2000.

15. 焦循. 孟子正义. 沈文倬，点校. 北京：中华书局，1987.

16. 王先谦. 荀子集解. 沈啸寰，王星贤，整理. 北京：中华书局，1988.

17. 朱熹. 四书章句集注. 北京：中华书局，1983.

18. 司马迁. 史记. 北京：中华书局，2014.

19. 高尚榘. 论语歧解辑录. 北京：中华书局，2011.

20. 韩非子. 小野沢精一，注. 東京：集英社，1978.

21. 许慎. 说文解字. 北京：中华书局，1989.

22. 国语集解. 徐元诰，注. 北京：中华书局，2002.

23. 沟口雄三. 中国的公与私·公私. 郑静，译. 孙歌，校. 北京：生活·读书·新知三联书店，2011.

24. 白川静. 字统. 東京：平凡社，1990.

25. 张立文. 和合学——21 世纪文化战略的构想. 北京：中国人民大学出版社，2016.

26. 张立文. 和合哲学论. 北京：人民出版社，2004.

27. 张立文. 中国哲学的时代价值——建构和合世界新秩序. 探索与争鸣，2015（3）：4-9.

28. 林美茂. 浅谈全球化视阈中公共哲学的构筑——以日本的公共哲学研究为线索//冯俊. 哲学家·2007. 北京：人民出版社，2008.

余论

1. 柏拉图. 理想国. 郭斌和，张竹明，译. 北京：商务印书馆，1986.

2. 黑格尔. 哲学史讲演录. 贺麟，王太庆，译. 北京：商务印书馆，1997.

3. 林美茂. 浅谈全球化视阈中公共哲学的构筑——以日本的公共哲学研究为线索//冯俊. 哲学家·2007. 北京：人民出版社，2008.

4. 林美茂. 中日对"哲学"理解的差异与趋同倾向. 北京大学学报（哲学社会科学版），2014（4）：39-46.

5. 陆扬. 中国有哲学吗?. 文艺报，2001-12-04.

跋

　　与公共哲学相遇已经是十多年前的事情了，那是从与中国社会科学院哲学研究所的卜崇道前辈一起主持并参与翻译由东京大学出版会出版的《公共哲学》论丛（其中的第1—10卷）开始的。为了深入了解日本学界公共哲学研究的现状，我于2007年至2009年前往日本东京大学从事访学研究，直接参加了在京都、大阪、神户等地召开的，由公共哲学共働研究所主办的每月一次的"公共哲学京都论坛"，逐渐对公共哲学有了较为深入的认识。这期间，我得到了东京大学山胁直司教授，公共哲学共働研究所金泰昌所长、矢崎胜彦理事长的各种帮助。要表达对这些帮助乃至于研究资助的"感恩"之情，除了完成一部相关的研究论著，我想不会有更恰当的方式了。

　　在日本期间，我就有了这个想法，并把一部书的架构向几位专家做了简单的阐述。当时，负责公共哲学共働研究所的金泰昌所长很感兴趣，他与负责《公共哲学》论丛编辑出版工作的东京大学出版会常务理事竹中英俊先生交换了意见，商定如果相关研究论著完稿，将由东京大学出版会出版发行。然而，当时的主要精力都在拙著《灵肉之境》的修改、翻译上，这期间还要回国上课，时间上实在无法从容，故而该研究一直停留在计划状态。回国后，除了教学与科研，我还参与了"我们"散文诗群的组建活动，从而使该研究计划一直处于休眠状态，这样又过去了三年。后来，我把原来的写作提纲整理成一份材料，申报了2012年的国家社科基金一般项目，并顺利地获得了立项批准。心想这下可以坐下来好好把自己的所思所想写出来了，然而这期间我从外国哲学教研室转到中国哲学（东方哲学）教研室，为了备课、上课，写作计划又被搁浅了。就这样反反复复，一拖就是六年，到了交稿的最后期限，才勉强交出自己十多年来思考公共哲学的答卷。

正如所知，公共哲学是一个新的研究领域，曾被清华大学称为"新哲学"，至于是否属于一个崭新的哲学门类，目前学界仍然是仁者见仁，智者见智，因此，笔者不敢奢望自己的研究成果具有多大的学术价值。但可以肯定的是，迄今为止，以思考"公共哲学"究竟是一门怎样的学问，其探讨的主要问题应该是什么，其核心理念是什么，应该如何构建这门跨领域的、统合性的哲学等问题为切入点来展开研究的论著，无论在日本还是在中国，似乎都还没有出现。虽然采用相关命名的著作已有多部，但这些著作都没有以上述思考所涉及的问题为核心来进行相关的论证与论述。从上述意义上说，本书是具有一定学术价值的，至少可以对今后学界进行相关研究起到一点抛砖引玉的作用。正因为如此，从学科创新的意义上说，本书多少具有一点拓荒性的意义。当然，由于受笔者的基础学力所限、深研时间所限，不免存在所涉及的问题挂一漏万、所阐述的问题浅尝辄止等现象。正因为这种自觉，笔者不敢狂妄自大，只把本书定位在"序说"层面，故取名《公共哲学序说》。

本书的写作起因与日本展开的公共哲学学术运动直接相关，而推动这场运动的就是公共哲学共働研究所的原所长金泰昌以及原理事长矢崎胜彦，他们的贡献是不能被忘却的。为此，笔者谨把本书献给他们，以表达对他们的由衷敬意。另外，本书是国家社科基金一般项目"学科创新视域下的公共哲学：中日比较研究"的最终成果，在项目申请时，项目组成员郭湛教授、高洪教授、罗安宪教授给予了许多富有价值的建设性指导意见，在本书的撰写过程中，博士研究生全定旺、赵子涵、黄世军等付出了很多努力，其中的部分章节就是在他们的协助下完成的，借此向他们表达由衷的谢意。本书的出版得到了中国人民大学科学研究基金项目暨中央高校基本科研业务费专项资金"百家廊文丛"的支持，在出版过程中，中国人民大学出版社王宇、张杰、罗晶三位编辑付出了任劳任怨的努力，上述的各种帮助都将成为笔者进一步守望学术精神的动力。最后，应该感谢我的家人多年来的默默付出，他们为我的研究生活创造了良好的条件，让我能够整日守在学校的研究室，潜心践行作为学者的应有责任。

2019 年 8 月 8 日

草于人文楼 714 研究室

图书在版编目（CIP）数据

公共哲学序说：中日关于公私问题的研究/林美茂著. —北京：中国人民大学出版社，2020.11
（百家廊文丛）
ISBN 978-7-300-28715-7

Ⅰ. ①公…　Ⅱ. ①林…　Ⅲ. ①哲学理论-研究　Ⅳ. ①B0

中国版本图书馆 CIP 数据核字（2020）第 207350 号

百家廊文丛

公共哲学序说——中日关于公私问题的研究

林美茂　著

Gonggong Zhexue Xushuo——Zhong Ri Guanyu Gongsi Wenti de Yanjiu

出版发行	中国人民大学出版社			
社　　址	北京中关村大街 31 号		邮政编码	100080
电　　话	010 - 62511242（总编室）		010 - 62511770（质管部）	
	010 - 82501766（邮购部）		010 - 62514148（门市部）	
	010 - 62515195（发行公司）		010 - 62515275（盗版举报）	
网　　址	http://www.crup.com.cn			
经　　销	新华书店			
印　　刷	北京玺诚印务有限公司			
规　　格	160 mm×230 mm　16 开本		版　　次	2020 年 11 月第 1 版
印　　张	17.25　插页 2		印　　次	2020 年 11 月第 1 次印刷
字　　数	261 000		定　　价	58.00 元

版权所有　侵权必究　印装差错　负责调换